Arbitragem e Financiamento por Terceiros

Arbitragem e Financiamento por Terceiros

2020

Marcel Carvalho Engholm Cardoso

ALMEDINA

ARBITRAGEM E FINANCIAMENTO POR TERCEIROS

AUTOR: Marcel Carvalho Engholm Cardoso
DIAGRAMAÇÃO: Almedina
DESIGN DE CAPA: Roberta Bassanetto
ISBN: 9788584935994

Dados Internacionais de Catalogação na Publicação (CIP)
(Câmara Brasileira do Livro, SP, Brasil)

Cardoso, Marcel Carvalho Engholm
Arbitragem e financiamento por terceiros / Marcel Carvalho Engholm Cardoso. -- São Paulo : Almedina, 2020.

Bibliografia.
ISBN 978-85-8493-599-4

1. Arbitragem (Direito) 2. Financiamento 3. Processo civil I. Título.

19-32305 CDU-347.918

Índices para catálogo sistemático:

1. Arbitragem : Direito processual civil 347.918

Cibele Maria Dias - Bibliotecária - CRB-8/9427

Este livro segue as regras do novo Acordo Ortográfico da Língua Portuguesa (1990).

Fevereiro, 2020.

EDITORA: Almedina Brasil
Rua José Maria Lisboa, 860, Conj.131 e 132, Jardim Paulista | 01423-001 São Paulo | Brasil
editora@almedina.com.br
www.almedina.com.br

A Daniel Domingues, *in memoriam*,
pelas lições que valeram por toda uma vida.

AGRADECIMENTO

Agradeço primeiramente ao caríssimo Professor José Rogério Cruz e Tucci, por ter aceitado o encargo de me orientar no mestrado, onde desenvolvi a dissertação que originou a presente obra. Minha formação em universidade diversa nos privou da oportunidade de convivermos no ambiente acadêmico previamente à seleção, tornando a escolha de me aceitar como orientando certamente uma grande aposta, que espero ter sido recompensada. Foi um verdadeiro privilégio poder discutir as ideias e planos que culminaram neste estudo.

Da Universidade de São Paulo, agradeço também ao Professor Carlos Alberto Carmona pelas discussões tanto nas arcadas quanto em outros fóruns. Agradeço também aos Doutores Rafael Alves, Ricardo Aprigliano, Giovanni Bonato, Carlos Elias, Fábio Peixinho e Rodolfo Amadeo, cujas conversas muito colaboraram para o desenvolvimento tanto deste estudo quanto de temas que o extrapolam. Também ao Professor Rodrigo Broglia Mendes por ainda cedo inspirar o gosto pela pesquisa. E ao Professor Cláudio Finkelstein pelas críticas e por me apresentar o mundo da arbitragem.

Um agradecimento especial deve ser dado aos Guilhermes – Recena e Rizzo – meus grandes mentores não apenas na profissão como na vida. Também aos queridos amigos Renato Beneduzi e Marcos Vinicius Pinto, que seguem sendo constantes professores e fontes de inspiração. Ainda aos amigos Bruna Barletta e Caio Ramos, que há anos me dão o privilégio de conviver e discutir ideias. Agradeço também ao eterno professor e amigo Gustavo Cerqueira, pelo constante e honesto olhar crítico.

A todos os colegas do escritório Souto, Correa, Cesa, Lummertz e Amaral, que acompanharam desde o início o desenvolvimento deste trabalho. Meu agradecimento especial a Marcelo Gandelman, Julia Klarmann, Rodrigo Cantali, Ronaldo Kochem e Joel Gallo, sobre quem recaiu o maior peso durante a elaboração deste estudo. Agradeço largamente também a

Jorge Cesa, Otávio Domit, Diogo Fries, Henry Lummertz, Vinicius Fadanelli, Luis Spinelli, Rodrigo Tellechea, Giácomo Paro, Eliana Baraldi, Luiz Vilar, Raphael Jadão e, especialmente, Romulo Mariani, pelas diversas discussões das ideias deste trabalho.

Agradeço também à Leste, na pessoa de Leonardo Viveiros, pelas conversas que auxiliaram no desenvolvimento da perspectiva prática do tema.

Um agradecimento especial deve ser dado ao Heitor Sica, constante fonte de inspiração, sem quem eu certamente não teria me lançado tão precocemente na academia.

Por fim, agradeço a eles – Luciano, Aidê, Maurine, Milene, Victor e Leonardo – pelo apoio incondicional e por sempre estarem presentes, ainda que estejam longe.

SUMÁRIO

1. Introdução

Imagine que uma determinada empresa está avaliando se deve ou não ajuizar uma demanda. As chances de êxito são razoáveis, o valor envolvido é *n* e os custos – incluindo despesas com seus advogados, custas processuais, honorários periciais e, na hipótese de vir a ser sucumbente, os honorários sucumbenciais devidos aos patronos da parte adversa – equivalem a 10% de *n*. A conjuntura econômica não tem sido favorável e, apesar de as operações estarem normais, a empresa não possui caixa suficiente para alocar tais custos nessa disputa, tampouco arriscar a total perda desses valores. Deve a companhia optar pela não proposição da ação ou assumir o risco, o qual, caso venha a se concretizar, pode impactar de modo significativo a continuidade de suas operações?

O financiamento de litígios por terceiros (*third-party litigation funding*, ou, mais simplesmente, *third-party funding*) pode oferecer uma alternativa. Um financiador (*funder*) arca com os custos do processo e, em contrapartida, recebe uma parcela do valor da condenação caso o financiado obtenha êxito (geralmente entre 15% e 40%). A empresa não teve qualquer impacto em seu caixa (apenas os custos internos de administrar a demanda, os quais ela teria de qualquer forma) e ainda obteve parcela significativa do montante (60% a 85%).[1] A companhia, na prática, isolou-se dos riscos financeiros do litígio[2] mantendo apenas a perspectiva de recebimento do valor decorrente da condenação, ainda que em menor proporção.

[1] Estes valores são estimativos. Como será visto ao longo desta obra, há poucas regras hoje que estabeleçam os limites do contrato de financiamento de litígios por terceiros, havendo grande liberdade das partes para negociar e estabelecer os termos que entenderem adequados. As estimativas aqui apresentadas são extraídas de relatos prestados por financiadores.

[2] Exceto, evidentemente, os riscos de sucumbência, sendo que inclusive estes podem ser objeto do acordo de financiamento de forma a repassar a responsabilidade ao financiador.

O financiamento por terceiros nada mais é do que a aplicação de soluções do mercado de investimentos a problemas do sistema de resolução de disputas. Essa prática se desenvolveu, em seus contornos atuais, primordialmente nos países de tradição de *common law*, tendo como estopim uma decisão da Suprema Corte australiana no início do século XXI. A partir dessa célebre decisão, o tema do financiamento de litígios por terceiros rapidamente tornou-se um tópico em voga[3] – sobretudo em arbitragens, em que os custos são normalmente mais elevados – e sua utilização foi difundida pelos países de *common law*, com uma recente e tímida aparição nos países de tradição de *civil law*. O financiamento por terceiros não tardou a se tornar um investimento visado por fundos e bancos que buscavam diversificar suas carteiras ou mesmo por empresas especializadas criadas exatamente para esse propósito.

Temas novos trazem consigo questionamentos. No que consiste o contrato de financiamento e, ainda mais relevante, qual é a figura jurídica que este assume no direito brasileiro? Qual é a posição que o financiador adota no processo? É ele parte ou terceiro? Pode ou não intervir? Se sim, a que título? Quais os efeitos do financiamento para a imparcialidade dos julgadores? As informações relativas ao processo repassadas ao financiador são cobertas por sigilo? Ou, ainda, sua participação na relação entre parte e advogado quebra o sigilo profissional?

O Capítulo 2 trata do desenvolvimento histórico do financiamento por terceiros. É analisada a evolução da jurisprudência dos três países onde a prática é mais bem estabelecida – Inglaterra, Estados Unidos e Austrália – como forma de acompanhar sua gênese e identificar os obstáculos que impediram sua utilização até o início do século XXI. Ao final, é apresentado o estado atual de seu desenvolvimento, bem como as diversas posições existentes sobre seus benefícios e prejuízos.

O Capítulo 3 busca conceituar o "financiamento de litígios por terceiros", identificando as características essenciais que o individuam e o diferenciam de figuras afins, bem como as diversas formas pelas quais este

[3] Como afirma Maxi Scherer – professora titular de Arbitragem Internacional e Resolução de Disputas da Universidade Queen Mary e um das principais autoridades sobre o financiamento de litígios, em especial em arbitragens – ao afirmar que o tema faz hoje parte dos *hot topics*. (Third-Party Funding in International Arbitration: Towards a mandatory disclosure of funding agreements?. In: CREMADES, Bernardo M.; DIMOLITSA, Antonias. *Third-party Funding in International Arbitration*. Paris: International Chamber of Commerce, 2013. p. 95).

pode ser realizado. Em seguida, procura-se estabelecer qual o enquadramento jurídico do contrato de financiamento, analisando-se as figuras que melhor se amoldam aos seus objetivos.

O Capítulo 4 analisa a posição que o financiador adquire no processo. Visa-se conceituar "partes" e "terceiros", dando-se especial relevância ao estudo do tema na arbitragem, ainda pouco desenvolvido pela doutrina brasileira. Chegando-se a uma conclusão sobre a intervenção de terceiros em arbitragem, passa-se à análise da possibilidade de integração do financiador na demanda, bem como a que título esta se daria. Por fim, são verificadas as consequências da posição assumida pelo financiador no processo, em especial, a possibilidade de ele ser executado pela dívida em caso de sucumbência, de mover execução autonomamente, o risco de ser condenado a pagar os custos de sucumbência e, finalmente, a possibilidade de se incluírem os gastos com o financiamento como custos da demanda, reembolsáveis pelo vencido ao vencedor.

O Capítulo 5 trata dos efeitos do financiamento para a imparcialidade do julgador. É feita uma exposição sobre o tema da imparcialidade no direito brasileiro, definindo-se qual o *standard* deve ser utilizado, i.e., *aparência* ou *real possibilidade* de parcialidade. Analisa-se, em seguida, o dever de revelação, em especial se a existência do financiamento deve ser revelada para a parte contrária e para os julgadores. Por fim, é enfrentada a questão de se a presença do financiador afeta ou não a imparcialidade do magistrado e do árbitro.

O Capítulo 6 examina a relação do financiamento por terceiros com a confidencialidade. São analisados os efeitos do financiamento sobre a obrigação de sigilo entre financiado e parte adversa, bem como sobre o sigilo profissional, fruto da relação do financiado com seu advogado. Em seguida, em razão do tímido desenvolvimento do tema, é dada especial atenção ao tratamento que o direito brasileiro confere à confidencialidade na arbitragem, bem como os impactos do financiamento sobre o sigilo nas demandas arbitrais.

Importante ressaltar que este estudo não se circunscreve à análise de questões processuais relacionadas ao tema, mas busca dar uma visão mais ampla sobre o financiamento de terceiros no direito brasileiro, servindo como uma porta de entrada para o estudo dessa figura ainda pouquíssimo desenvolvida no Brasil, tanto na academia quanto na prática forense.

2. Desenvolvimento Histórico do Financiamento de Litígios por Terceiros

2.1 Origens e Obstáculos ao seu Desenvolvimento antes do Século XX

2.1.1 Grécia e Roma: Sicofante e Calumniator

Parte da doutrina, quando busca fazer uma regressão histórica sobre o surgimento do financiamento por terceiros, menciona Roma e Grécia antigas.[4] Invariavelmente, as citações levam ao texto de Max Radin[5] a respeito das práticas de *champerty* e *maintenance* (mais bem descritas a seguir). Possível fonte de confusões, o estudo de 1935 não tratava especificamente de *third-party funding*, mas visava apenas definir as origens históricas da proibição de participação de terceiros sem interesse legítimo em processos alheios. Com efeito, nada há na doutrina para indicar que existia, já na Grécia e Roma, figura semelhante ao financiamento de litígios por terceiros que conhecemos hoje. Se pertinência há na regressão a esses

[4] GOLDSMITH, Aren; MELCHIONDA, Lorenzo. Third party funding in international arbitration: everything you ever wanted to know (but were afraid to ask): part I. *International Business Law Journal/ Revue de Droit des Affaires Internationales*, London: Thomson Reuters, v. 1, 2012. p. 55 (afirmando que "The origins of TPF have been tied back to certain practices in ancient Rome and Greece [...]"); NIEUWELD, Lisa Bench; SHANNON, Victoria. *Third-party Funding in International Arbitration*. Alphen aan den Rijn: Kluwer Law International, 2013. p. 14 ("The doctrines of maintenance and champerty originated in the ancient Greek and Roman legal systems...").

[5] RADIN, Max. Maintenance by Champerty. *California Law Review*, Berkeley, v. 24, p. 48-78, 1935.

Max Radin foi Professor de Direito na Universidade da Califórnia, Berkeley, no início do século XX, e professor visitante nas Universidades de Yale, Pacific e Columbia, tendo seu trabalho acadêmico grande foco no Direito Romano e nas origens do *Civil Law*.

períodos – usualmente trazida pela doutrina especializada –, esta consiste na demonstração de que os argumentos de ordem "ética" contra o financiamento (notadamente, a ideia de que o auxílio ou participação de terceiro em processo alheio, relativamente ao qual originalmente não teria interesse, desvirtuaria o processo) já se fazem presentes desde aquela época, motivando a criação de políticas contra tais práticas.

Assim foi que criou-se a figura da *sykopantheia*,[6] e seus praticantes "sicofantes", acusadores (*prosecutors*) profissionais que utilizavam a legitimidade atribuída a qualquer cidadão ateniense para processar criminalmente outro indivíduo[7] para aumentar suas próprias fortunas ou mesmo prejudicar oponentes políticos. Regulações foram criadas para desencorajar demandas frívolas e leis estabelecidas para punir sicofantes, contudo, tais normas foram pouco efetivas no desestímulo à sicofancia.

A prática também foi herdada na Roma antiga, sob a figura da *calumnia*, ação[8] vexatória trazida por um terceiro em nome de outra pessoa com a qual não possui relação ou uma ação trazida em nome próprio que o autor tinha consciência de ser infundada.[9] A definição da prática aparece no Código Teodosiano (*De Calomniatoribus*)[10] e tanto se assemelha à figura do

[6] RADIN, Max. Maintenance by Champerty, p. 49.
Bonner, buscando na literatura jurídica a melhor definição, cita Kennedy, jurista inglês responsável pela tradução de Demóstenes, que deu ao termo a seguinte definição: "The term suggests a happy compound of common barrator, informer, pettifogger, busybody, rogue, liar and slenderer. It included calumny, conspiracy, false accusation, malicious prosecution, threats of legal proceedings to extort money, and generally, all abuse of legal processes for fraudulent purposes" (BONNER, Robert J. *Lawyers and Litigants in Ancient Athens*, p. 64).

[7] O processamento de um crime era visto como um serviço à sociedade, e mesmo um dever do cidadão, conforme aponta Robert Bonner. ("It is the duty of a good citizen to regard as personal enemies those who are guilty of any wrongdoing against the state" – BONNER, Robert J. *Lawyers and Litigants in Ancient Athens:* The Genesis of the Legal Profession. New York: Benjamin Bloom, 1969, p. 62)

[8] Conforme exposto por Cruz e Tucci, o processo romano era baseado em um sistema de ações, mais do que de direitos subjetivos propriamente, de modo que não se dizia "ter um direito", e sim "ter uma ação", considerando-se titular da *actio* o cidadão que lograsse êxito em demonstrar a existência de uma situação de direito material (v. CRUZ E TUCCI, José Rogério. *A* causa petendi *no processo civil.* 3. ed. São Paulo: RT, 2009. p. 33).

[9] LYON, Jason. Revolution in Progress: Third-Party Funding of American Litigation. *UCLA Law Review*, Los Angeles, v. 58, p. 580, 2010.

[10] Livro IX, Título 39 (tradução de Clyde Pharr: *The Theodosian Code and Novels, and the Sirmordian Constitutions.* New Jersey: The Lawbook Exchange, 2001. p. 255)

sicofante que os termos foram constantemente trocados pelos glosadores medievais.[11]

O direito romano não admitia que houvesse lucro sobre litígio, vedando expressamente a aquisição da *res litigiosa* por terceiros.[12] A "ação" podia ser vendida, portanto, se a coisa ainda não houvesse se tornado litigiosa, de modo que passou a ser comum a venda para terceiros politicamente influentes, cuja chance de sucesso era maior e que adquiriam a coisa litigiosa por valor menor do que a quantia que poderia futuramente receber.[13]

A desvirtuação dessa espécie de "legitimidade extraordinária" para fins políticos e financeiros é o traço que liga Grécia e Roma antigas às práticas de *maintenance* da Inglaterra feudal, vinte séculos mais tarde, cuja proibição foi o maior obstáculo ao desenvolvimento do financiamento por terceiros.

2.1.2 Da Inglaterra Feudal ao Século XX: Champerty e Maintenance

A evolução do direito inglês viu a criação de um sistema complexo,[14] de difícil acesso ao cidadão comum, o que propiciou o desenvolvimento de

[11] RADIN, Max. Maintenance by Champerty, p. 53, nota 18.

[12] ALVARO DE OLIVEIRA, Carlos Alberto. *Alienação da coisa litigiosa*. 2. ed. Rio de Janeiro: Forense, 1986. p. 7-10, explicando que a doutrina tradicional, baseando-se em um édito de Augusto e no Digesto, admitia haver uma proibição taxativa da alienação do direito litigioso. O autor ressalta, contudo, a exposição de Franca de Marini Avonzo, que em obra monográfica opôs certos temperamentos a tal entendimento, notadamente: (a) era permitida a transferência do bem a um ente eclesiástico (*dedicatio in sacrum*), doação destinada à divindade; (b) era admitida a venda do objeto de ação de reivindicação por aquele que se diz proprietário, assumindo o adquirente seu lugar no litígio, exceção existente para tutelar o direito do possuidor, evitando-se que este fosse réu em uma segunda demanda idêntica; (c) admitia-se a alienação feita pelo autor, visto que o mecanismo da *litis contestatio* – "pelo qual o réu se obrigava com o autor a respeitar os julgados no limite da fórmula" (v. CRUZ E TUCCI, José Rogério; AZEVEDO, Luiz Carlos de. *Lições de história do processo civil romano*. 2. ed. São Paulo: RT, 2013. p. 81) – era eficiente somente em relação ao demandado, este sim impossibilitado de alienar a coisa litigiosa, o que não traria qualquer efeito para a lide; (*d*) finalmente, apenas com Justiniano é que se proibiu de forma absoluta qualquer transferência da *res litigiosa*, a qual, além de ser nula, levava à aplicação de uma indenização ao fisco ou à contraparte).

[13] RADIN, Max. Maintenance by Champerty, p. 55.

[14] Durante a Alta Idade Média, o sistema judiciário inglês era dividido em cortes locais, fruto do sistema feudal vigente naquela época. Desenvolveram-se, contudo, na transição da Alta para a Baixa Idade Média (a partir do século XII), quatro cortes centrais, cuja jurisdição se estendia por todo o reino: *King's Bench, Common Pleas, Exchequer* e *Chancery*. Esta última era denominada *equity court*, enquanto as três primeiras eram conhecidas como *common law*

figuras de especialistas em direito: *attorneys* e *narrators* (com seus assistentes, denominados *barristers*), os quais não eram considerados *calumniators* por terem uma permissão real e por serem conselheiros dos juízes, *longa manus* do monarca.[15] A prática comum, portanto, tornou-se a utilização desses especialistas, os quais eram devidamente remunerados por seus serviços.

O uso desses *experts* tornou mais custoso o processo, porém, se naquela época não era obrigatório utilizá-los (admitindo-se que qualquer cidadão "advogasse em causa própria"), a contratação dos especialistas era garantia quase certa de sucesso no litígio. Com isso, tornou-se comum uma forma de "patrocínio" de causa por grandes senhores feudais, que,

courts em razão tanto da extensão de sua jurisdição quanto por aplicarem normas originadas nos próprios tribunais, diferenciando-se, assim, da lei criada pelo Parlamento e do direito canônico. As cortes de *common law* e *equity* diferenciavam-se, sobretudo, pelo procedimento e princípios norteadores.
King's Bench, Common Pleas e *Exchequer* adotavam o mesmo sistema, chamado de *writ procedure*. Por meio dele, o pleiteante narrava a violência que havia sido cometida contra si e uma ordem era dada pelo tribunal, descrevendo a conduta violenta ou danosa, e determinando ao réu que tomasse certas medidas para corrigir o mal que havia cometido, de modo a restabelecer a paz social. Com o tempo, diferentes *writs* se desenvolveram, determinando "formas de ação" diferentes, de acordo com a violência praticada. (curiosamente, esse modelo de *writs* do direito inglês parece se assemelhar ao sistema da *actio* romana, no qual a cada direito correspondia uma ação específica. Sobre a *actio* romana, ver CRUZ E TUCCI, José Rogério. *A* causa petendi *no processo civil*, p. 32-49). Esses diversos procedimentos de *writ* acabaram evoluindo e constituíram uma grande base de direitos e remédios que lhe equivaliam.
Apesar de largo, o corpo de *writs* desenvolvido pelos três tribunais não cobria toda a gama de danos que podiam ser causados aos cidadãos. Havia casos em que não existiam remédios para os direitos violados, ou os que existiam eram ineficazes por conta da demora. Nesses casos, era comum que uma parte buscasse a intervenção do rei, apelando para seu poder geral de fazer justiça. Era comum que o rei pedisse ao seu chanceler que examinasse o caso e, dadas as circunstâncias, buscasse um resultado justo (*equity*). Com o tempo, esse envolvimento – em tese, extraordinário – do chanceler tornou-se rotineiro e uma verdadeira corte foi constituída, denominada *Chancery*, em razão de ser presidida pelo *chancellor*.
Diferentemente do que ocorria no *King's Bench, Common Pleas* e *Exchequer*, os julgamentos na corte de *Chancery* não usavam júri e o chanceler possuía autoridade discricionária de ir além do direito existente, fosse ele criado pelo parlamento ou pelos tribunais, para fazer cumprir o que entendia como "justo", razão pela qual tal corte era classificada como *equity court*. Os pleiteantes peticionavam uma "bill of equity", devendo demonstrar que não havia remédio existente para seu caso (HAZARD JR., Geoffrey C.; TARUFFO, Michele. *American Civil Procedure*: An Introduction. New Haven: Yale University Press, 1993. p. 6-15).

[15] RADIN, Max. Maintenance by Champerty, p. 59-60.

buscando aumentar seu próprio feudo, auxiliavam indivíduos em demandas envolvendo a propriedade de determinada terra em feudo vizinho[16] (causa esta que estaria não mais sob a jurisdição de cortes locais, mas sim da *King's Bench* ou da *Common Pleas*).[17] Ele pagaria um *expert* e as demais custas do processo, caso fosse sucumbente, e, em contrapartida, ficaria com uma parte da terra, se fosse vitorioso. Para o cidadão comum, esse acordo significava maiores chances de vitória e, na verdade, um incentivo ao ajuizamento da ação, dado que não arcaria com eventuais custos caso perdesse. Para o senhor feudal, era uma forma de expandir seu domínio com aquisição de terras a baixos custos,[18] ao mesmo tempo em que enfraquecia o poder dos demais senhores feudais.[19] A esse contrato deu-se o nome de *Champart* (junção de *champ* – campo – e *partie* – parte ou parcela) – e, posteriormente, *champerty*[20] – provavelmente uma figura de

[16] HANANEL, Andrew; STAUBITZ, David. The Ethics of Law Loans in the Post-Racman Era. *Georgetown Journal of Legal Ethics*, v. 17, p. 797, 2003.

[17] A *King's Bench* foi criada no século XII e tinha a função de executar a "paz e a justiça do rei." Como o nome evidencia, essa corte era presidida pelo monarca – denominando-se *Queen's Bench* quando este fosse uma mulher – que resolvia os casos com base em seu senso de justiça. Sua jurisdição se estendia sobre questões relativas a terras e ameaças de violência ocasionadas por disputas de propriedade. Contudo, o rei nem sempre conseguia estar presente, o que causava atrasos e inconvenientes aos litigantes e à organização da justiça. Para solucionar esse problema, membros da corte passaram a presidir no lugar do rei. Essa prática, que teve início como um improviso, acabou gerando um tribunal alternativo, que passou a ser denominado *Common Pleas*, e se estabeleceu como corte independente no século XIII.
Em virtude de sua criação – originadas de costumes e por necessidades momentâneas, em vez de previamente estruturadas e estabelecidas por legislação –, a competência das cortes de *common law* se sobrepunham (*overlapped*). Uma melhor estruturação do sistema judiciário inglês foi feita por meio dos *Judicature Acts* de 1873 e 1875, que unificou as cortes *common law* e de *equity* (bem como a *Court of Probate, Court of Divorce and Matrimonial Causes* e a *High Court of Admiralty*), tornando-as divisões internas da mesma corte, denominada *High Court*, cuja estrutura atual foi estabelecida pelo *Supreme Court Act* de 1981. (HAZARD JR., Geoffrey C.; TARUFFO, Michele. *American Civil Procedure*, p. 6-15; ZANDER, Michael. *Cases and Materials on the English Legal System*. Cambridge: Cambridge University Press, 2007. p. 3-39; e PARTINGTON, Martin. *Introduction to the English Legal System*. Oxford: Oxford University Press, 2013. em especial, p. 187-199 e 218-227; MALLESON, Moules; MOULES, Richard. *The Legal System*. 4. ed. New York: Oxford University Press, 2010. p. 21-25).

[18] ABRAMS, David S.; CHEN, Daniel L. A Market for Justice: A First Empirical Look at Third Party Litigation Funding. *Journal of Business Law*, Philadelphia: UPenn, p. 8, 2012.

[19] LYON, Jason. Revolution in Progress: Third-Party Funding of American Litigation, p. 581.

[20] As cortes inglesas preveem a seguinte definição para *champerty*: "a particularly obnoxious form of [maintenance]. It exists where the maintainer seeks to make a profit out of another

linguagem, uma vez que a denominação era adotada na França Medieval para uma espécie de arrendamento rural, no qual o proprietário da terra recebia parte da colheita, se houvesse, assumindo o risco de a safra ser improdutiva.[21] Como nessa figura se arrendava a terra por parte dos frutos, passou-se a empregar o termo para se referir ao patrocínio de demandas por uma parcela dos recebíveis.

O patrocínio das causas dos vassalos pelos senhores feudais sem justificativa recebeu o nome de *maintenance*[22] (derivado de *maintain*, i.e., "manter", no sentido de proteger o direito à terra),[23] e passou a ser combatido pela coroa com o processo de centralização do poder da monarquia inglesa.[24]

Brevemente, *maintenance* é a prestação de assistência financeira a um litigante em um caso no qual o financiador não tenha interesse direto; enquanto *champerty*, uma espécie do gênero *maintenance*, é prestar tal assistência com expectativa de um retorno financeiro.[25] Outras espécies de

man's action – by taking the proceeds of it, or part of them, for himself" (*Trendtex Trading Corp. v. Credit Suisse* [1980] 1 QB 629, § 663)

[21] RADIN, Max. Maintenance by Champerty, p. 61.

[22] *Maintenance* foi assim definida pela comissão responsável pela edição da lei que aboliu tal proibição na Inglaterra: "the procurement, by direct and indirect financial assistance, of another person to institute, cary or defend civil proceedings without lawful justification. Também as cortes inglesas preveem uma definição para *champerty*: "a particularly obnoxious form of [maintenance]. It exists where the maintainer seeks to make a profit out of another man's action – by taking the proceeds of it, or part of them, for himself" (Law Comission, *Proposals for the Reform of the Law Relating to Maintenance and Champerty*, 1966, § 9.)

[23] RADIN, Max. *Maintenance by Champerty*. p. 63.

[24] Exemplos notáveis são o *Star Chamber Act* de 1487 e o *Statute of Liveries* de 1504.

[25] As definições previstas pelo dicionário jurídico *Black's* são multicitadas nos textos sobre o tema, definindo *maintenance* como "a assistência em processar ou se defender em um litígio, dada ao litigante por um terceiro que não possui interesse de boa-fé no caso" (*Black's Law Dictionary*. 9. ed. Eagan: West Group, 2009. p. 973; tradução livre) e *champerty* como "o acordo por meio do qual um terceiro juridicamente desinteressado se compromete a auxiliar um litigante, em troca de parte dos ganhos que este obtiver com o resultado final do processo" (Idem, p. 262; tradução livre).
Note-se que é exatamente essa a definição que continua sendo utilizada nos Estados Unidos. A Suprema Corte de Ohio teve a oportunidade de conceituar as condutas no caso *Rancman v. Interim Settlement Funding Corp* (789 N.E.2d 217, 219-20 [2003]), que confirmou a posição da Corte de que um contrato de *third-party funding* era nulo no Estado de Ohio, assim definindo-as: "§10 'Maintenance' is assistance to a litigant in pursuing or defending a lawsuit provided by someone who does not have a bona fide interest in the case. 'Champerty' is a form of maintenance in which a nonparty undertakes to further another's interest in a suit in exchange for a part of the litigated matter if a favorable result ensues".

maintenance podem ser citadas, sendo *barratry* – entendido como a incitação ao ajuizamento de demandas vexatórias ou frívolas – a mais relevante para o problema aqui tratado.[26]

A proibição às práticas de *champerty* e *maintenance* chegou aos Estados Unidos e aos demais países de tradição de *common law* – a Austrália, notadamente, onde o movimento atual de *third-party funding* teve início –, mas, apesar de sua presença no ordenamento jurídico, já surgiam dúvidas quanto ao seu real alcance na primeira metade do século XX. O já citado estudo de Max Radin, por exemplo, concluía, já na década de 1930, que as figuras haviam se tornado obsoletas[27-28], e, de fato, a proibição ética-administrativa já havia sido abolida nos Estados Unidos pela *American Bar Association* em 1908 e, enquanto ofensa criminal, foi abolida na Inglaterra pelo *Criminal Law Act* de 1967, sob o título de "Obsolete Crimes".[29] Apesar disso, o próprio *Criminal Law Act* especificou, em sua seção 14(2), que, não obstante *champerty* e *maintenance* não serem mais crimes, tal abolição

Lisa Nieuweld e Victoria Shannon, em obra de referência sobre o *third-party funding*, revisando a bibliografia sobre o tema, assim definem as práticas:

"[...] a broad-based definition would be that maintenance is the act of providing financial assistance to a party to a dispute without taking an interest in the outcome and without an expectation of receiving a share of that party's recovery. Champerty is providing the same assistance with the expectation of receiving a share of any money recovered if the party wins. Maintenance is an umbrella term encompassing champerty as a type of maintenance in which the funder seeks to profit from the client's successful claim" (*Third-party Funding in International Arbitration*, p. 15).

[26] Poder-se-ia citar ainda *embracery*, entendido como o ato de perverter o resultado de um processo por meio de intimidação (RADIN, Max. Maintenance by Champerty, p. 64).

[27] RADIN, Max. Maintenance by Champerty, p. 67.

[28] Já no início da década de 1960, com o movimento de direitos civis nos Estados Unidos, a Suprema Corte dos Estados Unidos admitiu o suporte financeiro a um litígio prestado pela *National Association for the Advancement of Colored People* (NAACP) – organização sem fins lucrativos – desde que esta não exercesse controle sobre o processo, entendendo que tal financiamento seria protegido pela Primeira e Décima Quarta Emendas à Constituição americana. Nesse caso, a Suprema Corte entendeu como inconstitucional uma legislação do Estado da Virgínia, datada de 1959, que proibia as práticas de *champerty, maintenance* e *barratry*, direcionada exatamente a coibir os financiamentos que estavam sendo feitos pela NAACP, os quais, na visão do Legislativo daquele Estado, geraram um aumento da litigiosidade e do número de processos ajuizados por negros (NAACP v. Button, 371 U.S. 415, 456-57 (1963)).

[29] "Section 13(1) The following offences are hereby abolished, that is to say –
(a) any distinct offence under the common law in England and Wales of maintenance (including champerty, but not embracery), challenging to ight, eavesdropping or being a common barrator, a common scold of a common nightwalker; and [...]"

não afetaria a validade de um contrato envolvendo tais práticas que seja contrário à ordem pública (*public policy*).[30-31] Essa previsão abriu caminho para o entendimento hoje dominante na Inglaterra[32] e parte dos Estados

[30] "(2) The abolition of criminal and civil liability under the law of England and Wales for maintenance and champerty shall not affect any rule of that law as to the cases in which a contract is to be treated as contrary to public policy or otherwise illegal."

[31] Não se assumirá aqui a difícil tarefa de definir "ordem pública". Em aprofundado estudo monográfico sobre o tema, Ricardo Aprigliano aponta que o fenômeno é estudado por cada ramo do direito sob um enfoque diverso, levando a uma grande variação entre os conceitos e suas consequências jurídicas (*Ordem pública e processo*: o tratamento das questões de ordem pública no direito processual civil. São Paulo: Atlas, 2011. em especial p. 5-13), em especial estabelecendo que, no âmbito do direito material, representa uma "[restrição da] liberdade das partes, que não podem contratar em sentido diverso, não podem estabelecer regras para a sua situação particular que contrariem aquelas disposições legais" (*Ordem pública e processo*: o tratamento das questões de ordem pública no direito processual civil, p. 6).
Pontes de Miranda trata brevemente sobre o tema em seu *Tratado de direito privado*, criticando a discussão doutrinária e concluindo que, em seu entender, se fosse pertinente tal discussão, ter-se-ia que questionar se cada uma das regras jurídicas previstas no ordenamento seria de ordem pública ou não, apontando ainda que "Nos juristas estrangeiros e brasileiros, há confusão entre regra jurídica de ordem pública e regra jurídica cogente" (PONTES DE MIRANDA, Francisco Cavalcanti. *Tratado de direito privado*. São Paulo: RT, 2012. t. XLI, p. 59-60).
Em âmbito internacional, uma tentativa de definição de "ordem pública" foi intentada pela *International Law Association*, que criou um Comitê em 2002 formado por juristas advindos de diversos sistemas jurídicos (pelo Brasil, participou o Ministro Sidnei Beneti) para discutir a ordem pública como causa para rejeição da homologação de sentenças arbitrais estrangeiras, culminando no *Report on Public Policy as a Bar to Enforcement of International Arbitral Awards*. Em nota explicativa a uma das recomendações, o Comitê ressalvou que não é possível definir com precisão o conceito de "ordem pública: "12. There have been attempts to define the contents of 'public policy' and 'international public policy' but no precise definition is possible. The most oft quoted comment, in arbitration case law, is that of Judge Joseph Smith in Parsons & Whittemore (US Court of Appeals, 1974) in which he stated that enforcement of a foreign award should be denied 'only where enforcement would violate the forum state's most basic notions of morality and justice'" (MAYER, Pierre; SHEPPARD, Audley. Final ILA Report on Public Policy as a Bar to Enforcement of International Arbitral Awards. *Arbitration International*, v. 19, issue 2, p. 251-252, 2003).
Para os efeitos do presente estudo, é suficiente identificar que o conceito de *public policy* utilizado no *Criminal Law Act 1967* e nas decisões judiciais posteriores que analisaram a validade e legalidade de contratos de financiamento corresponde – ao menos em certa medida – à restrição à liberdade de contratar apontada pela doutrina privatista, que leva à invalidade do negócio jurídico. Nesse sentido é que se traduzirá "public policy" por "ordem pública".

[32] Vide caso *Trendtex Trading Corporation v. Credit Suisse* ([1982] AC 679 HL), no qual a *House of Lords* entendeu que a simples transferência de uma pretensão a um terceiro que não tivesse, já antes da transferência, um interesse justificável não seria válida, pois tal representaria uma

Unidos[33] de que as proibições seguem existindo como questões de ordem pública, possibilitando que as cortes invalidem contratos de financiamento caso o financiador exerça controle excessivo sobre o litígio.[34]

espécie de tráfico ou especulação sobre litígios, configurando *champerty* e contrário à ordem pública (*public policy*).

Após essa decisão, em que o financiamento foi entendido como *não justificável*, o Judiciário inglês passou a definir os limites aceitáveis do acordo de financiamento, o que foi feito nos casos *Giles v. Thompson* ([1993] UKHL 2 (26 May 1993) [1994] 1 AC 142); *Stocznia Gdanske SA v. Latreefers Inc.* ([2000] EWCA Civ 36, [2001] 2 BCLC 116) e *London & Regional (St. George's Court) Ltd v. Ministry of Defence* (2008] EWHC 526 (TCC)).

[33] É possível incluir as diferentes jurisdições em quatro grupos conforme seu entendimento de (*a*) que tais doutrinas jamais foram aplicáveis ou abandonadas; (*b*) as doutrinas converteram-se em direito e continuam válidas; (*c*) foi criada legislação (*statutes*) para permitir a prática; e (*d*) a validade de acordos que se alegam como *champertous* deve ser analisada sob a ótica da ordem pública (*public policy*).

Na Califórnia, decidiu-se, já em 1863, que a doutrina de *champerty* não possui aplicação no direito californiano (Mathewson v. Fitch, 22 Cal. 86, 95 (1863). No Colorado, em 1876 já se havia decidido que "The whole [common-law] doctrine of maintenance and champerty is a relic of a state of things long since passed away" (Duke v. Harper, 2 Mo. Ap. 1 (1876)), entendimento igualmente adotado em Michigan (Grant v. Stecker Huff, Inc., 1 N.W.2d 500 (Mich. 1942)).

Representativos do segundo grupo, Pennsylvania (Kenrich Corp v. Miller/Oklahoma, 377 F.2d 312, 314 (3d Cir. 1967)), Oklahoma (Parks v. American Warrior, Inc., 44 F.3d 889, 893 (10th Cir. 1995) e Ohio (*Rancman v. Interim Settlement Funding Corp*, 789 N.E.2d 217, 219 (Ohio 2003)) reconhecem como ilegais acordos que podem ser considerados *champertous*.

O Estado de Nova Iorque, por outro lado, possui uma proibição legal no *New York Judiciary Law*, prevendo como ofensa criminal (*misdemeanor*) a transferência (*assignment*) de título, nota promissória, dívida ou pretensão com o intuito de ajuizar uma ação (*NY Judiciary Law*, §489(1)). Contudo, a *New York Court of Appeals*, corte superior do judiciário estatal nova-iorquino, já decidiu que, para se enquadrar como *misdemeanor*, tal transferência teria que ser feita com o escopo único de ajuizar tal demanda (Fairchild Hiller Corp v. McDonnell Douglas Corp – 270 N.E2d 691, 693 (NY 1971)).

Por fim, Estados como Connecticut (Rice v. Farrell, 28 A.2d 7, 8 (Conn. 1942)), California (Kilian v. Millard, 279 Cal. Rptr. 877 (Ct. Ap. 1991)), Alabama (Wilson v. Harris 688 So 2d 265, 279 (Ala Civ. 1996)), Georgia (Foster v. Allen 40 S E2d 57, 59 (Ga 1946)), Texas (Anglo-Dutch Petroleum Int'l, Inc. v. Haskell, 193 S.W.3d 87 (Tex. Ap. 2006)), Nova Jérsei (Bigelow v. Old Dominion Copper Minig & Smelting Co., 71 A. 153, 167 (N.J. Ch 1908)) e Massachusetts (*Saladini v. Righellis*, 687 N.E.2d 1224, 1224 (Mass. 1997)) afastam a aplicação de *champerty* e *maintenance* enquanto proibições legais, mas analisam a questão sob o ponto de vista da ordem pública (*public policy*).

[34] Outros casos de relevância para o estudo foram analisados desde então (alguns dos quais serão tratados ainda ao longo deste trabalho). Contudo, uma análise exauriente da jurisprudência inglesa e norte-americana sobre o tema foge ao escopo do presente trabalho, bastando

2.1.3 Leading case: Fostif

Apesar de o *third-party funding* ser usado, com contornos diversos e em diferentes países, ao longo do século XX,[35] foi somente com a decisão proferida pela *High Court of Australia* em 2006, no caso *Fostif*,[36] que a prática se disseminou e pôde adquirir as características atuais.

Primeiramente, as doutrinas de *champerty* e *maintenance*, advindas do direito inglês, foram inseridas no contexto jurídico da Austrália em razão da colonização.[37] Em meados do século XX, a *High Court* levantava dúvidas sobre a resistência de tais proibições à evolução da sociedade e do direito.[38] Na Austrália, seguindo a Inglaterra, surgiram, com o tempo, exceções à sua aplicação,[39] com edição de leis em alguns

a conclusão de que, na Inglaterra, apesar da abolição dos crimes, as figuras de *champerty, maintenance* e *barratry* seguem existindo como limitadoras dos acordos de financiamento caso este viole a ordem pública; e, nos Estados Unidos, haverá posições distintas conforme o Estado.

[35] "While not entirely new, the emergence of TPFL has recently been put in the spotlight with the entry of dedicated firm investing in commercial litigation in the U.K., Europe, and further afield" (VELJANOVSKI, Cento. Third-party litigation funding in Europe, p. 405).

[36] Campbells Cash and Carry Pty Ltd v. Fostif Pty Ltd [2006] 229 C.L.R. 386.

[37] "For it has been held, that if an uninhabited country be discovered and planted by English subjects, all the English laws then in being, which are the birthright of every subject, are immediately there in force. But this must be understood with very many and very great restrictions. Such colonists carry with them only so much of the English law, as is applicable to their own situation and the condition of an infant colony; such, for instance, as the general rules of inheritance, and of protection from personal injuries" (BLACKSTONE, William. *Commentaries on the laws of England*, 1765. (versão eletrônica disponibilizada por Lolang Institute em <http://lonang.com/library/reference/blackstone-commentaries-law-england/>). Em 1828, a aplicação da lei inglesa na Austrália foi expressamente admitida pelo *Australian Courts Act*, que dispôs: "All laws and statutes in force within the realm of England at the time of the passing of this Act (not being inconsistent herewith, or with any charter or letters patent or order in council which may be issued in pursuance hereof), shall be applied in the administration of justice in the courts of New South Wales and Van Diemen's Land respectively, so far as the same can be applied within the said colonies".

[38] *Clyne v. NSW Bar Association* (1960) 104 CLR 186, apontando que "it may be necessary some day to consider whether maintenance as a crime at common law ought to be regarded as 'obsolete'".

[39] Como o segurado que paga o valor (e, portanto, sub-roga-se na posição do credor), direito de propriedade sobre o bem discutido e, principalmente, em casos de insolvência (nos quais o credor poderia transferir seus direitos de crédito e a própria pretensão a terceiros ou credores do falido) (BARKER, George. Third-Party Litigation Funding in Australia and Europe. *Journal of Law, Economics & Policy*, v. 8, n. 3, p. 462, 2012).

territórios[40] abolindo os crimes de *champerty* e *maintenance*, propiciando uma expansão do uso de financiamento por terceiros nesses Estados.

Entre os anos de 1980 e 1990, o uso do financiamento de litígios por terceiros tornou-se comum em casos de falência, em que a tese a favor de sua legalidade era mais aceita.[41-42] Entretanto, somente com a decisão da *High Court* no caso *Fostif* que sua utilização passou a ser permitida para outros tipos de demandas, dando início, assim, ao desenvolvimento do *third-party litigation funding* nos contornos atuais.

Dada a sua importância para o tema, o caso merece uma análise mais aprofundada. Em 1987, foi editada uma lei – *Business Franchise Licences (Tobacco) Act* – segundo a qual as vendas de tabaco no atacado estavam sujeitas à cobrança de determinada taxa. Em 1997, a *High Court of Australia* decidiu que a cobrança de tais taxas era ilegal (*Ha v. New South Wales*).[43] Em 2001, a mesma corte julgou que era permitido aos varejistas reaver as taxas pagas aos atacadistas (*Roxborough v Rothmans of Pall Mall Australia Ltd*),[44] desde que tais valores ainda não tivessem sido remetidos à autoridade fiscal.

Em março de 2002, o Sr. Adrian Firmstone, diretor da Firmstones Pty Ltd, enviou cartas a diversos varejistas de tabaco pedindo poderes para que atuasse em seu nome para reaver as taxas pagas. Em sua proposta, requeria um prêmio (*success fee*) correspondente a 33,33% da quantia recebida. Se os varejistas fossem sucumbentes, Firmstones arcaria com todos os custos.

[40] South Australia (Criminal Law Consolidation Act 1935); Victoria (Wrongs Act 1958 e Crimes Act 1958); New Sotuh Wales (Maintenance, Champerty and Barratry Abolition Act 1993) e Australian Capital Territory (Civil Law Act 2002).

[41] Campo em que já se admitia a cessão de um crédito futuro ou da própria posição contratual com relação ao falido a um terceiro. Veja, por exemplo, decisão da Suprema Corte australiana no caso Domson v. Zhu: "There is [...] a long established exception [to champerty and maintenance] which allows trustees in bankruptcy, liquidators, administrators, and deed administrators, to exercise their statutory powers of sale by selling a cause of action, or the proceeds of a suit" (Domson Pty Ltd v. Zhu [2005] NSWSC 1070, § 57).

[42] Interessante notar que uma pesquisa que contou com entrevista a diversos executivos de empresas atuantes em financiamento de litígios apontou que, na Inglaterra, o mercado de *third-party funding* se desenvolveu primeiramente em ações de insolvência (VELJANOVSKI, Cento. Third-party litigation funding in Europe, p. 418, assinalando que "Until recently, the primary focus of TPLF has been insolvency cases").

[43] [1997] HCA 34; (1997) 189 CLR 465.

[44] (2001) 208 CLR 516.

Em junho de 2003, Firmstones conseguiu que fossem emitidas diversas intimações para varejistas e atacadistas. A ação era uma espécie de ação coletiva com sistema *opt-in*.[45] Assim, quaisquer varejistas que quisessem participar do procedimento poderiam optar por comparecer e estar sujeitos aos efeitos da sentença.[46] Os termos do *opt-in* eram os mesmos das cartas enviadas um ano antes, dando a Firmstones poder para conduzir o procedimento e mesmo assinar acordos, desde que estes não fossem inferiores a 75% do valor cobrado. Mais de 2.100 varejistas decidiram por deixar Firmstones como seu representante.

O juiz de primeira instância concluiu que o procedimento não era apropriado e Firmstones não representava devidamente os varejistas. Entre suas razões, compreendeu que os acordos de financiamento propostos no sistema de *opt-in* eram contrários à ordem pública e representavam

[45] Em verdade, não havia um único processo, mas vários processos com autores e réus distintos, sendo todos os autores representados pela mesma figura (Firmstones) e os casos eram decididos em conjunto. A regra utilizada para tanto foi a *rule 13, part 8 Supreme Court Rules 1970*: "Representation: concurrent interests
13 (1) Where numerous persons have the same interest in any proceedings the proceedings may be commenced, and, unless the Court otherwise orders, continued, by or against any one or more of them as representing all or as representing all except one or more of them. [...]
(4) A judgment entered or order made in proceedings pursuant to this rule shall be binding on all the persons as representing whom the plaintiffs sue or, as the case may be, the defendants are sued but shall not be enforced against any person not a party to the proceedings except with the leave of the Court".

[46] A intimação veio assim redigida:
"1. The plaintiff claims the relief set out in this Summons on behalf of themselves and the class of unnamed persons referred to in paragraph 2 of the plaintiff's contentions below whom the plaintiff represents in the proceedings pursuant to the Supreme Court Rules 1970, Part 8, rule 13. By reason of the 'opt-in' procedures referred to below, at the time of judgment there will be no unnamed person in respect of whom judgment is sought. Once a member of the class of represented retailers has signed and returned an 'opt-in' notice to the plaintiff's solicitor that person will become a named plaintiff in the proceedings entitled to judgment in his, her or its favor.
2. The plaintiff proposes to give the unnamed members of the class whom the plaintiff represents an opportunity to decide whether they wish to be involved in the proceedings by the sending of an 'opt-in' notice to these persons. The members of the class will be required to sign and return the 'opt-in' notice to the solicitors for the plaintiff in order for these persons to become involved as plaintiff in the proceedings. Receipt by the plaintiff's solicitor of a signed 'opt-in' notice will establish that the represented retailer has consented to becoming a plaintiff".

um abuso processual.[47] Posteriormente, o juiz decidiu suspender os processos. *Fostif* apelou contra essa decisão, e o tribunal de segunda instância recebeu as apelações, determinando o prosseguimento dos processos. Entre seus motivos, entendeu que não havia abuso do processo, pois (1) os processos estavam correndo sob supervisão judicial; (2) o controle de Firmstones não era excessivo; (3) o *success fee* de Firmstones não era excessivo; (4) havia um advogado atuando pela Firmstones; e (5) as pretensões individuais possuíam baixo valor, tornando improvável que houvesse o ajuizamento de demandas individuais para cobrança dos valores, os quais ficariam aquém dos custos judiciais.[48] Analisando se o acordo de financiamento poderia ser considerado *champertous,* a *Court of Appeal* reconheceu que o sistema jurídico havia se alterado, e o direito agora se mostrava favorável ao financiamento quando este fosse um instrumento de acesso à justiça, desde que não houvesse abuso de controle no processo.[49]

Sete dos apelados apresentaram recurso à Suprema Corte,[50] que julgou os recursos em conjunto. A questão posta perante a Suprema Corte era basicamente se a representação era adequada de acordo com as regras procedimentais aplicáveis, ou se o processo, da forma como se apresentava, era contrário à ordem pública. A corte decidiu que a *Court of Appeal* havia errado ao determinar o prosseguimento do processo com *representative proceedings,* pois não existia um grande número de pessoas interessadas no processo, mas apenas aquelas partes que apareciam como autores.[51]

A corte, contudo, seguiu em seu raciocínio para analisar a questão da ordem pública e abuso processual, confirmando que tais questões não representavam qualquer obstáculo à realização de um contrato em que se

[47] Campbells Cash and Carry Pty Ltd v. Fostif Pty Ltd [2006] 229 C.L.R. 386. para. 34.

[48] Campbells Cash and Carry Pty Ltd v. Fostif Pty Ltd [2006] 229 C.L.R. 386. para. 63.

[49] "The law now looks favorably on funding arrangements that offer access to justice so long as any tendency to abuse of process is controlled" (Campbells Cash and Carry Pty Ltd v. Fostif Pty Ltd [2006] 229 C.L.R. 386. para. 65).

[50] Campbells Cash and Carry Pty Limited v. Fostif Pty Limited; Australian Liquor Marketers Pty Limited v. Berney; IGA Distribution (Vic) Pty Limited v. Whelan & Hawking Pty Limited; Queensland Independent Wholesalers Pty Ltd v. Murray; IGA Distribution (SA) Pty Limited v. Neindorf; Composite Buyers Pty Limited v. Williamson ; e IGA Distribution Pty Limited v. Gow.

[51] Campbells Cash and Carry Pty Ltd v. Fostif Pty Ltd [2006] 229 C.L.R. 386. para. 60.

fornecessem meios financeiros para que uma parte iniciasse um processo em troca de uma parcela do que fosse recebido.[52]

A Suprema Corte australiana, então, considerou inexistir qualquer ilegalidade ou abuso no uso de financiamento por terceiros, ajudando a solidificar sua utilização em procedimentos de qualquer natureza (não mais apenas em falência), desde que existisse um interesse legítimo do financiador (interesses comerciais estão no rol de interesses legítimos permitidos pelas cortes australianas).[53]

2.2 Desenvolvimentos Recentes

Desde então, o uso de financiamento por terceiros se espalhou não apenas nos países de *common law*, mas também nos de *civil law*,[54] chegando a ser considerado como "a mais significante tendência em litígios civis nos dias atuais".[55] Nos Estados Unidos, os valores reportadamente investidos em litígios dobraram de US$1 bilhão em 2010 para US$ 2.3 bilhões apenas na primeira metade de 2019.[56]

[52] "Neither of these considerations, whatever may be their specific application in a particular case, warrants formulation of an overarching rule of public policy that either would, in effect, bar the prosecution of an action where any agreement has been made to provide money to a party to institute or prosecute the litigation in return for a share of the proceeds of the litigation, or would bar the prosecution of some actions according to whether the funding agreement met some standards fixing the nature or degree of control or reward the funder may have under the agreement" (Campbells Cash and Carry Pty Ltd v. Fostif Pty Ltd [2006] 229 C.L.R. 386. para. 91).

[53] Vide caso Vangale Pty Ltd v. Kumagai Gumi Co. Ltd [2002] QSC 137.

[54] Provavelmente o país com mercado mais bem desenvolvido nesse tema é a Alemanha, que, já em 1998, viu a instauração da primeira empresa nacional dedicada exclusivamente ao financiamento, denominada Foris Finanziert Prozesse. Outros países com empresas dedicadas ao financiamento são Áustria (AdvoGin Prozessfinanzierung AG), Bélgica (Cartel Defense Claims), França (Alter Litigation), Holanda (Liesker Legal), Suíça (Prozessfinanz) e Peru (Lex Finance), além do Brasil (Leste).

[55] STEINITZ, Maya. Whose Claim Is This Anyway? Third-Party Litigation Funding. *Minnesota Law Review*, Minneapolis: UMLS, v. 95, p. 1271, 2011.

[56] Investors Put Money on Lawsuits to Get Payouts, New York Times, 14 Nov. 2010, disponível em <https://www.nytimes.com/2010/11/15/business/15lawsuit.html>; Litigation finance faces ethical quandaries, *The Economist*, 7 Nov. 2019, disponível em <https://www.economist.com/finance-and-economics/2019/11/07/litigation-finance-faces-ethical-quandaries>.

Na realidade, o uso de *third-party funding* se expandiu tanto na última década que grandes bancos e seguradoras começaram a destinar parte substancial de seus investimentos para litígios alheios,[57] além de terem surgido empresas especializadas nesse novo nicho de mercado,[58] cujos lucros chegam a 880% do valor investido.[59]

Segundo o governo australiano, entre 1992 e 2014, foram ajuizadas 329 ações coletivas (*class actions*) nas cortes da Austrália, das quais 49 foram financiadas por terceiros e, entre 2014 e 2015, das 50 ações coletivas ajuizadas, 20 foram financiadas por terceiros.[60] O número revela o notável crescimento do uso de *third-party funding* bem como sugere uma possível correlação entre a liberação do financiamento de terceiros e o crescimento do número de demandas, o que contribui para o acirramento de um dos maiores debates envolvendo o financiamento por terceiros (se seria benéfico ao sistema, privilegiando o acesso à justiça, ou prejudicial, instigando o ajuizamento de demandas frívolas).

Com a rápida e recente expansão do uso de financiamento por terceiros, doutrinadores, juízes e legisladores viram-se à frente do desafio de analisar juridicamente esse instituto e suas consequências. Com efeito, nos últimos dez

[57] A exemplo do banco Credit Suisse e da seguradora Allianz (BEISNER, John; MILLER, Jessica; RUBIN, Gary. *Selling Lawsuits, Buying Trouble*: Third-Party Litigation Funding in the United States. Washington: US Chamber Institute for Legal Reform, 2009. p. 3). Ver também: "the litigation division of the German financial conglomerate Allianz, which funds considerable litigation in Germany, Austria and Switzerland, entered the U.K. market in 2002. In contrast to its continental operations, Allianz's U.K. presence focused on high-value commercial litigation only, largely due to the higher cost of litigation in the U.K. [...] There are also hedge funds, financial institutions, and other entities that have substantial funds, but are not dedicated TPLF investors. Invest ment banks Credit Suisse and Deutsche Bank, and hedge funds Alchemy and Elliott, among others, have been mentioned in this context. These investors have operated for some time, and may be fairly active, but do not publicize their activities" (VELJANOVSKI, Cento. Third-party litigation funding in Europe, p. 410-413).

[58] Apenas para citar algumas das mais conhecidas e atuantes: Juridica Capital Management (Estados Unidos); Burford Capital (Inglaterra); IMF Bentham (Australia), Foris AG (Alemanha) e Leste (Brasil).

[59] CREMADES JR., Bernardo. Third Party Litigation Funding: Investing in Arbitration, p. 14.

[60] Conforme relatado no Corporations Amendment Regulation 2012 (n. 6). *Post-Amendment Review*, p. 3, out. 2015. Disponível em: <https://ris.govspace.gov.au/files/2016/03/Litigation--Funding-PIR.pdf>.

anos foi possível observar a realização de seminários,[61] mesas de discussão,[62] estudos empíricos[63] e a publicação de diversos artigos acadêmicos e livros jurídicos sobre a questão, principalmente em países de sistema *common law*, mas também, ainda que de forma mais tímida, em países de *civil law*. No Brasil, o tema também tem despertado interesse nos últimos anos, mas com foco, sobretudo, na arbitragem.[64]

[61] Apenas a título de exemplo, pode-se citar a "New Options for Funding International Arbitration", realizada em 13 de dezembro de 2010, organizada pelo *Iberian Lawyer*, a *Corte de Arbitraje de Madrid* e o grupo Burford, um dos maiores financiadores de litígios; o seminário *Third party litigation funding and the future of the voluntary code*, organizado pelo *Westminster Legal Policy Forum*, em 20 de novembro de 2012; e seminário da ICC, *Le Financement des arbitrages par les Tiers financeurs*, ocorrido em 16 de maio de 2014.

[62] *Round-table* organizada pelo *International Business Law Journal* e o escritório *Cleary Gottlieb Steen & Hamilton LLP* em Paris em janeiro de 2012, que resultou em duas publicações: SCHERER, Maxi; GOLDSMITH, Aren; FLECHET, Camille. Third party funding in international arbitration in Europe. Part 1. Funders' perspectives. *International Business Law Journal*, v. 2, 2012; e SCHERER, Maxi; GOLDSMITH, Aren; FLECHET, Camille. *Third party funding in international arbitration in Europe*. Part II. The legal debate.

Pode-se citar também a *Roundtable on Third-Party Funding of International Arbitration Claims: The Newest "New Thing"*, realizada em 15 de junho de 2011 e organizada pelo *New York State Bar Association*.

A IX Conferência Internacional de Arbitragem do Rio de Janeiro, organizada em 2013, teve um painel dedicado ao tema. A Camarb organizou, em junho-julho de 2016, duas mesas de debate sobre o tema, também focado em arbitragem.

[63] David Abrams e Daniel Chen publicaram um estudo empírico sobre as consequências da expansão do *third-party funding* na Austrália após a decisão do caso Fostif (ABRAMS, David S.; CHEN, Daniel L. A Market for Justice: A First Empirical Look at Third Party Litigation Funding, p. 1075-1109).

O ICCA (International Council for Commercial Arbitration) e a Universidade Queen Mary criaram, em 2014, uma força-tarefa (*task force*) para realizar um estudo sistemático sobre a questão, no que tange ao seu uso em arbitragens.

[64] O primeiro artigo acadêmico de que se tem notícia foi publicado por Marcelo Ferro, em 2012, tratando sobre a independência e a imparcialidade do árbitro (FERRO, Marcelo. Apontamentos sobre a independência dos árbitros. *Temas de direito societário e empresarial contemporâneos*. São Paulo: Malheiros, 2011. p. 849-886). Leonardo de Faria Beraldo dedicou um capítulo de seu curso de arbitragem à figura (BERALDO, Leonardo de Faria. *Curso de arbitragem*: nos termos da Lei n.º 9.307/96. São Paulo: Atlas, 2014. p. 145-156), enquanto Rafael Sirangelo Abreu, em seu livro tratando sobre a *Igualdade e processo*, inseriu o financiamento por terceiros como uma das soluções para o problema dos custos de se litigar (ABREU, Rafael Sirangelo de. *Igualdade e processo*: posições processuais equilibradas e unidade do direito. São Paulo: RT, 2015. p. 174-175). Mais recentemente, novos artigos científicos foram produzidos sobre o tema (*v.g.*, WALD, Arnoldo. Alguns aspectos positivos e negativos do financiamento da arbitragem. *Revista de Arbitragem e Mediação*, Rio de Janeiro, v. 49, p. 33-41, 2016; e BUCKER, Fátima Cristina Bonassa. Demandas financiadas: *Third Party Funding*. *Revista do Advogado*, Associação dos Advogados de São Paulo,

Nos países onde a prática é mais desenvolvida (notadamente, Inglaterra, Estados Unidos e Austrália), grande parte do debate atual tem sido feito sobre a necessidade de regulação do mercado de financiamento. A Inglaterra possui o modelo mais bem-sucedido nesse sentido, com uma autorregulação criada pela *Association of Litigation Funders* (ALF)[65] com o *Civil Justice Council* (CJC), órgão criado com o *Civil Procedure Act 1997*, responsável por coordenar e fiscalizar a modernização do sistema judiciário. Em 2007, o CJC elaborou um estudo intitulado "Improved Access to Justice, Funding Options and Proportionate Costs – The Future Funding of Litigation, Alternative Funding Structures", com recomendações ao *Lord Chancellor* sobre regular a atividade do financiamento por terceiros. Foi criado um grupo de trabalho, composto por membros do *Civil Justice Council*, bem como por financiadores, em que se elaborou, entre 2008 e 2011, um Código de Conduta. Por meio desse trabalho, também se estabeleceu a criação de uma associação de financiadores de litígio (a ALF), cujos membros teriam que seguir as regras previstas no Código de Conduta.

Conforme aponta Christopher Hodges – que lidera o programa de pesquisa de sistemas jurídicos da Universidade de Oxford e autor de uma larga pesquisa sobre custos e financiamento de litígios[66] –, a opção pela autorregulação teria sido, na verdade, uma saída encontrada pelos financiadores de litígio para evitar intervenções do governo no mercado. Assim, aproveitaram-se do fato de que o Parlamento estava, à época, fortemente voltado para resolução de problemas relacionados à conjuntura econômica

n. 131, p. 75-82, out. 2016) e, em 2017, houve a publicação do primeiro livro dedicado ao tema (CASADO FILHO, Napoleão. *Arbitragem e acesso à justiça: o novo paradigma do third party funding.* São Paulo: Saraiva, 2017), fruto da tese de doutorado de Napoleão Casado Filho, defendida na PUC-SP sob orientação de Claudio Finkelstein (CASADO FILHO, Napoleão. *Arbitragem comercial internacional e acesso à justiça*: o novo paradigma do *third party funding.* 2014. Tese (Doutorado) – Pontifícia Universidade Católica de São Paulo, São Paulo).

65 A ALF é uma associação, criada em 2011, que reúne sete membros, todos ativamente envolvidos no mercado de financiamento de litígios, com a ideia de se tornar o órgão regulador e fiscalizador da atividade de financiamento. Sobre a ALF e seu papel, ver ROWLES-DAVIS, Nick. *Third Party Litigation Funding*, especialmente p. 208-211.

66 HODGES, Christopher; VOGENAUER, Stefan; TULIBACKA, Magdalena. *The costs and funding of civil litigation*: a Comparative Perspective.

para publicar um Código de Conduta próprio, como forma de evitar o risco de instauração de um regime mais oneroso.[67-68]

Nos Estados Unidos também foi criada uma associação de financiadores de litígio em 2004 (cronologicamente anterior à ALF), denominada *American Legal Finance Association* (Alfa). No entanto, diversamente da associação inglesa, a Alfa não possui, ao menos até o momento, a pretensão de regular a matéria, atuando, por outro lado, como lobista contra legislações que buscam restringir a atividade de financiamento de litígios.[69]

Discussões sobre a necessidade de regulação do setor também têm ocorrido fortemente na Austrália, onde o *Standing Committee of Attorneys*

[67] HODGES, Christopher. Self-Regulation (Jackson Report, Code of Conduct). In: KESSEDJIAN, Catherinee (Org.). *Le financement de contieux par un tiers*: Third Party Litigation Funding. Paris: LGDJ, 2012. p. 156, que aponta que "The risk would have to be more acute in order for the government to justify making available Parliamentary time for legislation, especially when the new coalition government was engaged on much legislation covering other economic priorities. So it was an astute defensive move by the litigation funding industry to embrace a self-regulatory regime".

[68] É digno de nota a menção feita por Lord Rupert Jackson, em seu relatório sobre os custos de se litigar na Inglaterra, sobre o Código de Conduta da ALF (cujo teor foi por ele analisado em seu relatório, culminando em sugestões e sobre pontos que não estavam, ao seu ver, satisfatórios), a necessidade de regulação:

"2.3. Voluntary Code. [...] It has been developed by the Third Party Litigation Funders Association in conjunction with the CJC. Support for this voluntary code was expressed by a number of respondents. The point was made that third party funding is still nascent in England and Wales at the moment and that nothing more formal is required. The point was also made that third party funding is not regulated in the overseas jurisdictions studied.

2.4 I accept that third party funding is still nascent in England and Wales and that in the first instance what is required is a satisfactory voluntary code, to which all litigation funders subscribe. At the present time, parties who use third party funding are generally commercial or similar enterprises with access to full legal advice. In the future, however, if the use of third party funding expands, then full statutory regulation may well be required, as envisaged by the Law Society".

[69] Ver ESTEVAO, Martin. The Litigation Financing Industry: regulation to protect and inform consumers. *University of Colorado Law Review*, v. 84, p. 477-478, 2013, afirmando que "ALFA serves as the litigation financing industry's national trade association and central lobbying power [...] ALFA successfully opposed industry-restricting bills in Texas and Maryland, and defeated Illinois legislation that would have created the first specialized interest rate caps for litigation financing agreements in the country.49 Currently, the industry is fighting a bill in Arkansas that would completely prohibit litigation financing, as well as a Rhode Island bill that expressly subjects litigation financing to its usury laws.50 In some states, the organization has also influenced the passage of lax regulatory schemes that fail to control interest rates or improve consumer choice".

General realizou um estudo em 2006 sobre o estado do *third-party funding* no país, bem como seus potenciais benefícios e obstáculos, com o escopo de embasar uma futura regulação.[70] Em 2011, a discussão voltou à tona com a decisão da *New South Wales Court of Appeal* no caso *International Partners Pte., Ltd. v. Chameleon Mining NL*,[71] na qual se discutiu, como questão preliminar,[72] se financiadores de litígio deveriam obter uma licença (*Australian Financial Services License*) e, consequentemente, ter sua atuação supervisionada pela autoridade reguladora do mercado (*Australian Securities and Investment Commission*). A corte entendeu que o financiamento de litígios é um produto financeiro, de modo que o financiador deveria obter uma licença para oferecer tal serviço, bem como submeter-se às regras específicas de tal mercado.

O governo australiano discordou de tal decisão, publicando, no mesmo ano, um novo estudo, realizado pelo *Law Council of Australia's Board Executive*, com sua posição sobre os campos do financiamento de litígios que demandavam regulação.[73] Em 2012, o governo australiano promulgou uma regulação[74] liberando as empresas de financiamento de litígio da obriga-

[70] Litigation funding in Australia. *Discussion Paper*. Standing Committee of Attorneys-General, maio 2006. Disponível em: <http://www.justice.nsw.gov.au/justicepolicy/Documents/litigationfundingdiscussionpapermay06.pdf>.

[71] [2011] NSWCA 50.

[72] A questão central envolvia o direito de a parte rescindir o contrato de financiamento, visto que ele era um serviço financeiro prestado por uma companhia que não tinha licença (*Australian Financial Services License*) exigida pelo *Corporations Act* de 2001.

[73] Regulation of third party litigation funding in Australia. *Position Paper*. Law Council of Australia. jun. 2011. Disponível em: <https://www.lawcouncil.asn.au/lawcouncil/images/LCA-PDF/a-z-docs/RegulationofthirdpartylitigationfundinginAustralia.pdf>.

[74] *Corporations Amendment Regulation 2012 (n. 6)*, a qual excluía o financiamento de litígios da classificação de *Managed Investment Scheme* do *Corporations Act* de 2001.
Managed Investment Schemes ("MIS"), também chamados "managed funds", "pooled investments" ou "collective investments", são uma espécie de fundo de investimento que concentra geralmente capital de centenas de investidores, os quais não possuem controle sobre os investimentos ("A MIS is a scheme whereby people contribute money that is pooled and used to produce a profit, but the members do not have daily control over the scheme. A MIS is a financial product that must be required to obtain an AFSL [Australian Financial Services License]") (NIEUWELD, Lisa Bench; SHANNON, Victoria. *Third-party Funding in International Arbitration*, p. 84).
A atividade de um MIS é regulada pelo *Corporations Act 2001*. Um caso julgado pela *Federal Court* em 2009 (*Brookfield Multiplex Limited v. International Litigation Funding Partners Pte Ltd*) havia chegado à conclusão de que acordos de financiamento enquadram-se nas previsões

ção de se registrarem na autoridade reguladora do mercado (*Australian Securities and Investments Comission*) e seguirem as regras do *Corporations Act*.

Já nos Estados Unidos a questão deve ser regulada pelos Estados, porém até o momento ao menos dois já editaram normas específicas sobre o financiamento de litígios. Em Maine, uma lei promulgada em 2007 prevê disposições específicas que devem constar nos acordos de financiamento quando estes são firmados por consumidores, em especial, que o financiador não tomará decisões referentes ao curso do litígio.[75] Além disso, os financiadores de litígio devem obrigatoriamente se registrar na autoridade reguladora. Norma similar foi promulgada em Ohio,[76] causando certa controvérsia, já que a Suprema Corte do Estado havia, anos antes, entendido ser nulo um contrato de financiamento por constituir *champerty* e *maintenance*, além de desincentivar a realização de um acordo com a parte adversa (supracitado caso *Rancman v. Interim Settlement*).

de *Managed Investment Schemes* e, como tal, as empresas financiadoras de litígio deveriam ser registradas na autoridade reguladora (*Australian Securities and Investment Comission*) e se adequar às regras previstas no *Corporations Act 2001*.

[75] Maine Revised Statute Title 9-A, Article 12: Legal Funding Practices.
"§12-104. 1. [...] This subsection applies to any agreement signed by the consumer in connection with a legal funding contract entered into in this State. This subsection does not apply to any acknowledgment or representation signed by an attorney. This subsection does not apply to legal funding contracts when an organization is the plaintiff; [...]
7. All contracts for legal funding must contain the following in at least 12-point bold type to read: 'The litigation funding provider agrees that it has no right to and will not make any decisions with respect to the conduct of the underlying civil action or claim or any settlement or resolution thereof and that the right to make such decisions remains solely with the consumer and the consumer's attorney'.
§ 12-106. 1. Unless a litigation funding provider has first registered pursuant to this article, the litigation funding provider may not engage in the business of legal funding".

[76] Ohio Revised Code. Title 13. Chapter 1349.55. Non-recourse civil litigation advance contracts.
"(A) (1) 'Non-recourse civil litigation advance' means a transaction in which a company makes a cash payment to a consumer who has a pending civil claim or action in exchange for the right to receive an amount out of the proceeds of any realized settlement, judgment, award, or verdict the consumer may receive in the civil lawsuit.
(B) (3) The contract shall contain the following statement in at least twelve-point boldface type: 'The company agrees that it shall have no right to and will not make any decisions with respect to the conduct of the underlying civil action or claim or any settlement or resolution thereof and that the right to make those decisions remains solely with you and your attorney in the civil action or claim'".

Outro ponto de embate tem sido a necessidade de revelação do financiamento, em razão de potenciais questões envolvendo a imparcialidade e independência do julgador. Nesse sentido, no que diz respeito à arbitragem, o *International Bar Association*, na revisão realizada em 2014 sobre suas "Diretrizes relativas a Conflitos de Interesses em Arbitragem Internacional", equiparou o terceiro financiador à parte para fins de imparcialidade e independência.[77] Na mesma linha, a Corte Internacional de Arbitragem da Câmara de Comércio Internacional (CCI) publicou, em 10 de maio de 2016, uma "Nota às Partes e aos Tribunais Arbitrais sobre a Condução da Arbitragem conforme o Regulamento de Arbitragem da CCI", cujo parágrafo 24 prevê a obrigação de o árbitro levar em consideração, quando da declaração de imparcialidade e independência, qualquer parte que tenha interesse econômico direto no litígio.[78]

Entretanto, para que o árbitro possa revelar às partes eventual relação com o financiador, é necessário que a existência do financiamento seja por ele conhecida. Nesse sentido, a Resolução Administrativa 18/2016, do Centro de Arbitragem e Mediação da Câmara de Comércio Brasil-Canadá (CCBC), recomenda às partes que informem, na primeira oportunidade possível, a existência de financiamento por terceiro, após o que os árbitros deverão checar se há fato a gerar dúvida justificável sobre sua independência e imparcialidade.[79-80]

[77] Nota explanatória ao item 6(b): "[...] Third-party funders and insurers in relation to the dispute may have a direct economic interest in the award, and as such may be considered to be the equivalent of the party. For these purposes, the terms 'third-party funder' and 'insurer' refer to any person or entity that is contributing funds, or other material support to the prosecution or defence of the case and that has a direct economic interest in, or a duty to indemnify a party for, the award to be rendered in the arbitration".

[78] Parágrafo 24: "[...] Também deverão ser levadas em conta, considerando as circunstâncias específicas de cada caso, as relações entre árbitros e as relações com pessoa jurídica que tenha interesse econômico direto no litígio ou uma obrigação de ressarcir uma parte após a sentença arbitral".

[79] "Artigo 4.º A fim de evitar possíveis conflitos de interesse, o CAM-CCBC recomenda às partes que informem a existência de financiamento de terceiro ao CAM-CCBC na primeira oportunidade possível. Na referida informação deverá constar a qualificação completa do financiador."

[80] A inserção de uma obrigação de revelar a existência do financiamento foi sugerida em mesa de discussão abrangendo financiadores, empresas e advogados envolvidos com *third-party funding*. (SCHERER, Maxi; GOLDSMITH, Aren; FLECHET, Camille. *Third party funding in international arbitration in Europe*. Part II, p. 653).

Por fim, nota-se que ainda não há um consenso sobre se o financiamento de litígios por terceiros é benéfico ou prejudicial para o sistema. De um lado, há aqueles que entendem que o *third-party funding* é um instrumento de acesso à justiça e, portanto, deve ser permitido. Bastante representativo desse entendimento é o relatório final do estudo sobre a revisão de custas de litígios na Inglaterra elaborado pelo Lord Rupert Jackson,[81] no qual são expostas as seguintes razões pelas quais o financiamento por terceiros é benéfico e deve ser incentivado:

(i) O financiamento por terceiros é um meio adicional de custear litígioss e, para algumas partes, o único meio disponível para custear sua demanda. Assim, o financiamento por terceiros promove acesso à justiça.

(ii) Apesar de o autor financiado que tiver êxito em sua demanda renunciar uma porcentagem da condenação, é melhor para ele recuperar algo uma parte substancial dos danos do que não recuparer nada.

[81] Mesmo com a reforma do sistema processual civil inglês ocorrida pelas *Civil Procedure Rules* de 1998 – resultado de uma extensiva análise do Judiciário inglês conduzida por *Lord Justice* Harry Woolf entre os anos de 1994 e 1996 e que culminou no *Access to Justice Report* de 1996, prevendo diversos princípios para garantir o acesso à justiça, em especial, no que aqui interessa, de que "it is too expensive in that the costs often exceed the value of the claim [...]" – os custos para litigar permaneciam como um grande problema do sistema judiciário (conforme Michael Zander: "The cost of legal proceedings is widely regarded as the single greatest concern confronting the justice system", ZANDER, Michael. *Cases and Materials on the English Legal System*, p. 556). Assim, um dos membros da *Court of Appeal – Lord Justice* Rupert Jackson – foi nomeado para realizar uma análise detalhada dos custos dos litígios e apresentar recomendações para alterações que possibilitassem um maior acesso às cortes, o que levou ao relatório *Review of Civil Litigation Costs: Final Report* em 2010.
No mesmo ano, o Ministério da Justiça apresentou uma consulta ao Parlamento, que respondeu com o relatório *Reforming Civil Litigation Funding and Costs in England and Wales – Implementation of Lord Justice Jackson's Recommendations*, estabelecendo as premissas para a reforma legislativa. No que há mais de mais relevante para o tema aqui tratado, permitiu-se amplamente a utilização de *Damages-based agreements* ("DBAs"), uma espécie de honorários de êxito calculados sobre o valor recuperado pelo cliente. Finalmente, em 1.º de maio de 2012, como resultado das proposta de Lord Jackson, foi promulgado o *Legal Aid, Sentencing and Punishment of Offenders Act* ("LASPO"), que entrou em vigor em 1.º de abril de 2013, emendando o *Courts and Legal Services Act 1990* para possibilitar de forma ampla o uso de *damages-based agreements* em demandas cíveis (seção 45), as quais, evidentemente, não são entendidas como *champertous*, distanciando (mas não completamente superando) ainda mais o ordenamento inglês das antigas proibições de *champerty* e *maintenance* que impediram um maior desenvolvimento do financiamento de litígios por terceiros.

> [...][82]
> (v) O financiamento por terceiros tende a filtrar demandas com baixa chance de sucesso no mérito, pois financiadores não irão querer assumir os riscos em tais casos, o que beneficia a parte contrária.[83-84]

Em contrapartida, há aqueles que entendem que a liberação do financiamento por terceiros pode trazer um aumento do número de demandas frívolas e transformar a justiça em uma *commodity*. Representativa de tal ideia é a opinião da Câmara de Comércio dos Estados Unidos (*U.S.*

[82] Os pontos "iii" e "iv" foram omitidos da citação, visto que sua relevância advém de particularidades do Direito inglês que não se aplicam ao Direito brasileiro. Os pontos, em tradução livre, são os seguintes: "(iii) O uso do financiamento de litígios por terceiros (diferentemente de honorários de êxito condicionais, não impõe ônus financeiros adicionais à parte contrária. (iv) Financiamento de litígio por terceiro se tornará ainda mais importante como forma de custear demandas se honorários de êxito não forem reembolsáveis pela parte contrária." (original: "(iii) The use of third party funding (unlike the use of conditional fee agreements ("CFAs")) does not impose additional financial burdens upon opposing parties. (iv) Third party funding will become even more important as a means of financing litigation if success fees under CFAs become irrecoverable").
Conditional fee agreements são honorários contratados com o advogado contendo como condição para pagamento o sucesso da lide. Nesse aspecto, assemelham-se aos honorários de êxito utilizados no Brasil. Contudo, no Direito inglês, à época da publicação do relatório *Review of Civil Litigation*, tais honorários, apesar de pagos pelo cliente em um primeiro momento, podiam ser integralmente reembolsados pela parte contrária como custos sucumbenciais. Essa sistemática foi alterada pelo *Legal Aid Sentencing and Punishment of Offenders Act* de 2012 e pelo *Conditional Fee Agreeents Order* de 2013, de modo que honorários de êxito como esses (*conditional fee agreements*) assinados após 1º de abril de 2013 não são mais reembolsáveis pela parte sucumbente (salvo raras exceções, como casos envolvendo insolvência e difamação).

[83] Tradução livre do original "(i) Third party funding provides an additional means of funding litigation and, for some parties, the only means of funding litigation. Thus third party funding promotes access to justice. (ii) Although a successful claimant with third party funding foregoes a percentage of his damages, it is better for him to recover a substantial part of his damages than to recover nothing at all. [...] (v) Third party funding tends to filter out unmeritorious cases, because funders will not take on the risk of such cases. This benefits opposing parties" (JACKSON, Rupert. *Review of Civil Litigation Costs*: Final Report. Londres: TSO, 2010. p. 117).

[84] Digna de nota, também, a posição do *Civil Justice Council*, que levou à criação da *Association of Litigation Funders*, de que "Properly regulated third-party funding should be recognized as an acceptable option for mainstream litigation" (*Report Improved Access to Justice, Funding Options and Proportionate Costs – The Future Funding of Litigation, Alternative Funding Structures*, Recomendação n.º 3).

Chamber of Commerce),[85] que, em 2009, publicou um estudo intitulado "Selling Lawsuits, Buying Trouble" defendendo que o *third-party funding* aumenta o acesso às cortes, mas não necessariamente à justiça.[86] Além disso, rebatendo o argumento de que financiadores não estariam dispostos a investir em demandas com baixas chances de sucesso, a Câmara de Comércio aponta que, como qualquer investidor sofisticado, os financiadores de litígio basearão suas escolhas no valor presente da soma que se espera receber pelo investimento, sendo a chance de sucesso apenas um dos fatores que impactarão no cálculo e na opção por financiar determinado litígio.[87-89]

[85] Max Volsky afirma que a *U.S. Chamber of Commerce* é a maior oponente da indústria de financiamento de litígios (*Investing in Justice*: An Introduction to Legal Finance, Lawsuit Advances and Litigation Funding. New Jersey: The Legal Finance Journal, 2013. p. 165). No mesmo sentido, MORPURGO, Marco de. *Profit from Justice*: Comparative legal and regulatory approaches to third-party litigation funding. 2013. Tese (Doutorado) – Università degli Studi di Milano, Milano, p. 79.

[86] BEISNER, John; MILLER, Jessica; RUBIN, Gary. *Selling Lawsuits, Buying Trouble*, em especial, defendendo, às p. 4-6, que: "Proponents of third-party litigation financing argue that the practice promotes access to justice. But this focus on access to justice ignores an obvious point – third-party litigation funding increases a plaintiff's access to the courts, not to justice. This is an important distinction because increasing plaintiff access to the courts also increases the likelihood that any potential defendant will be hauled into court on a meritless claim. [...] Practices like third-party funding increase the overall litigation volume, including the number of non-meritorious cases filed, and thus effectively reduce (not increase) the level of justice in the litigation system. [...] These companies – like all sophisticated investors – will base their funding decisions on the present value of their expected return, of which the likelihood of a lawsuit's success is only one component. The other component is the potential amount of recovery. If that potential recovery is sufficiently large, the lawsuit will be an attractive investment, even if the likelihood of actually achieving that recovery is small. Put simply, the present value (excluding inflation and opportunity cost) of a $500 million claim with only a 10% chance of success is still $50 million. Moreover, litigation-finance companies can further hedge their investments in risky lawsuits by demanding higher percentages of any award where recovery is less certain. Indeed, if investors were only attracted to low-risk investments, the high-yield junk-bond market never would have existed".

[87] Digno de nota, também, o estudo elaborado pelo *Corporate Europe Observatoty* em 2012, centrado em arbitragens de investimento e que argumenta existir uma pequena elite de advogados e árbitros envolvidos com tais demandas e que estariam, dos bastidores, usando sua influência para instigar e multiplicar o número de Tratados Bilaterais de Investimento e arbitragens de investimento ("The alleged neutrality of arbitration is however a myth. A small group of elite arbitrators emerged promising to be neutral 'judges' [...] But, instead, they have used their power and influence to secure government-hostile rules and a steady flow of multimilliondollar lawsuits. A number of global law firms are also involved, multiplying

Três anos depois, em 2012, o mesmo Instituto publicou um segundo estudo, dessa vez não mais defendendo sua proibição – apesar de tecer

arbitrations against countries. Investment funds are increasingly consolidating the investment arbitration market, bringing speculative claims" – p. 71).
Relevante, em especial, o capítulo 5 do estudo, denominado "Speculating on injustice", no qual se defende que o financiamento por terceiros levaria a um aumento do número de arbitragens e, considerando o pequeno número de profissionais atuantes nesses dois mercados (financiamento e arbitragem de investimentos), um alto risco de os árbitros não serem imparciais (EBERHARDT, Pia; OLIVET, Cecilia. *Profiting from injustice*: how law firms, arbitrators and financiers are fuelling an investment arbitration boom. Bruxelas: Corporate European Observatory, 2012, em especial, defendendo que: "By funding lawsuits that might otherwise settle quickly or die altogether, third-party funding has the potential to multiply the number of investment disputes brought before arbitrators. [...] One particular concern is an increase in frivolous disputes which would go uncontested without external funding. While there is usually little incentive for funders to fund weak cases, bubbles in the market for legal claims might incite exactly that. [...]These close networks raise a long list of potential conflicts of interest. For example, where arbitrators are also lawyers at firms that funders work closely with, or when arbitrators also sit as counsel in another case financed by the same funder. More likely still, arbitrators may have former partners that are now executives of third-party funders. In fact, some funders and law firms are owned (in part or full) by the same parties. These potential conflicts of interest seriously call into question the ability of arbitrators to evaluate a case impartially, fearing the consequences for their professional futures if they do not rule in favour of a financier" – p. 59-60).

88 Vide também a opinião de Robert Weber, então *General Counsel* da IBM e *Senior Vice President* jurídico e regulatório, publicado pela revista *Forbes* durante um período em que a IBM se via em litígio com a Devon IT: "Always be on high alert when someone tries to sell you a fix to a problem you didn't know you had. This is the advice I'd ask you to keep front and center as you think about the newest gimmick in the headlong rush to degrade legal professionalism and to increase the lottery mentality of our court system. The gimmick is so-called 'third party litigation financing', a seemingly benign term that camouflages a real risk to clients, our court system and to lawyer professionalism itself. I've seen enough to know that this isn't needed, that it tends to introduce a gambling mentality into our court process, and it creates an environment ripe for the promotion of the interests of lawyers over those of the client" (IBM GC Says: Beware Of Lenders Offering To Finance Your Lawsuit. Disponível em: <http://www.forbes.com/sites/danielfisher/2013/02/12/ibm-gc-says-beware-of-lenders-offering-to-finance-your-lawsuit/#4f111f0962e4>).
No caso, o autor, Devon, havia repassado documentos sigilosos a um terceiro – Burford – para análise de um possível acordo de financiamento de litígio. Os documentos foram encaminhados após a assinatura de um *non-disclosure agreement* e, futuramente, Burford veio efetivamente a investir no litígio entre Devon e IBM. A IBM requereu à corte uma ordem para que Devon apresentasse as comunicações entre si e Burford, mas a corte (*United States Court for the Eastern District of Pennsylvania*) entendeu que tais documentos seriam sigilosos em razão da relação cliente-advogado (*attorney-client privilege*) (Devon IT, Inc. v. IBM Corp. No. 10-2899, 2012 WL 4748160, E.D. Pa. Sept. 27, 2012).

duras críticas à prática, classificada como "um perigo claro e presente à eficiente e imparcial administração da justiça nos Estados Unidos"[89] –, mas propondo a criação de um regime federal restritivo, com o estabelecimento de um órgão federal (ou atribuição de competência a um órgão já existente) para criar normas e fiscalizar sua aplicação.

Essa discussão é intensificada pelo levantamento de questões éticas, que parecem ter origem em uma ideia de que justiça e lucro não devem ser misturados. Com efeito, retornando ao multicitado estudo de Max Radin, o professor revela que o litígio era visto, na tradição cristã que tanto influenciou os sistemas jurídicos ocidentais, na melhor das hipóteses, como um "mal necessário".[90] Atualmente, podem-se identificar vozes defendendo o financiamento de litígios por terceiros como instrumento para garantir um "acesso mais equilibrado ao processo".[91]

Quanto ao Brasil, o primeiro fundo focado nesse tipo de investimento foi criado em 2014 – denominado Leste Credits, braço do grupo de investimento Leste[92] –, observando-se, nos últimos anos, uma atuação intensa de forma a atender e auxiliar a desenvolver esse mercado. Também é digno de nota o fundo peruano LexFinance,[93] voltado para América Latina, Portugal e Espanha, que tem feito incursões para se inserir no mercado brasileiro.

Por fim, há que se mencionar que o *third-party funding*, até por razões econômicas, visto que é uma forma de investimento, tem sido historicamente utilizado para demandas de elevado valor, observando-se que o piso para que determinado litígio seja considerado deveria ser de ao menos £1

[89] Tradução livre do original: "a clear and present danger to the impartial and efficient administration of civil justice in the United States" (BEISNER, John H.; RUBIN, Gary A. *Stopping the sale on lawsuits*: a proposal to regulate third-party investments in litigation. Washington: US Chamber Institute for Legal Reform, 2012. p. 1)

[90] RADIN, Max. Maintenance by Champerty, p. 68, defendendo que: "We must remember that the psychological background is the medieval and Christian one in which litigation is at best a necessary evil, and litigiousness a vice. This was in direct contrast with the notion of ancient society which determined litigation by its purpose or result. If it was to secure a right it was commendable. It was admitted by ancient moralists that constant resource to the law rendered men somewhat indifferent to the moral justification of their conduct [...] Litigation is usually declared to be some-thing to be avoided under all circumstances".

[91] ABREU, Rafael Sirangelo de. *Igualdade e processo*: posições processuais equilibradas e unidade do direito, p. 174-175.

[92] Disponível em: <http://www.leste.com/pt/leste-credit/>.

[93] Disponível em: <http://www.lex-finance.com/>.

milhão, com alguns financiadores apontando um mínimo de £5 milhões[94] (e, na realidade, constatando-se uma média de valores bastante superiores a tal piso).[95] Recentemente, nos países onde o financiamento de litígios por terceiros já é mais desenvolvido (entre os quais ainda não se insere o Brasil), tem sido possível verificar uma tendência de disponibilização desse instrumento a litígios de menor valor, como é o caso do fundo inglês TheJudgeUK, que tem financiado demandas a partir de £25.000.[96] Ainda mais interessante é a iniciativa do americano LexShares, que desenvolveu uma espécie de *crowdfunding*, em que qualquer investidor pode financiar parcela dos custos de uma ação (com um mínimo de US$ 2.500),[97] e depois parte do valor recebido pela companhia é distribuído aos financiadores na proporção de seus investimentos.

Nos capítulos seguintes, serão analisados os benefícios e potenciais riscos que o financiamento de litígios por terceiros pode trazer, bem como os contornos jurídicos e o impacto que seu uso pode causar no processo.

[94] VELJANOVSKI, Cento. Third-party litigation funding in Europe, p. 419.

[95] O maior fundo australiano (IMF), por exemplo, não considera demandas com valor inferior a 2 milhões de dólares australianos, apesar de que a média dos litígios efetivamente financiados por este fundo gravite entre 33 e 45 milhões (VELJANOVSKI, Cento. Third-party litigation funding in Europe, p. 434).

[96] Conforme informações disponíveis em: <http://www.thejudge.uk/third-party-funding/which-cases-qualify-for-third-party-funding>.

[97] Informação disponível em: <https://www.lexshares.com/pages/faqs>.

3. O Acordo de Financiamento por Terceiros

O financiamento por terceiros é resultante da aplicação de soluções do mercado ao sistema de resolução de controvérsias. Forçoso reconhecer a existência de uma ineficiência do sistema, seja pelos altos custos de se demandar em determinada jurisdição, seja pelo restrito acesso à assistência judiciária gratuita, ou ainda pelo custo do tempo (i.e., ainda que a parte venha a ser bem-sucedida em seu pleito e detenha direito ao ressarcimento dos custos adiantados, estes somente virão anos após o ajuizamento da ação, uma vez que tal capital poderia, nesse ínterim, ser utilizado para outros fins, como, na atividade-fim do financiado).[98]

Nesse sentido, fala-se dos *custos de transação,* forma de análise que leva em consideração, para o cálculo de custo/benefício de determinado negócio (em sentido amplo, podendo se referir tanto a negócios comerciais como a custos de se litigar), não apenas os valores pecuniários efetivamente despendidos, mas também custos imateriais, como os custos de informação, de análise, de organização, de oportunidade e de tempo.[99]

[98] Nesse sentido, Luciano Timm e Eduardo Jobim, apontando que "O custo esperado de recorrer ao Judiciário (ou outra forma de resolução de disputas não depende apenas das taxas pagar, de despesas incorridas durante o processo [...] Existe também o custo do tempo, das incertezas, da falta de *expertise* dos julgadores [...]" (A arbitragem, os contratos empresariais e a interpretação econômica do direito. *Direito & Justiça*, v. 33, n. 1, p. 81, jun. 2007).

[99] Ronald Coase, em seu clássico estudo sobre The Problem of Social Cost, realiza uma análise econômica da redistribuição de direitos em determinada situação, como na criação de um imposto para determinada fábrica calculado sobre a quantidade de fumaça tóxica que esta produz, o que, em seu entender, analisando-se os custos de transação, não levaria ao fim pretendido. Sobre os custos de transação, é multicitada a passagem na qual argumenta que: "In order to carry out a market transaction it is necessary to discover who it is that one wishes to deal with, to inform people that one wishes to deal and on what terms, to conduct negotiations leading up to a bargain, to draw up the contract, to undertake the inspection needed to make sure that the terms of the contract are being observed, and so on. These operations are

Estudo realizado pela Fundação Getulio Vargas sobre a jurisprudência do Tribunal de Justiça de São Paulo em matéria de direito societário – um dos campos em que a arbitragem é mais utilizada no Brasil[100] – e mercado de capitais revelou que o tempo médio para se obter uma decisão em segunda instância em questões envolvendo sociedades anônimas (responsabilidade do controlador, recesso, valor do valor mobiliário, direito de voto etc.) é 1.536,80 dias (aproximadamente 4 anos), chegando-se, em um dos casos analisados, a 3.993 (aproximadamente 11 anos).[101] Quanto ao mercado de capitais, encontrou-se um tempo médio de 2.618 dias (aproximadamente 7 anos), chegando-se, em um dos casos, a 5.049 dias (aproximadamente 14 anos).[102] Tais dados condizem com os constatados pelo Conselho Nacional de Justiça, que determinou que o prazo médio de tramitação processual, na justiça estadual, é de 1 ano e 10 meses em 1.ª instância, 3 anos e 2 meses em 2.ª instância e 8 anos e 11 meses em sede de execução.[103] Para a Justiça Federal, encontrou-se o tempo médio de tramitação em 3 anos para a 1.ª instância, 2 anos e 6 meses para a 2.ª instância e 7 anos e 9 meses para a execução.[104]

Somando-se os custos do litígio (taxa judiciária, custas de apelação, honorários advocatícios, honorários periciais, custos de administração de um procedimento arbitral, honorários dos árbitros etc.) aos custos de transação e ao risco de obtenção de uma decisão desfavorável, percebe-se que litigar é algo extremamente oneroso às partes.

O financiamento de litígios por terceiros surge como uma solução para esse problema.[105]

often extremely costly, sufficiently costly at any rate to pre- vent many transactions that would be carried out in a world in which the pricing system worked without cost" (The Problem of Social Cost. *The Journal of Law & Economics*, v. 3, p. 15, out. 1960).

[100] Arbitragem em números e valores. Período de 2010 (jan./dez) a 2016 (jan./dez.). Disponível em: <http://selmalemes.adv.br/artigos/An%C3%A1lise-%20Pesquisa-%20Arbitragens%20Ns%20%20e%20Valores%20_2010%20a%202016_.pdf>

[101] PRADO, Viviane Muller; BURANELLI, Vinícius Correa. Relatório da pesquisa de jurisprudência sobre direito societário e mercado de capitais no Tribunal de Justiça de São Paulo. *Cadernos de Direito GV*, v. 2, n. 1, p. 16, jan. 2006.

[102] Idem, p. 28.

[103] Relatório do CNJ "Justiça em Números", p. 126. Disponível em: <http://www.cnj.jus.br/files/conteudo/arquivo/2016/10/b8f46be3dbbff344931a933579915488.pdf>.

[104] Idem, p. 244.

[105] Mas não a única. Em estudo a respeito da igualdade no processo, Rafael Sirangelo Abreu propõe diversas alternativas para um "acesso mais equilibrado ao processo", entre as quais a limitação da gratuidade da justiça a algumas despesas (funcionando esse mecanismo não

3.1 Definição de Financiamento por Terceiros

Não há consenso sobre o que a expressão *third-party funding* compreende. Já se disse inclusive que "é quase impossível encontrar uma definição de *third-party funding* adequada para todos os casos. Ao final, a sociedade é quem irá rotular as práticas que considera como *third-party funding*".[106]

De fato, diversas são as definições encontradas na doutrina.[107] Um Comitê (*Task Force*) criado pela ICCA em parceria com a Universidade

com uma lógica de *tudo* ou *nada*, mas *mais* ou *menos*), o diferimento do pagamento de determinadas despesas, parcelamento de despesas processuais, criação de mecanismos de redução de despesas proporcionalmente à necessidade e, por fim, facilitação de acesso ao *third-party funding* (ABREU, Rafael Sirangelo de. *Igualdade e processo*: posições processuais equilibradas e unidade do direito, p. 169-180).

[106] Tradução livre do ingles: "it is almost impossible to find a one-size-fits-all definition of third party funding. Rather, it remains for the community to "label" the practices that are to be considered third party funding" (SCHERER, Maxi; GOLDSMITH, Aren; FLECHET, Camille. Third-party funding in international arbitration in Europe. Part 1. Funders' perspectives, p. 210). O texto decorre dos debates realizados em congresso organizado pelo *International Business Law Journal* e o escritório *Cleary Gottlieb Steen & Hamilton LLP* em Paris, em janeiro de 2012, que teve como participantes representantes de empresas que realizam financiamento, advogados e acadêmicos para discutir o mercado de financiamento de arbitragens tendo, entre as questões debatidas, sido buscada uma conceituação precisa do *third-party funding*.

[107] "It is the provision of fund by companies who have no other connection with the litigation" (STEINITZ, Maya. Whose Claim Is This Anyway? Third-Party Litigation Funding, p. 1276; "The litigation financing firms make non-recourse loans to plaintiffs in exchange for a share of the proceeds of their lawsuits, if there are any" (MARTIN, Susan Lorde. The litigation financing industry: the wild west of finance should be tamed not outlawed. *Fordham Journal of Corporate & Financial Law*, v. 10, issue 1, p. 55, 2004); "Third-party litigation funding (TPLF) arises when someone not otherwise involved with specific litigation' pays the cost of the litigation for one party. The funder may also accept the risk of paying the other party's costs if the case fails. If the case succeeds, the third-party litigation funder usually receives a success fee, often a share of the proceeds-usually after reimbursement of costs" (BARKER, George. Third-Party Litigation Funding in Australia and Europe, p. 451); "Le mécanisme est simple, une personne (généralement une enterprise dont le métier est le financement, mais cette qualification n'est pas nécessaire) offre un service qui consiste dans le paiement de tout ou partie des frais du procès d'une autre personne, moyennant une rémuneration. Celle-ci est généralement fonction de l'issue de la procédure. Si le financier est intervenu au profit du demandeur et que ce dernier gain de cause, un certain pourcentage du gain reviendra au financier" (KESSEDJIAN, Catherine. Prefácio à obra *Le financement de contieux par un tiers*: Third Party Litigation Funding. Paris: LGDJ, 2012. p. 11); "In essence, third party litigation funding is a modern twist on the classic contingency fee agreement, as it could be described as a contingent fee offered by non-lawyers. In third party funding, a funder covers the costs

Queen Mary em 2013 se propôs a discutir diversas questões relativas ao financiamento de terceiros, vindo a emitir, em abril de 2018, um relatório com o resultado dos estudos e debates (*Report of the ICCA-Queen Mary Task Force on Third-Party Funding in International Arbitration*).[108] O Comitê verificou que a existência de modelos variados de financiamento, bem como o potencial de surgimento de novos modelos até então não utilizados, apresentava um desafio para a elaboração de um conceito único, o que levou à utilização de um conceito bastante abrangente:

> "O termo "*third-party funding*" se refere ao acordo com uma entidade que não é parte do processo para prover a parte, um afiliado da parte ou o escritório representando a parte:

and expenses of the litigant in consideration of the assignment by the latter of a share in any future compensation." (CREMADES JR., Bernardo. Third Party Litigation Funding: Investing in Arbitration, p. 2); "Em termos amplos, o financiamento de demandas por terceiro corresponde ao custeio das despesas processuais por alguém que não é parte no feito, a quem se deve reembolso e remuneração contingenciais de êxito final do processo, somente" (BUCKER, Fátima Cristina Bonassa. Demandas financiadas: *Third Party Funding*, p. 78-79); "Litigation funding is, at its core, a contractual arrangement whereby a third party pays the cost of litigation an in return, if the case succeeds, receives a percentage of the proceeds" (LEGG, Michael; PARK, Edmond; TURNER, Nicholas; TRAVERS, Louisa. The Rise and Regulation of Litigation Funding in Australia. *Northerns Kentucky Law Review*, v. 38, issue 4, p. 625, 2011); "Litigation funding is the provision by a third party of finance to a party to litigation or arbitration, which is used to pay for the legal costs of the dispute, in exchange for the funder taking a share of the proceeds in the event of a successful outcome" (Association of Litigation Funders. Disponível em: <http://associationoflitigationfunders.com/about-us/>); "Le financement de l'arbitrage par un tiers peut être défini comme la situation dans laquelle un demandeur à une procédure arbitrale obtient de la part d'un tiers les fonds nécessaires au financement de cette procédure. En contrepartie, le tiers qui finance obtient le plus souvent des droits tout ou partie du montant d'une éventuelle condamnation, une fois les sommes correspondantes recouvrées" (PINSOLLE, Philippe. Le financement de l'arbitrage par les tiers, p. 385).
É digno de nota que o Centro de Arbitragem e Mediação da Câmara de Comércio Brasil-Canadá (CAM-CCBC) foi uma das primeiras instituições arbitrais a buscar conceituar a figura, inserindo-a na Resolução Administrativa nº 18/2016, sobre dever de revelação: "Art.1. Considera-se financiamento de terceiro quando uma pessoa física ou jurídica, que não é parte no procedimento arbitral, provê recursos integrais ou parciais a uma das partes para possibilitar ou auxiliar o pagamento dos custos do procedimento arbitral, recebendo em contrapartida uma parcela ou porcentagem de eventuais benefícios auferidos com a sentença arbitral ou acordo.")

[108] Disponível em < https://www.arbitration-icca.org/media/10/40280243154551/ icca_reports_4_tpf_final_for_print_5_april.pdf>

a) fundos ou outro suporte material para financiar parte ou totalidade dos custos do processo, tanto individualmente quando para uma carteira de processos, e
b) tal suporte ou financiamento é fornecido em troca de uma remuneração ou reembolso que seja total ou parcialmente dependente do resultado da disputa, ou provido por um subsídio ou em contra-partida a um prêmio"[109]

Em linhas gerais, pode-se conceituar o financiamento por terceiros como o investimento feito por um terceiro em um ou mais litígios com os quais ele não possui qualquer outra ligação, por meio da qual parcela (ou a totalidade) dos custos da demanda (e, consequentemente, dos riscos) é repassada ao financiador, cuja remuneração está vinculada ao sucesso da demanda.

A rigor, qualquer auxílio financeiro que se dê ao litigante, cujo retorno esteja atrelado ao resultado de uma demanda, pode ser considerado *third-party funding*. Extrai-se daí a primeira característica que o diferencia de figuras afins: a vinculação ao resultado de um processo. Por esse motivo, o financiamento de litígios assemelha-se mais a um investimento[110] – cujo retorno depende do sucesso da ação – do que a um simples empréstimo.

Com efeito, nada impede que a parte busque um empréstimo em uma instituição bancária para obter os fundos necessários para seu litígio. O grande diferencial, contudo, está no fato de que a parte deverá repagar tal empréstimo no futuro independentemente do resultado da demanda.

[109] Tradução livre do original: The term "third-party funding" refers to an agreement by an entity that is not a party to the dispute to provide a party, an affiliate of that party or a law firm representing that party, a) funds or other material support in order to finance part or all of the cost of the proceedings, either individually or as part of a specific range of cases, and b) such support or financing is either provided in exchange for remuneration or reimbursement that is wholly or partially dependent on the outcome of the dispute, or provided through a grant or in return for a premium payment. (*Report of the ICCA-Queen Mary Task Force on Third-Party Funding in International Arbitration*. p. 50).
Digno de nota que, segundo o próprio Comitê, essa definição abrangente foi adotada para permitir o debate sobre a diversa gama de modelos de financiamento e figuras análogas, sendo que concepções mais específicas foram adotadas a depender do modelo e considerando a existência de regulações aplicáveis (v.g., no campo de seguros e honorários advocatícios) (*Idem*. p. 52)

[110] VELJANOVSKI, Cento. Third-party litigation funding in Europe, p. 417 ("TPFL ... is an investment. The funds are provided to claimants on a no-win-no-pay basis in return for a success fee").

Por outro lado, tendo a parte obtido fundos por meio de *third-party funding*, caso venha a sucumbir, o financiado está livre de qualquer obrigação de ressarcir os valores pagos pelo financiador.

3.1.1 Características Essenciais

Como um investimento, o financiamento por terceiros não será adequado a todo tipo de demanda, mas apenas àquela em que seja possível, para o investidor, vislumbrar um retorno financeiro.[111] Cada financiador terá seu próprio conjunto de regras sobre as características dos casos que considera investir. É possível, contudo, identificar algumas convergências e prever alguns requisitos mínimos para que seja viável o uso do financiamento por terceiros, a saber: (a) demanda condenatória em pecúnia; (b) expectativa de retorno maior do que o valor investido; (c) solvabilidade da parte adversa; e (d) razoáveis chances de êxito.

Primeiramente, o caso deve ter valor pecuniário. Como a remuneração do investidor será decorrente de parcela da sentença, a demanda em que o financiamento tipicamente ocorrerá será a condenatória em pecúnia. Demandas declaratórias ou de cumprimento específico de determinada obrigação dificilmente terão algum valor para o terceiro que justifique o financiamento.[112]

Evidentemente, pode haver exceções a tal regra geral, desde que seja possível negociar alguma forma de retorno pelo investimento realizado. Pode-se identificar como exceção mais marcante o financiamento do réu não reconvinte (apesar de que o financiamento, nesses casos, ocorre muito raramente).

Não basta, contudo, que o caso tenha valor pecuniário. É necessário que o retorno esperado seja suficiente para cobrir o valor investido e ainda gerar algum lucro, afinal, enquanto investimento, não é interessante para o terceiro obter tão somente o ressarcimento do valor desembolsado. Por esse motivo, companhias especializadas no financiamento de litígios costumam estabelecer um piso do valor envolvido para considerar financiar

[111] Nesse sentido, Catherine Kessedjian aponta que "le financier n'est pas un altruiste, il participe no pas pour la beauté de favoriser le recours à la justice, une sorte de chevalier blanc du procès, mais il agit pour gagner de l'argent" (Prefácio à obra *Le financement de contieux par un tiers*: Third Party Litigation Funding, p. 11).

[112] ROWLES-DAVIS, Nick. *Third Party Litigation Funding*, p. 10-11.

uma demanda, bem como uma proporção entre o montante investido e o retorno esperado.

Apesar de cada financiador deter suas próprias regras, parece existir certa convergência entre os financiadores especializados (ou os *mainstream funders*) para US$ 1 milhão como o valor mínimo da causa. Nesse sentido, concluiu Christopher Hodges, autor de diversas pesquisas comparadas sobre custos de se litigar em jurisdições distintas.[113] Ainda, na citada mesa-redonda organizada pelo *International Business Law Journal*, um dos financiadores apontou investir em casos com um custo mínimo de US$ 1 milhão e expectativa de retorno de ao menos US$ 6 milhões. Outro afirmou que investe somente em casos com custos entre US$ 1 milhão e US$ 10 milhões e expectativa de retorno de no mínimo US$ 25 milhões.[114] Nick Rowles-Davis, por seu turno, diretor do maior fundo de investimento de litígios, Burford Capital, aponta que, como regra geral, extraída de sua prática, a proporção *mínima* entre o valor investido e o retorno esperado para que os financiadores considerem o caso é 1:4, e uma média mais quotidiana de 1:10.[115]

Ainda, de nada adianta obter sucesso na demanda se a parte contrária não detém fundos para pagar a condenação. Assim, a verificação da solvabilidade da parte adversa é essencial para que um terceiro financie determinado litígio (exceção feita a contratações em que o próprio financiado pague o financiador, em vez de repassar parcela do que espera receber da parte contrária, por exemplo, no financiamento do réu não reconvinte).

Por fim, é necessário que o caso tenha razoáveis chances de êxito. O motivo é intuitivo. O financiamento de litígios é um investimento com alto risco, pois depende do sucesso da demanda, o que se sujeita a diversos fatores (interpretação da determinada matéria, *expertise* dos julgados, existências de provas etc.). Apesar da realização de *due diligence* e seleção de gastos com mérito bem fundado, ainda assim grande parte dos casos financiados não dará retorno, em virtude da natureza incerta do investimento. Desse modo, somente será viável o financiamento de casos em que haja boas chances de retorno, com o percentual variando de acordo com a estratégia comercial

[113] HODGES, Christopher. Self-Regulation (Jackson Report, Code of Conduct), p. 158.

[114] SCHERER, Maxi; GOLDSMITH, Aren; FLECHET, Camille. Third-party funding in international arbitration in Europe. Part 1. Funders' perspectives, p. 214.

[115] ROWLES-DAVIS, Nick. *Third Party Litigation Funding*, p. 10.

do investidor. Pode-se imaginar que o percentual mínimo de êxito que deve ser considerado é de 50%, e entrevistas com diversos financiadores revelou que a regra geral será de 70%.[116] Isso aponta para uma expectativa de perda em 30% dos casos financiados, o que, curiosamente, se aproxima bastante do resultado obtido pelo IMF Bentham, maior financiador do mercado australiano, de 27% de perdas dos casos investidos.[117]

Interessante notar, ainda, que as chances de êxito podem ser mitigadas por outros fatores, conforme apontado por um financiador que afirmou investir em demandas com ao menos 50% de chances de obtenção de uma decisão favorável, mas que financiaria casos com chances inferiores se, por exemplo, a previsão de êxito fosse fruto de um problema processual, mas as questões de mérito do caso fossem robustas.[118]

Assim, pode-se estimar que um investidor financiará determinado litígio quando:

$$\text{Inv} < \frac{R*E*P}{\text{Prop.}}$$

Onde, "Inv" é o valor investido, "R" é o valor esperado de condenação, "E" é a chance de êxito, "P" é a parcela da condenação que será destinada ao investidor e "Prop" é a proporção entre o investimento e o retorno esperado, i.e., o lucro.

É necessário ter em mente que se trata de uma simplificação. Diversos fatores influenciarão na opção por investir ou não – *v.g.*, o tempo estimado para conclusão do litígio (e consequente custo de oportunidade e juros), os advogados escolhidos para representar a parte, e as chances de executar a decisão em outras jurisdições, conforme o caso – e cada investidor terá suas próprias regras para analisar os litígios que vai ou não financiar.

[116] VELJANOVSKI, Cento. *Third-party litigation funding in Europe*, p. 425. Ver também Christopher Hodges, apontando que, em sua pesquisa, verificou que os financiadores geralmente requerem uma chance de êxito de 60% (*Self-Regulation (Jackson Report, Code of Conduct)*, p. 157).

[117] O valor considera as demandas em que o financiado perdeu, bem como as que a IMF se retirou (portanto, não obtendo retorno), conforme relatório de resultados financeiros publicado em 30 de junho de 2016 (disponível em: <http://www.imf.com.au/docs/default-source/site-documents/annual-report-30-june-2016>).

[118] SCHERER, Maxi; GOLDSMITH, Aren; FLECHET, Camille. Third-party funding in international arbitration in Europe. Part 1. Funders' perspectives, p. 214.

Ademais, os requisitos apresentados *supra* não são legais, tampouco exaurientes, mas apenas diretrizes mínimas para se analisar a viabilidade do financiamento.

3.2 Tipos de Financiamento

Ao se falar do financiamento de litígio por terceiros e, em especial, observando-se os argumentos favoráveis (promove acesso à justiça e equilíbrio na relação processual) e desfavoráveis (aumento do número de demandas e riscos de deturpação da justiça pela utilização do processo como um instrumento de lucro), tem-se que a hipótese mais óbvia de uso dessa figura ocorre quando uma das partes não possui condições financeiras para litigar.

Não obstante, o *third-party funding* também apresenta grande campo de utilização em demandas nas quais a parte possui recursos para custear o processo, mas prefere direcionar tais valores para outros fins. Com efeito, a parte possui o ônus de adiantar os custos do processo,[119] seja no Judiciário estatal (art. 82, CPC/2015), seja na arbitragem (*v.g.*, art. 12, Reg. CCBC e art. 36, Reg. CCI). Assim, ainda que a parte venha a ter sucesso em sua demanda e receber reembolso das custas pelo vencido (art. 82, § 2.º, CPC/2015), a parte terá parcela de seu capital, durante todo o trâmite processual, indisponível. Assim, não é difícil vislumbrar por que seria interessante à parte se desfazer de uma fração do que espera receber futuramente para possibilitar a utilização de seu capital para durante o processo. Além disso, nessa hipótese, o financiado se desfaz de parte do risco – notadamente, de não obter o ressarcimento dos custos caso não obtenha êxito na demanda – para um terceiro.[120]

[119] Renato Beneduzi explicita que o adiantamento das despesas não é uma obrigação, mas sim um ônus da parte, visto que seu não recolhimento implicará sanção (*v.g.*, o indeferimento da petição inicial) que não se confunde com a obrigação da parte perdedora em ressarcir tais valores ao final do processo (BENEDUZI, Renato Resende. *Comentários ao Código de Processo Civil*: artigos 70 ao 187. São Paulo: RT, 2016. p. 113-114).

[120] Jonathan Molot, professor e *Chief Investment Offficer* da empresa de financiamento de litígios Burford, aponta que: "Indeed, litigation finance of this sort is especially attractive for small, start-up companies with large intellectual property claims against established companies. The small start-up may need cash to fund the lawsuit, as the best patent lawyers are often at law firms that charge by the hour rather than working for a contingent fee. The plaintiff may also need money to fuel its own growth – for example, to pay salaries and cover expenses as

O financiamento pode ser feito de diversas formas, sendo as principais pormenorizadamente analisadas a seguir.

3.2.1 Financiamento pelo Advogado: Honorários de Êxito

A forma mais usual e aceita de financiar um litígio é pela contratação de honorários de êxito,[121] pela qual o advogado condiciona o recebimento de parcela de seus honorários ao sucesso na demanda.[122] Ao assim contratar, o advogado financia o processo de seu cliente, que deixará de arcar com parte dos custos do processo (honorários advocatícios) caso não obtenha sucesso. Na tradição romano-germânica, fala-se do *pactum quota litis*, enquanto na anglo-saxã é geralmente referido como *contingency fees*. De fato, já se disse que o *third-party funding* seria uma forma diferenciada de

it tries to develop other software products. By selling part of its claim, the plaintiff can both eliminate the cost of pursuing the claim and monetize a portion of the claim to fuel the company's growth" (MOLOT, Jonathan T. Litigation finance: a market solution to a procedural problem. *Georgetown Law Journal*, Issue 99, p. 98, Nov. 2010).
No mesmo sentido, Cento Veljanovski, em interessante estudo no qual foram entrevistados diversos integrantes de empresas que financiam litígios, expõe que: "Demand for TPLF comes from those who either cannot or prefer not to fund their own litigation. Some claimants do not have access to sufficient funds; others see TPLF as a way of managing their cash flow, keeping litigation costs off their balance sheet, or both. By obtaining TPLF to cover legal costs, claimants do not incur upfront costs; rather, they only incur a contingent profit to write-up against realized losses. Thus, it cannot be assumed that TPLF investors fund only cash strapped claimants who would not otherwise have litigated" (VELJANOVSKI, Cento. Third-party litigation funding in Europe, p. 421)

121 VOLSKY, Max. *Investing in Justice*, p. 29 ("It [contingent fee] remains the most common form of third-party legal finance").

122 Bastante representativo desse tipo de financiamento é o oferecimento de serviços advocatícios para cobrança de devedores com remuneração baseada exclusivamente em um percentual do quanto for recuperado. Longe de ser uma prática apenas do mercado brasileiro, tal forma de contratação é utilizada, inclusive de maneira institucionalizada, em outros países. Exemplo bastante ilustrativo pode ser encontrado na *startup* "AirHelp". A empresa oferece serviços jurídicos em toda a União Europeia e Estados Unidos relacionados à cobrança judicial e extrajudicial de indenizações por atrasos e cancelamentos de voos nas companhias aéreas sem custo para os passageiros, cobrando, tão somente no caso de êxito, uma parcela do valor recuperado. Segundo informado pela própria companhia, a empresa, que atua há apenas três anos, já atuou em mais de 600 mil casos de cobrança, com uma receita estimada milionária (disponível em <https://www.airhelp.com/>).

contingency fees, uma vez que é apenas a mesma prática realizada por outras pessoas que não advogados.[123]

Primeiramente, há que se fazer uma distinção terminológica. Os honorários de êxito, apesar de estarem ligados ao resultado da demanda, não necessariamente são calculados como uma parcela do valor da condenação (ou de quanto o vencido deixou de pagar), podendo ser previstos em um valor fixo. Honorários de êxito, ou *contingency fees*, são, assim, gêneros dos quais os honorários *quota litis* (na tradição romano-germânica) ou *damages based agreements* (na anglo-saxã) – previstos como um percentual ou múltiplo do valor da condenação – são espécies.[124] Outra espécie é o *conditional fee agreement*, sem nomenclatura equivalente na tradição romano-germânica ou no direito brasileiro, em que os honorários de êxito serão um múltiplo do valor cobrado a título de pró-labore (por hora ou fixos), em vez de serem calculados com base na condenação ou valor da causa.[125] As referências feitas ao longo do estudo a "honorários de êxito" e *contingency fees* serão equivalentes e dirão respeito ao gênero.

Essa forma de financiamento se desenvolveu fortemente nos Estados Unidos, ao longo dos séculos XIX e XX, apesar se ser uma espécie de *champerty*.[126] Os diversos Estados federados possuíam estatutos prevendo limites nos valores de honorários que os advogados podiam cobrar em cada caso, limitação esta que levou a um aumento no número de demandas ajuizadas por cada advogado.[127] Buscando impedir tal crescimento da quantidade de processos, o Estado de Nova York editou o *Field Code* de 1848, afastando as

[123] CREMADES JR., Bernardo. *Third Party Litigation Funding: Investing in Arbitration*, p. 2.

[124] ROWLES-DAVIS, Nick. *Third Party Litigation Funding*, p. 168, expondo que: "'contingency fee' is a broad term which technically covers all private legal funding arrangements between representatives and claimants in which the payment of a fee to the representative is contingent on the successful outcome of the case [...] DBAs [Damages Based Agreements] differ from CFAs [Contingency Fee Agreements] in that the payment which the representative receives is calculated by reference to the damages awarded to the client, rather than an uplift on the representative's base costs".

[125] VELJANOVSKI, Cento. Third-party litigation funding in Europe, p. 408-409.

[126] "When the practice first arose of offering a lawyer a share of the profit of litigation in lieu of his fee, it was clearly champerty – more precisely 'maintenance by means of champerty'" (RADIN, Max. *Maintenance by Champerty*, p. 69); "champerty and maintenance were originally used most frequently to bar lawyers from seeking contingency fees" (HANANEL, Andrew; STAUBITZ, David. *The Ethics of Law Loans in the Post-Racman Era*, p. 797).

[127] BRICKMAN, Lester. *Contingent fees without contingencies*: Hamlet without the prince of Denmark?. *UCLA Law Review*, Issue 37, p. 35-36, 1989.

limitações e abrindo caminho para a expansão do uso de *contingency fees.*[128] Influenciada por tal norma, a *American Bar Association* aprovou, em 1908, o uso de *contigency fees,* entendendo que não haveria questões éticas que impediriam sua utilização,[129] e os diversos Estados federados seguiram, a seu tempo, tal abertura.[130]

Curiosamente, Estados Unidos e Inglaterra desenvolveram-se historicamente em sentidos opostos,[131] o primeiro aberto à possibilidade de financiamento por advogados por meio de honorários de êxito (*contingency fees*), mas vedando a participação de terceiros, e o último permitindo o investimento de terceiros a partir da abolição dos crimes de *champerty* e *maintenance* com o *Criminal Law Act 1967,*[132] mas proibindo que o advogado dividisse os riscos com seu cliente. Tal proibição foi revertida em 1995, quando entrou em vigor a Seção 58 da *Courts and Legal Servies Act 1990,* permitindo o uso de *contingency fees* em demandas de indenização individual (*personal injury*), insolvência e em alguns casos de direitos humanos. Uma nova alteração nesse diploma legal permitiu o uso de *contingency fees* para todas as demais demandas, com exceção de casos de família e criminais. Contudo, o uso de *damages based agreement* (honorários *quota litis,* calculados sobre o valor da condenação) só foi permitido após as reformas instituídas a partir do *Review of Civil Litigation* (publicado por Lorde Jackson em 2010), que resultou na Seção 45 da *Legal Aid, Sentencing and Punishment of Offenders Act 2012* e nos *Damages Based Agreements Regulations 2013,* prevendo um limite de 25%, 30% e 50% para casos de indenizações individuais (*personal injury*), trabalhistas e danos em geral, respectivamente.

[128] Idem.

[129] Final Report of the Committee on Code of Professional Ethics. Disponível em: <http://www.americanbar.org/content/dam/aba/migrated/2011_build/professional_responsibility/1908_canons_ethics.authcheckdam.pdf>.

[130] Missouri Revised Statutes, § 964 (1909); Minnesota Statutes, § 549.01 (1947); Idaho Code, § 3-205 (1979) California Civil Procedure Code, § 1081 (1980), entre outros.

[131] MOLOT, Jonathan T. Litigation finance: a market solution to a procedural problem, p. 93 e 105 (em especial: "While the United States traditionally has excluded third-party capital providers from the market for litigation claims and permitted only lawyers to finance litigation, England has done the exact opposite [...] Although, historically, England has looked to nonlawyers and America has looked to lawyers to finance litigation, neither limitation makes sense").

[132] Vide item 2.1.2, *supra.*

No Brasil, durante o período colonial, seguindo-se a tradição romana, o advogado não recebia honorários contratuais pelos serviços, mas tão somente os emolumentos, previstos no regimento de custas. O alvará de 1.º de agosto de 1774 proibia expressamente a contratação de honorários contratuais, em especial os de *quota litis,* sob pena de nulidade, perda do direito de praticar a advocacia e degredo para Angola.[133] A liberação para contratação de honorários contratuais veio com o Decreto n.º 5.737, de 2 de setembro de 1874, que previa valores de remuneração do advogado por cada ato praticado, mas permitia que tal remuneração fosse substituída pelos valores contratados diretamente com as partes.[134]

Atualmente, o Superior Tribunal de Justiça admite amplamente a contratação de honorários de êxito, inclusive contratações exclusivamente dessa forma, sem honorários de pró-labore.[135] Em um dos casos, um advogado havia sido contratado para a cobrança de devedores, judicial e extrajudicialmente, na qual o patrono somente receberia uma parcela do quanto recuperado (e que seria, inclusive, pago diretamente ao advogado pelo próprio devedor). Posteriormente, o advogado ajuizou ação de

[133] "Prohibo absoluta e indistinctamente [...] Idem. Porque tem mostrado a experiência não ser bastante, nem a providencia da Ord. liv. 1 tut. 18 ∞ 11; nem a pena nella imposta para fazerem cessar as convenções e pactos chamados de *quota litis,* em que se estipulao quaesquer porções ou quantias para o caso de vencimento das causas. Prohibo todos os sobreditos pactos e convenções, ou elles se celebrem com Advogados, Procuradores, ou com outras quaesquer pessoas: debaixo das penas de nullidade dos ditos pactos e convenções: De trez annos de degredo para Angola e de perpetua suspensão e inhabilidade contra os Advogados; E de cinco annos de degredo para Angola contra os mais Procuradores, ou outras quaesquer pessoas, que forem estipulantes nas ditas convenções, por qualquer forma que sejao celebradas."

[134] Art. 202, § 1.º O executivo que compete aos Advogados para cobrança dos seus honorarios comprehende as taxas deste Regimento, ou a importancia certa e liquida dos seus contractos.
§ 2.º Estes contractos, qualquer que seja o seu valor, podem ser feitos por escripto particular, assignado pelo Advogado e pelo seu cliente.
§ 3.º Em falta de contracto escripto com a parte, entende-se que o Advogado se sujeitou ás taxas do Regimento.

[135] Recurso especial. Civil. Estatuto da Advocacia (Lei 8.906/94, art. 22). Ação de arbitramento de honorários advocatícios contratuais. Existência de contrato de prestação de serviços advocatícios. Ausência de rompimento unilateral. Inexistência de dúvidas acerca dos honorários contratados. Carência de ação. Recurso desprovido. [...] 2. É válida a contratação de advogado por sociedade empresária, para a realização de serviços de recuperação ou cobrança de créditos, podendo agir judicial ou extrajudicialmente, sendo remunerado somente na hipótese de êxito, mediante o recebimento de honorários, pagos pelo devedor (STJ, 4.ª Turma, REsp 805.919/MG, Rel. Min. Raul Araújo, j. 13.10.2015, *DJe* 29.10.2015).

arbitramento de honorários, alegando que a disposição contratual seria leonina e, portanto, nula. O STJ, reconhecendo que tal contratação é bastante típica no mercado,[136] admitiu não existir qualquer vício que levasse à nulidade do quanto pactuado.

Em outro julgado, o STJ reconheceu a abusividade dos honorários de êxito quando o percentual pactuado fosse demasiadamente alto, baixando de 50% para 30% a parcela da condenação devida ao advogado.[137]

Não apenas os honorários de êxito do advogado podem ser caracterizados como financiamento, mas também de quaisquer outros auxiliares que vincularem seus recebimentos (total ou parcialmente) ao sucesso da demanda. É o caso, por exemplo, de honorários de perito. Com efeito, a *Court of Appeal* da Inglaterra teve oportunidade de se manifestar sobre esse ponto no caso R (Factortame Ltd.) v. Transport Secretary,[138-139] no

[136] "Na espécie, tem-se contratação advocatícia típica, em que o advogado é contratado por sociedade empresária para a realização de serviços de recuperação ou cobrança de créditos, podendo agir judicial ou extrajudicialmente, sendo remunerado somente na hipótese de êxito, mediante o recebimento de honorários, pagos pelo devedor, ou seja, a contratante nada paga ao profissional, pois este somente receberá remuneração do sujeito passivo da obrigação, quando tiver efetivo sucesso no resgate do crédito, com o recebimento dos valores devidos. Trata-se de forma de contratação muito usual na chamada advocacia de cobrança, sendo, inclusive, a carteira de tais sociedades empresárias muito disputada pelos advogados."

[137] "Direito civil. Contrato de honorários *quota litis*. Remuneração *ad exitum* fixada em 50% sobre o benefício econômico. Lesão. [...] 5. Ocorre lesão na hipótese em que um advogado, valendo-se de situação de desespero da parte, firma contrato *quota litis* no qual fixa sua remuneração *ad exitum* em 50% do benefício econômico gerado pela causa. 6. Recurso especial conhecido e provido, revisando-se a cláusula contratual que fixou os honorários advocatícios para o fim de reduzi-los ao patamar de 30% da condenação obtida" (STJ, 3.ª Turma, REsp 1.155.200/DF, Rel. Min. Massami Uyeda, Rel. p/ acórdão Min. Nancy Andrighi, j. 22.02.2011, *DJe* 02.03.2011).

[138] [2002] EWCA Civ 932.

[139] O caso é célebre e multicitado por diversas razões. Houve várias decisões, lidando com aspectos distintos e questões complexas do litígio, envolvendo o poder das cortes superiores de suspender a aplicação de uma lei emitida pelo Parlamento na pendência do julgamento e, ao final, deixar de aplicar a legislação caso esta se mostre contrária ao Direito Comum Europeu nas áreas de competência da União Europeia, reconhecendo a supremacia do Direito Europeu em tais áreas como consequência da adesão do Reino Unido aos Tratados da União Europeia. A demanda envolvia um *Act of Parliament* que restringia o direito de pescadores na Inglaterra. Uma antiga lei inglesa – *Merchant Shipping Act* de 1894 – proibia que estrangeiros detivessem barcos ingleses (que poderiam pescar na costa inglesa), mas permitia que empresas domiciliadas na Inglaterra o fizessem, o que fez com que diversos estrangeiros abrissem empresas na Inglaterra para que pudessem registrar barcos e pescar em águas inglesas. Uma das empresas

qual considerou se seria válida (ou configuraria *champerty*) a contratação de serviços de contadoria por honorários de êxito (*contingency fees*) correspondentes a 8% do valor da indenização obtida.

Factortame, então em dificuldades financeiras, mas com uma potencial demanda multimilionária contra o governo inglês, contratou *Grant Thornton*, um de seus credores, para prestar serviços de contadoria e auxiliar no estabelecimento do *quantum* devido. Tal contratação foi feita por honorários de êxito, previstos em uma porcentagem (8%) do valor recuperado. Ao analisar a alegação de que tais custos não poderiam ser recuperados, a *Court of Appeal* fez uma revisão da lei e jurisprudência sobre *champerty* e *maintenance*. Examinando o precedente *Trendtex v. Credit Suisse*, verificou-se que, à época (1980), havia "uma clara exigência, de ordem pública, para que oficiais relacionados à corte deveriam se abster de se colocar em uma posição que potencialmente criaria um conflito com relação a seus deveres com a corte, como, por exemplo, com a contratação de honorários de êxito".[140]

que se utilizou desse mecanismo foi *Factortame Ltd*, cujos diretores eram todos espanhóis domiciliados na Espanha. Buscando acabar com essa prática, o Parlamento emitiu um novo *Merchant Shipping Act* em 1988 e *Merchant Shipping Regulations (Registration of Fishing Vessels)*, as quais previam que somente poderiam ser registrados na Inglaterra barcos detidos por cidadãos ingleses ou empresas inglesas com ao menos 75% dos acionistas e 75% dos diretores sendo cidadãos ingleses.

Em 1989, a *High Court* submeteu um questionamento à Corte de Justiça da União Europeia sobre se tais normas violavam o Direito Comunitário, suspendendo (pela primeira vez na Inglaterra) os efeitos dessa nova legislação enquanto se aguardava o julgamento. A *Court of Appeal* reverteu tal decisão, entendendo que ela não estava obrigada a sobrepor um direito advindo de regras da União Europeia à legislação nacional ("to override national law in favour of what is no more than an alleged or putative Community right"). A *House of Lords* confirmou a decisão da *Court of Appeal*, entendendo que o Direito inglês não possui nenhuma regra prevendo a suspensão de um *Act of Parliament*. Ao final, contudo, a Corte de Justiça da União Europeia entendeu que a nova legislação inglesa era contrários ao Direito Comum Europeu, bem como que este efetivamente se sobrepunha à legislação nacional nas suas áreas de competência, sendo admissível que uma corte nacional suspenda provisoriamente os efeitos da lei se houver questionamentos pendentes sobre sua legalidade em comparação com o Direito Comunitário.

Um novo questionamento foi enviado à Corte de Justiça da União Europeia, sobre se o governo deveria pagar indenização pelo seu descumprimento do Direito Comunitário, ao que foi dada resposta positiva desde que o descumprimento fosse "suficientemente sério".

[140] "33. (...) a clear requirement of public policy that officers of the court should be inhibited from putting themselves in a position where their own interests may conflict with their duties to the court by agreement, for instance, of so called 'contingency fees'".

Contudo, a corte reconheceu[141] que a ordem pública é alterada com o tempo, sendo necessário analisar se aquele contrato, naquele específico momento, era contrário à ordem pública.[142] Reconheceu-se, ao final, ter ocorrido uma radical alteração na ordem pública ("a radical shift in the attitude of public policy"), permitindo-se, atualmente, o uso de honorários de êxito (*contingency fees*) calculados sobre uma porcentagem do valor, os quais promovem o *acesso à justiça*.[143]

Importante notar, contudo, que a caracterização dos honorários de êxito como financiamento se dá apenas na acepção mais ampla da palavra, fungindo-se ao que pode ser chamado de financiamento "puro" ou "típico", explorado mais adiante.

Ressalte-se, por fim, que, no início da utilização de *contingency fees*, foram levantadas questões éticas envolvendo a criação de conflitos de interesse entre advogado e cliente e, sobretudo, como tal prática atingiria a dignidade da profissão.[144] A mesma preocupação está inserida ainda hoje no

[141] Com base em outro precedente, *Giles v Thompson* ([1993] UKHL 2 (26 May 1993) [1994] 1 AC 142).

[142] "Ultimately, it is necessary to consider the questions posed in this case in the light of contemporary public policy. The correct approach is not to ask whether, in accordance with contemporary public policy, the agreement has in fact caused the corruption of public justice. [...] The question is whether the agreement has the tendency to corrupt public justice. And this question requires the closest attention to the nature and surrounding circumstances of a particular agreement" (§ 38); e "in any individual case, it is necessary to look at the agreement under attack in order to see whether it tends to conflict with existing public policy that is directed to protecting the due administration of justice with particular regard to the interests of the defendant. This is a question that we have to address" (§ 44).

[143] "More generally, however, s. 58 [of the Courts and Legal Services Act 1990] evidences a radical shift in the attitude of public policy to the practice of conducting litigation on terms that the obligation to pay fees will be contingent upon success. Whereas before this practice was outlawed, it is now permissible – subject to the requirements imposed by the section. These requirements do not appear designed to mitigate the mischief that had led to the banning of contingency fees – the undesirability of the interests of officers of the court conflicting with their duties to the court. Rather the requirements appear designed to protect the litigants concluding conditional fee agreements who, when the section was first enacted, were required to pay any 'uplift' out of their recoveries. Conditional fees are now permitted in order to give effect to another facet of public policy – the desirability of access to justice. Conditional fees are designed to ensure that those who do not have the resources to fund advocacy or litigation services should none the less be able to obtain these in support claims which appear to have merit" (§ 62).

[144] RADIN, Max. Maintenance by Champerty, p 69-70, defendendo que: "To acquire a share in such a claim is essentially a speculation The contingent fee has often been discussed.78

Código de Ética e Disciplina da Ordem dos Advogados do Brasil (art. 2.º, I), que prevê, entre os deveres do advogado, a preservação de uma conduta honrada, nobre e digna. Ao final, contudo, a ideia de que o advogado está compartilhando um risco permitiu a superação da barreira ética e disseminação da prática, visto que a inexistência de qualquer garantia de que o advogado receberá uma remuneração pelo serviço minimizaria o conflito de interesses.[145]

Sobre esse tema, a *Court of Appeal* da Inglaterra, no caso *Sibhtorpe and Morris v. Southwark London Borough Council*,[146] teve oportunidade de analisar a validade de *contingency fee agreement* pela qual o advogado não apenas aceitou receber seus honorários caso obtivesse sucesso na demanda, mas ainda se comprometeu a pagar os custos de sucumbência se viesse a perder o caso. Ao final, decidiu-se que o acesso à justiça é uma parte essencial da sociedade moderna, mas dificilmente alcançada por grande parte da população, de modo que tem sido observada uma evolução para relaxar as limitações profissionais éticas de modo a possibilitar uma maior gama de acordos de financiamento e, ao fim e ao cabo, promover acesso à justiça.[147]

Hoje, a prática está consolidada, no Brasil como em outros países, estando superadas questões de cunho legal ou ético que outrora impediram sua utilização. A evolução do uso de honorários de êxito configura uma importante lição a respeito do surgimento de novas figuras jurídicas. Seu aparecimento decorre da tentativa de encontrar soluções alternativas para problemas correntes da época, os quais encontram, no início, resistência (seja por questões éticas ou legais) e, posteriormente, uma vez verificada

The objections raised against it have been based in part on what is properly enough called legal ethics. But it forms the lower grade of ethics, what may be said to be Grade B ethics, the etiquette of the profession rather than its moral obligation. The contingent fee, it was said, lowered the dignity of the Bar".

145 HANANEL, Andrew; STAUBITZ, David. The Ethics of Law Loans in the Post-Racman Era, p. 798 (ressalvando ainda que as *contingency fees* devem ser proporcionais aos riscos assumidos, custos e esforços para a conclusão do caso, o que nem sempre ocorre, levando a situações com risco baixo e temas pouco complexos com honorários de êxito altos).

146 [2011] 1 WLR 2111, CA.

147 "Access to justice is an essential ingredient of a modern civilized society, but it is difficult to achieve for the great majority of citizens, especially with the very reducing availability of legal aid. This has been accompanied by a shift in legislative policy towards favouring the relaxation of previously tight professional ethical constraints, in order to enable a variety of more flexible funding agreements" (§ 49).

sua utilidade para o sistema, bem como demonstrado, pela prática, que os receios anteriormente levantados para seu uso eram infundados, a sua aplicação é disseminada e amplamente aceita.

Por fim, poder-se-ia apontar outra forma pela qual escritórios de advocacia podem financiar litígios: trabalhando *pro bono*.[148] Essa forma poderia ser considerada financiamento por terceiros apenas em seu sentido mais abrangente, visto que o escritório subsidia a demanda da parte ao retirar dos custos do litígio os honorários advocatícios. Contudo, parece mais correto não considerar essa hipótese como financiamento, visto que não há qualquer retorno financeiro vinculado ao sucesso da demanda. De fato, em casos *pro bono*, o advogado não receberá qualquer remuneração independentemente do resultado da ação, de modo que esta não deve ser considerada uma forma de financiamento.

3.2.2 Financiamento por um Terceiro Investidor (Financiamento "Típico")

Mencionou-se anteriormente que o *third-party funding* é a aplicação de soluções de mercado ao sistema de resolução de disputas. Tal solução surge para resolver o problema decorrente dos altos custos de se litigar (tanto pecuniários como de transação), somado ainda ao risco de, após todo o dispêndio de tempo e recursos, ser obtida uma decisão desfavorável, perdendo-se integralmente o "investimento" e, ainda, em sistemas, como o brasileiro, que adotam a regra de sucumbência e causalidade para distribuir o ônus de reembolso),[149] ter que reembolsar os custos da parte adversa.

Parece correta a visão do processo como um investimento. No momento imediatamente anterior ao ajuizamento da demanda, quando o litigante está ponderando propor ou não determinada ação, ele se encontra em posição semelhante à de um indivíduo ou empresa que está analisando se deve ou não realizar determinado negócio. Em ambos os casos, como em qualquer decisão racional, deve-se verificar os custos envolvidos, o retorno esperado, as chances de efetivamente obter tal retorno e os riscos

[148] NIEUWELD, Lisa Bench; SHANNON, Victoria. *Third-party Funding in International Arbitration*, p. 6-7.

[149] Sobre o tema, ver BENEDUZI, Renato Resende. *Comentários ao Código de Processo Civil*, p. 115-116.

de perder, integral ou parcialmente, os valores gastos e demais custos, como custos de oportunidade (imagine-se que os valores e o tempo dedicados ao litígio poderiam ter sido utilizados para outros fins com retornos financeiros maiores, ou mais certos, do que a reparação que se busca por meio da ação).

Nesse sentido, fundos e bancos de investimento já têm, há algum tempo, visto o risco do litígio como algo atraente, uma vez que está desvinculado das flutuações do mercado, no sentido de que o resultado do "investimento" não depende da conjuntura econômica,[150] mas sim da interpretação dos tribunais (estatais ou arbitrais) sobre determinado tema jurídico.[151-152] Com efeito, em pesquisa de campo realizada com integrantes de empresas especializadas no financiamento de litígios, apontou-se como um dos grandes atrativos do financiamento por terceiros o fato de não deter correlação com outras classes de ativos, bem como por oferecer alta taxa de retorno, apesar de os riscos também serem altos.[153]

Em um primeiro momento, em um movimento que pode ser denominado de "primeira onda" de financiamento por terceiros, empresas alheias ao litígio começaram a realizar empréstimos a indivíduos que detinham demandas de indenização (prática denominada de *lawsuit advances for tort claims*). Tal montante era utilizado para o sustento do litigante, que não teria obrigação de devolver o valor a não ser que obtivesse sucesso na demanda, caso em que repassaria parcela da condenação ao terceiro.

O estopim para surgimento dessa forma de financiamento foi a percepção de que havia uma deficiência no mercado, e os litigantes, ainda que detivessem um potencial crédito contra a parte adversa (o qual somente

150 Ou, ao menos, depende apenas indiretamente da conjuntura econômica, para a solvabilidade da parte adversa.

151 E, evidentemente, de outros fatores como a existência de prova sobre os fatos alegados.

152 MOLOT, Jonathan T. Litigation finance: a market solution to a procedural problem p. 97, apontando que: "Hedge funds, and some traders at investment banks, have long viewed litigation risk as attractive because it is uncorrelated with markets – the outcome of a lawsuit will not depend upon fluctuations in the stock or bond markets".

153 VELJANOVSKI, Cento. Third-party litigation funding in Europe, p. 417, assinalando que: "As an investment TPLF is attractive for a number of reasons. Most of those interviewed stated that TPLF was uncorrelated with other asset classes, perhaps mildly counter-cyclical, and offered potentially high but risky rewards. Its downsides include that it is a bespoke financial product requiring extensive due diligence, is not scalable, is high risk, the timing of out- comes/returns is not controllable or predictable, and is generally illiquid".

viria futuramente, ao final do processo), não possuíam recursos para custear despesas fora do litígio.[154]

Essa prática rapidamente evoluiu para a obtenção de empréstimos para o custeio dos próprios custos do processo e, ainda mais, para o custeio a partir de investidores profissionais e sofisticados, o que se pode denominar de "segunda onda" de financiamento por terceiros.[155-156] Da mesma forma como ocorreu com a "primeira onda" e com os honorários de êxito,[157] a prática se desenvolveu a partir da percepção de uma deficiência do sistema (a qual, por outro lado, abria oportunidades) e a tentativa de buscar soluções fora do microssistema do Judiciário (em especial, além de reformas na legislação processual, que seria o caminho mais natural para buscar sanar tais deficiências).

A evolução ocorreu também nos tipos de casos financiados. Enquanto a "primeira onda" investia em casos individuais de indenização, a "segunda onda" expandiu o uso desse mecanismo para litígios comerciais entre

[154] Ver Max Volsky, expondo que: "The origins of the legal finance industry in the United States can be traced to a company called Plaintiff Support Services. In 1992, personal injury lawyer (and thereafter the founder of law firm lender Counsel Financial) Joseph DiNardo faced a problem common to many attorneys: his clients needed money for living expenses while their cases were pending but his firm was ethically prohibited from funding their living expenses. After his search for a legal finance company turned up empty, he encouraged mortgage banker Ken Polowitz to start a firm called Plaintiff Support Services in Buffalo, New York, to provide cash advances for living expenses to plaintiffs in tort lawsuits. DiNardo recognizes a demand for capital to fund living expenses from injured plaintiffs who were not being served by traditional financial institutions (VOLSKY, Max. *Investing in Justice*, p. 32-33). Importante notar que o art. 1.8(e) das *American Bar Association Rules of Professional Conduct* proíbe o advogado de emprestar dinheiro ao seu cliente, a não ser para os fins de adiantar custos do processo.

[155] Esse é o sentido atribuído por Maya Steinitz à expressão "second-wave litigation funding (STEINITZ, Maya. Whose Claim Is This Anyway? Third-Party Litigation Funding, p. 1277).

[156] Importante notar, contudo, que o mercado de *advances for tort claims* ainda existe nos Estados Unidos, movimentando-se, de acordo com algumas estimativas, entre US$ 100 milhões e US$ 300 milhões (VOLSKY, Max. *Investing in Justice*, p. 63).

[157] Vide Andrew Hananel e David Staubitz, apontando que, se o financiado realmente estiver enfrentando problemas financeiros, o simples fato de ter contratado seu advogado com honorários exclusivamente de êxito não resolve todo o seu problema, pois ele possivelmente não terá fundos para arcar com os demais custos do processo (ou mesmo custos extraprocesso), o que causa um desequilíbrio que pode levar a soluções aquém do ideal, como a celebração de um acordo no início do processo com um valor mais baixo (HANANEL, Andrew; STAUBITZ, David. The Ethics of Law Loans in the Post-Racman Era, p. 810).

grandes empresas, demandas de propriedade intelectual, ações coletivas, arbitragens comerciais e arbitragens de investimento.[158]

De fato, foi possível observar, nos últimos dez anos, o surgimento de diversas companhias especializadas no financiamento de litígios, adotando tipos societários diversos, como companhias limitadas familiares, fundos de investimento e companhias abertas listadas em bolsa. Mais recentemente, viu-se a criação de empresas especializadas no financiamento de litígios com valores menores, nicho pouco explorado pelos "investidores sofisticados". Além disso, empresas já estabelecidas começaram a expandir sua prática, abrindo setores específicos para o financiamento de litígios, como o banco Credit Suisse e a seguradora alemã Allianz.

Esses são os atores do financiamento que se pode denominar de "típico". Apesar de inexistir consenso quanto à sua conceituação, é comum, ao se falar de *third-party funding*, imaginar-se uma grande empresa ou fundo que arca com os custos de determinado litígio, por parte do autor, em uma demanda de expressivo valor, em troca de uma substancial parcela da condenação eventualmente recebida.[159]

No tocante aos próprios financiadores, já se disse que uma das causas para a expansão do uso de financiamento de terceiros pode ser a ausência de regulação sobre o tema, garantindo-lhes maior liberdade de atuação.[160-161] De fato, salvo algumas exceções, como o Código de Conduta

[158] STEINITZ, Maya. Whose Claim Is This Anyway? Third-Party Litigation Funding, p. 1277-1278.

[159] ROWLES-DAVIS, Nick. *Third Party Litigation Funding*, p. 60, afirmando que: "It [litigation funding] has generally conjured up the image of a one-off investment arrangement whereby a single, very high value case is funded on the claimant side. Whilst that is the traditional use of third party litigation funding, it is by no means the full extent of the entire funding universe".

[160] Nesse sentido, Maya Steinitz aponta que o crescente interesse de uso de financiamento de terceiros em arbitragens internacionais está parcialmente ligado à fuga das constrições dos respectivos órgãos de advocacia ("In international arbitrations, this expansion is partly a de facto absence of professional regu- lations that enables funders and attorneys to operate outside of the disciplinary reach of bar associations") (STEINITZ, Maya. Whose Claim Is This Anyway? Third-Party Litigation Funding, p. 1277-1278).

[161] Ainda, outro fator importante que se pode apontar sobre a expansão do interesse de financiadores por arbitragem é a boa perspectiva de execução da sentença arbitral em jurisdições estrangeiras, fruto da larga aceitação da Convenção de Nova York de 1958. De fato, este é o critério central citado por investidores para justificar o financiamento de arbitragens internacionais (SCHERER, Maxi; GOLDSMITH, Aren; FLECHET, Camille. Third-party funding in international arbitration in Europe. Part 1. Funders' perspectives, p. 214).

da *Association of Litigation Funders* da Inglaterra (que não é obrigatório, vinculando apenas os membros da associação) e apesar de algumas iniciativas legislativas, como a proposição feita pelo *Law Council of Australia*,[162] a atividade do financiamento de litígios por terceiro não possui normas cogentes específicas.

Contudo, seria equivocado concluir que a atividade do financiador é absolutamente livre de regras. Logo, devem ser levadas em conta as regulações específicas do tipo societário utilizado pelo financiador, as quais, essas sim, são cogentes.

Apenas a título de exemplo, o maior fundo atuante no setor, o inglês Burford Capital, está listado na bolsa de valores de Londres. Como tal, deve seguir as regras da *London Stock Exchange Admission and Disclosure Standards*, bem como da *United Kingdom's Financial Conduct Authority*, devendo publicar periodicamente relatórios financeiros detalhados.[163] Além disso, estando a empresa sediada em Guersney, deve seguir as regras da *Guersney Financial Services Commission*.

O mesmo pode ser dito no Brasil. Já se apontou, relativamente ao direito brasileiro, que a atividade de financiamento de litígios realizada por fundos de investimento é uma operação própria do mercado de capitais, visto que o financiador é um intermediário entre os investidores e o litigante, ou, ainda, entre o capital e a pretensão ou bem litigioso (ou ao reflexo financeiro destes).[164] Estando inserido no mercado de capitais, deve seguir as regulações estabelecidas pela Comissão de Valores Mobiliários, em especial, a Instrução CVM n.º 444, de 8 de dezembro de 2006, a qual instituiu os Fundos de Investimento em Direitos Creditórios Não Padronizados (FIDC-NP).

Tal instrução é fruto sobretudo da decisão do Colegiado da CVM no PAS CVM n.º RJ 2004/5178,[165] na qual se analisou se os fundos de investimento em direito creditório, regulados pela Instrução CVM n.º 356, utilizados com sucesso no financiamento de empresas por meio do investimento

[162] Law Council of Australia. Regulation of third party litigation funding in Australia. *Position Paper*, Jun. 2011. Disponível em: <https://www.lawcouncil.asn.au/lawcouncil/images/LCA-PDF/a-z-docs/RegulationofthirdpartylitigationfundinginAustralia.pdf>.

[163] ROWLES-DAVIS, Nick. *Third Party Litigation Funding*, p. 98-99.

[164] ALMEIDA, Fabiana Mendonça Martins de. *Third-party litigation funding*: análise à luz do direito brasileiro, p. 71-97.

[165] CVM, PAS CVM n. RJ2004/5178, Rel. Norma Parente, Rio de Janeiro, 29.03.2005.

em recebíveis, poderiam deter em suas carteiras créditos decorrentes de demandas judiciais. O Colegiado entendeu que o direito de ação representa mera expectativa de direito de crédito, e não o direito de crédito em si, de modo que não estaria abarcado pelo conceito de "direito creditório" previsto no art. 2.º da referida Instrução[166] e, consequentemente, não poderiam tais fundos investir nesses recebíveis (oriundos de demandas judiciais).

Um ano após tal decisão, a CVM editou a Instrução n.º 444, criando o FIDC-NP,[167] regulando o investimento "em direitos creditórios (...) que resultem de ações judiciais em curso, constituam seu objeto de litígio, ou tenham sido judicialmente penhorados ou dados em garantia" (art. 1º, §1º, III).[168]

[166] Art. 2.º Para efeito do disposto nesta instrução, considera-se:
I – direitos creditórios: os direitos e títulos representativos de crédito, originários de operações realizadas nos segmentos financeiro, comercial, industrial, imobiliário, de hipotecas, de arrendamento mercantil e de prestação de serviços, e os *warrants*, contratos e títulos referidos no § 8.º do art. 40, desta Instrução;
II – cessão de direitos creditórios: a transferência pelo cedente, credor originário ou não, de seus direitos creditórios para o FIDC, mantendo-se inalterados os restantes elementos da relação obrigacional.

[167] Leonardo Beraldo aponta que seria possível "sustentar-se a tese de que uma pessoa jurídica não poderia ser constituída exclusivamente com a finalidade de se celebrar contratos de financiamento de litígios, sejam eles arbitrais ou judiciais, pois incorreria em violação dos arts. 17 e 18 da Lei n. 4.595/64" (*Curso de arbitragem*: nos termos da Lei n.º 9.307/96, p. 148). Tal tese, contudo, não nos parece correta. A Lei da Reforma Bancária (Lei n.º 4.595/1964) é um dos pilares da estrutura regulatória do Sistema Financeiro Nacional, com a Lei das Sociedades Anônimas (Lei n.º 6.404/1976) e da Lei do Mercado de Capitais (Lei n.º 6.385/1976). Esta última criou a Comissão de Valores Mobiliários, cuja função, entre outras, é regulamentar e fiscalizar as atividades e serviços do mercado de valores mobiliários (art. 8.º, I e III, Lei n.º 6.385/1976). No cumprimento de tal função foi expedida a Instrução CVM n.º 444, criando os FIDC-NP, com autorização expressa para investir em direitos creditórios vinculados a demandas judiciais. Assim, uma análise sistemática da legislação afasta tal tese.

[168] Relevante ressaltar o esclarecimento inserido no Edital de Audiência Pública n.º 04/2006, cujo objeto era a alteração da Instrução CVM n.º 356 sobre os Fundos de Investimento em Direito Creditório e previa a elaboração de uma nova instrução sobre os Fundos de Investimento em Direito Creditório Não Padronizados: "Nessa categoria incluem-se os direitos creditórios que, no entender da CVM, demandam do investidor uma análise mais aprofundada de aspectos jurídicos (como na hipótese em que a validade jurídica da cessão para o FIDC é considerada um fator preponderante de risco), bem como de aspectos operacionais (como no *caso de créditos de existência futura e montante desconhecido*) (grifos nossos).

A análise pormenorizada de tal regulação foge ao escopo do presente estudo. Não obstante, ele é ilustrativo da existência de regras para o financiamento de litígios por terceiros, bem como dá suporte à a conclusão de que, ainda que inexistente regulamentação específica, a atividade do financiador deve se circunscrever a determinadas regras, em especial, as normas aplicáveis ao tipo societário do financiador.

3.2.3 Financiamento por Meio de Valores Mobiliários

Uma das formas utilizadas para o financiamento de litígios tem sido a captação de recursos pela própria parte mediante a emissão de valores mobiliários. Esse modo já era adotado antes mesmo de se começar a falar e estudar o *third-party funding* como um fenômeno autônomo e teve desenvolvimento sobretudo em casos relacionados a propriedade industrial.

Com efeito, um dos célebres casos que usou essa forma de financiamento ocorreu nos Estados Unidos, em 1985, envolvendo a cobrança de *royalties* pelo uso de determinado produto patenteado que movimentava uma indústria bilionária à época.[169] O inventor e detentor dos direitos de *royalty* angariou capital com os investidores de sua companhia, obtendo aproximadamente US$ 750 mil para ajuizar uma ação de violação de patente contra *Intex Plastic Sales Company of Long Beach, California*.[170] O caso teve grande repercussão, levando a uma matéria, publicada pelo *The New York Times*, em 11 de março de 1989, intitulada "Patents; Financing Inventors' Lawsuit", na qual se notou que

> Independentemente do resultado da ação, os financiadores do Sr. Hall entendem que encontraram uma oportunidade bastante lucrativa. O Sr. Dillan recentemente fundou uma empresa com fins lucrativos em São Rafael, Califórnia, denominada "Instituto de Proteção de Patentes", que ele espera usar para investir em casos similares (...) "Assim como o investidor de petróleo texano dilui seu risco perfurando diversos buracos, nós planejamos diluir nosso risco em um portfolio de casos", afirmou ele.[171]

[169] Trata-se da ação movida por Charles Prior Hall, relativa aos *royalties* relacionados ao colchão d'água, por ele inventado.

[170] VOLSKY, Max. *Investing in Justice*, p. 26-17.

[171] Tradução livre do original «Regardless of how that case turns out, Mr. Hall's financial backers have already decided that they have stumbled onto a lucrative opportunity. Mr. Dillan

Apesar de não ter sido a primeira iniciativa desse tipo – ao menos dois outros casos já haviam tentado angariar capital de forma similar[172] –, o processo teve grande repercussão, sobretudo pelo alto valor que conseguiu recuperar à época do julgamento (1991): US$ 4,8 milhões, mais de 600% do valor do investimento. Também relevantes são as críticas levantadas contra o caso, representativas das objeções enfrentadas pela prática do *third-party funding* atualmente, em especial, o aumento do número de demandas.[173]

No que diz respeito à arbitragem, merece ser mencionado o caso ICSID n.º ARB(AF)/11/2, envolvendo *Crystallex* e *Venezuela*. *Crystallex International Corporation* (Crystallex) é uma empresa mineradora sediada no Canadá cujo principal ativo era o direito de desenvolver a mina de Las Cristinas, adquirido por meio de um contrato com a empresa estatal *Corporación Venezoelana de Guayana* (CVG), detentora do direito de exploração da mina, datado de setembro de 2002. Nos anos seguintes, a Crystallex buscou obter as licenças necessárias para exploração da área no governo da Venezuela. Em 2008, o governo anunciou sua intenção de nacionalizar a mina e, em fevereiro de 2011, CVG decidiu rescindir unilateralmente o contrato por razões de "oportunidade e conveniência", após o que a Crystallex deu início a uma arbitragem no ICSID, em valor estimado em USD 3,16 bilhões.

Para financiar o procedimento, a Crystallex obteve 36 milhões de dólares canadenses por meio da emissão de debêntures, as quais remunerariam

recently formed a for-profit corporation in San Rafael, Calif., called the Patent Protection Institute, which he hopes will invest in similar cases. [...] 'Just as a Texas oilman spreads his risk among many holes that he drills, we plan to spread our risk among a portfolio of cases', he said". Disponível em : <http://www.nytimes.com/1989/03/11/business/patents-financing-inventors-lawsuits.html>. Acesso em: 6 set. 2016.

[172] Na década de 1970, Carl E. Person – que se tornaria candidato à Advogado-Geral de Nova York em 2010 e candidato à Presidência pelo *Libertarian Party* em 2012 – tentou obter financiamento para um litígio concorrencial criando um fundo e oferecendo cotas ao mercado. Em outro caso, datado de 1977, Gordon Gould, inventor do raio *laser*, fundou a *Patlex Corporation of Chatsworth, California*, que possuía como objeto social processar fabricantes por violações de patente (v. VOLSKY, Max. *Investing in Justice*, p. 26).

[173] Entrevistado sobre o caso à época, um sócio de um grande escritório de advocacia de Nova York comentou: "Some patent attorneys have expressed concern that funds formed to finance patent battles could increase unwarranted litigation. 'Any time you have a war chest, you'll find attorneys who are going to litigate, regardless of whether the issues have merit', said Michael Epstein, a partner in the New York law firm of Weil, Gotshal & Manges" (Entrevista concedida ao jornal *The New York Times*, na supracitada matéria. Disponível em: <http://www.nytimes.com/1989/03/11/business/patents-financing-inventors-lawsuits.html>).

os debenturistas com 35% da condenação obtida na arbitragem contra a Venezuela. A Crystallex, à época passando por um procedimento equivalente à recuperação judicial brasileira,[174] conseguiu a aprovação do *supervising judge*, decisão contra a qual seus debenturistas (*noteholders*) recorreram. A Corte de Apelação de Ontario manteve o financiamento, entendendo que o *supervising judge* acertou ao entender que, sem o financiamento da arbitragem, não haveria como os credores obterem retorno do investimento e, consequentemente, a recuperação judicial não teria chances de sucesso.[175-176]

O caso, além de emblemático do financiamento por meio de valores mobiliários, é ilustrativo de como o financiamento por terceiros pode ser benéfico, promovendo não apenas acesso à justiça para a parte,[177] mas, como visto nesse caso, irradiando seus efeitos a toda uma gama de terceiros, notadamente os credores da companhia que, dada sua posição de insolvência e a própria opinião do magistrado responsável pela recuperação judicial, não teriam conseguido, de outro modo, receber seus créditos. Ademais, ele demonstra uma forma de financiamento que foge ao investimento "típico", bem como aponta – pelos efeitos benéficos do investimento, que possibilitou o pagamento dos credores da empresa – para uma futura maior aceitação da ideia de litígios como ativos.

Ressalte-se, aliás, que é intuitivo que o valor dos títulos de companhias abertas sofre fortes oscilações em razão de diversos fatores, entre os quais incluem-se decisões em grandes litígios incluindo a sociedade. Um exemplo do impacto das demandas no valor das ações pode ser encontrado nas grandes flutuações ocorridas nos dias que antecederam o julgamento do caso *NTP Inc. v. Research in Motion Ltd*,[178] envolvendo a patente

[174] Processado de acordo com o *Companies' Creditors Arrangement Act*, ou CCAA.

[175] Crystallex (Re), 2012 ONCA 404, § 72.

[176] Ao final, em decisão proferida em 30 de março de 2016, o Tribunal Arbitral condenou a Venezuela a pagar US$ 1,2 bilhão a Crystallex. Após litigar em cortes no Canadá e nos Estados Unidos, as partes assinaram um acordo em Novembro de 2017, de valor não declarado, pondo fim ao caso.

[177] STEINITZ, Maya. How much is that lawsuit in the window? Pricing Legal Claims. *Vanderbilt Law Review*, n. 66, p. 1924, nota 144, 2013.

[178] 392 F.3d 1336 (Fed. Cir. 2004) (NTP I), *withdrawn*, 418 F.3d 1282 (Fed. Cir. 2005) (NTP II), *cert. denied*, 126 S. Ct. 1174 (2006).

da tecnologia *wireless* da BlackBerry.[179-180] No Brasil, um recente exemplo pode ser encontrado na variação do valor das ações da Petrobras ao longo das investigações criminais referentes à "Operação Lava Jato", bem como as flutuações ocorridas com as ações movidas nos Estados Unidos (visto que a companhia também circulava valores na bolsa de Nova York).

Assim, na prática, não foge à normalidade a realização de investimento com base em ações judiciais. Desse modo, o financiamento por terceiros através desse método é apenas a racionalização e institucionalização da prática.

3.2.4 Financiamento do Réu

O financiamento por terceiros é uma forma de investimento, tendo como ativo o recebível decorrente de um litígio. Portanto, é intuitivo que se imagine o financiamento de terceiros ocorrendo para o autor. Contudo, ainda que raro, é possível vislumbrar o financiamento do litígio para o réu.[181]

Se o réu for reconvinte, formulando pedido condenatório com valor pecuniário, não há qualquer diferença com o autor do ponto de vista do investidor. Aplica-se, nessa hipótese, o quanto dito *supra*.

O problema apresenta-se para o financiamento do réu que não for reconvinte. Como tal, não formula qualquer pretensão ou, no máximo, uma pretensão declaratória negativa. De qualquer forma, não há valor pecuniário atrelado à causa, não cumprindo um dos requisitos apontados *supra* como necessários para a viabilidade do investimento. Apesar disso, é possível vislumbrar casos em que seja interessante – para o réu como para o financiador – a utilização do financiamento por terceiros.

A análise financeira, nesses casos, será diferente. Como não há a expectativa de uma condenação pecuniária, não há como atrelar o retorno do financiador ao recebível futuro advindo da sentença. Isso não significa que

[179] "The patent challenge to Research In Motion, Ltd's (RIM) BlackBerry device offers a prominent example of investors buying or selling stock based on their predictions for a pending lawsuit. In the period leading to the ultimate settlement of that lawsuit, RIM's stock price fluctuated wildly based on investors' changing expectations regarding the lawsuit's likely conclusion" (MOLOT, Jonathan T. Litigation finance: a market solution to a procedural problem, p. 97).

[180] O caso foi, ao final, resolvido por acordo às vésperas do julgamento.

[181] "Si ce dernier [financier] est intervenu au profit du défendeur (c'est plus rare, mais ce n'est pas impossible), le calcul de la rémunération est plus délicat [...]" (KESSEDJIAN. Prefácio à obra *Le financement de contieux par un tiers*: Third Party Litigation Funding, p. 11).

a remuneração do *funder* não possa ser vinculada ao resultado da demanda (esse sim requisito indispensável para se considerar um investimento como *third-party funding*, na concepção definida neste estudo).

Imagine-se um caso em que o sujeito se encontra no polo passivo de uma execução de R$ 5 milhões, tendo tal valor sido penhorado. O executado entende que é devedor de uma quantia de R$ 1 milhão, e os custos de litigar (entre custas judiciais, honorários advocatícios e honorários periciais) são estimados em R$ 300 mil. Não obstante, com suas contas penhoradas, o executado não possui capital para custear a demanda, ou, ainda que tenha, prefere utilizar o dinheiro que lhe sobra para outros fins, deixando de vinculá-lo ao litígio. Nesse caso, pode-se vislumbrar um acordo de financiamento no qual o financiador arcaria com os custos e receberia, em contraprestação, um múltiplo do seu investimento (*v.g.*, 300%) no caso de "sucesso", cujos critérios seriam acordados entre financiado e financiador. Imagine-se, nesse exemplo, que qualquer condenação abaixo de R$ 2 milhões seria considerada um sucesso. Assim, se ao final for reconhecida a obrigação do réu no valor de R$ 1,5 milhão, este veria liberada a soma de R$ 3,5 milhões inicialmente penhorados, dos quais R$ 900 mil seriam pagos ao financiador. O réu manteria, ao final, R$ 2,6 milhões do valor inicialmente executado.[182]

Em uma análise superficial, poder-se-ia argumentar que não haveria interesse do réu nesse tipo de contratação, visto que teria "perdido" aproximadamente R$ 1 milhão. Não obstante, é necessário ter em mente que, nesse exemplo, o réu não possuía recursos para litigar, sendo o financiamento por terceiros o modo pelo qual ele pode fazer valer seus direitos. Alterando-se um pouco o exemplo, imaginando-se que as contas não tenham sido penhoradas e o réu tivesse recursos, o uso do financiamento por terceiros permitiu que ele utilizasse os valores para outros fins, não sendo desprezíveis os custos de transação, em especial, a demora do processo e possível perda de oportunidades decorrentes da vinculação do capital à ação.

A contratação do financiamento também poderá ser feita com base em um percentual, de modo que o financiador receberá uma parcela do que o

[182] O exemplo é extraído de um caso real, narrado por Nick Rowles-Davis, com os valores adaptados à realidade do sistema brasileiro (ROWLES-DAVIS, Nick. *Third Party Litigation Funding*, p. 65-66).

requerido deixou de pagar. Como exposto, o financiamento do réu é uma hipótese bastante incomum, mas não pode ser descartada.

3.2.5 Financiamento do Escritório de Advocacia

Forma recente de financiamento, tendo se popularizado com a crise econômica de 2008, esse investimento foca em garantir recursos aos escritórios de advocacia, que detêm grande parte de seus recebíveis atrelados ao resultado de demandas judiciais. Esse mercado se desenvolveu fortemente nos últimos anos, ao menos fora do Brasil, estimando-se que já tenha movimentado US$ 1 bilhão no mercado norte-americano.[183]

Pode-se afirmar que é uma espécie de financiamento de segundo grau. Os escritórios financiam o litígio por meio de honorários de êxito, enquanto o terceiro financia o escritório para que este possa ter fundos suficientes para seguir com suas atividades até o recebimento de tais honorários.[184]

Escritórios de advocacia – em especial de pequeno e médio porte e especializados em ações de cobrança e indenizações – possuem grande parte dos seus recebíveis atrelada a honorários de êxito, que podem se verificar ou não. Esses escritórios geralmente são autofinanciados com capital dos sócios, visto que grande parte de seus ativos está vinculada a circunstâncias futuras e incertas, com os quais entidades financeiras tradicionais não costumam trabalhar ou, ao menos, cujo valor não conseguem avaliar corretamente, visto que sua análise é geralmente feita sobre balanços patrimoniais baseados em ativos tangíveis.[185] Além disso, ainda que o escritório consiga obter fundos com entidades típicas, tomando-se em conta o alto risco desse investimento, tal financiamento pode se mostrar bastante custoso em razão dos juros. Empresas de financiamento de litígio, por óbvio, estão mais acostumadas a avaliar esse tipo de ativo e podem fazê-lo com maior precisão.

[183] VOLSKY, Max. *Investing in Justice*, p. 37.

[184] MOLOT, Jonathan T. Litigation finance: a market solution to a procedural problem p. 99, apontando que: "Recall that one limitation of the contingent fee system is that it does not permit lawyers to share fees with non lawyers. However, some of the same entities that buy interests in lawsuits from plaintiffs have recently found ways to make investments in litigation via law firms".

[185] VOLSKY, Max. *Investing in Justice*, p. 74.

O investimento nesse formato geralmente será o adiantamento de um valor ao escritório, atrelando-se a remuneração do financiador aos recebíveis de uma determinada carteira de casos.[186] O investimento permanece de alto risco em especial porque a avaliação é feita com base nos processos, deixando de considerar, contudo, a administração do escritório, que pode trazer prejuízos e inviabilizar o recebimento dos recebíveis pelo financiador. Para o escritório de advocacia, o investimento pode ser interessante, apesar de ele perder parcela substancial de seus recebíveis, pois o libera, parcialmente, do risco assumido quando da contratação de honorários de êxito.[187]

Também é possível encontrar exemplos mais especializados desse tipo de financiamento, com o investimento em apelações. Nessa hipótese, o caso já obteve uma sentença favorável, mas a parte contrária apelou. A apelação pode levar anos e, consequentemente, estando os honorários atrelados ao final da demanda, também o recebimento dos valores levará mais tempo. Nesse caso, o terceiro adiantaria valores ao escritório – para quem, então, seria como se estivesse recebendo parcialmente seus honorários de êxito – e, em contraprestação, o terceiro teria direito a uma parcela substancial do quanto recebido ao final da demanda. A diferença está no fato de que, em vez de investir em uma carteira de casos, como na hipótese anterior, esse financiamento é feito para uma demanda específica.[188] São exemplos de empresas especializadas nesse tipo de financiamento as americanas *Trial & Appelate Resources* e *Appeal Funding Partners*.

[186] VOLKSY. *Investing in Justice*. p. 78: "These are typically non-recourse advances, without any personal guarantees or other encumbrances on the firm's other assets. Some are structured as purchases of future fees at a discount. Some deals require the attorney to replace compromised cases with new cases that have similar prospects for recovery, primarily in situations when the attorney is fired or ceases representation".

[187] MOLOT, Jonathan T. Litigation finance: a market solution to a procedural problem p. 100: "But some plaintiffs' firms may miscalculate; perhaps they have taken on a case that is more expensive than expected, 121 or perhaps they have distributed profits to partners after a big victory but not held back sufficient reserves to cover expenses for pending cases. Whatever the reason, plaintiffs' firms may find themselves with a substantial amount of potentially profitable contingent fee work, but without the financial resources to pursue all of it. Conventional bank loans may not suffice given the extent of the risk involved. For lawyers unwilling or unable to guarantee their law firms' loans personally, borrowing money from an investment fund at a high rate of interest may make sense".

[188] Segundo Volsky, geralmente se cobra o recebimento de ao menos o dobro do montante adiantado (VOLSKY, Max. *Investing in Justice*, p. 81-82).

A obtenção de recursos por meio de um investidor especializado não é a única forma de financiamento atrelada ao resultado de demandas judiciais (e, portanto, financiamento por terceiros na definição aqui adotada) disponível a escritórios de advocacia. Com efeito, a notícia de abertura de capital em bolsa pelo escritório de advocacia australiano Slater & Gordon em 2007 ganhou repercussão global, tendo a Oferta Pública Inicial levantado US$ 29 milhões.[189-190] Como visto, decisões judiciais (ou mesmo a estimativa do mercado acerca de uma decisão futura) têm grande impacto nas ações de uma companhia. Assim, também os litígios patrocinados por escritórios de advocacia com ações em bolsa, nos sistemas jurídicos que permitem que escritórios de advocacia adotem esse tipo societário,[191] podem ser financiados mediante a aquisição de ações.

Por fim, mais recentemente foi sugerida uma nova forma de financiamento, por meio da criação de uma *joint venture* entre o escritório e o financiador.[192] Essa sugestão vem pouco após o anúncio de que Burford Capital abriria seu próprio escritório de advocacia na Inglaterra.[193] Nesse sentido, o escritório obteria fundos diretamente do financiador, com os lucros divididos entre as sociedades. Esse formato, possível pela legislação atual na Inglaterra e no *District of Columbia* nos Estados Unidos, pode

189 FORTNEY, Susan Saab. Tales of Two Regimes for Regulating Limited Liability Law Firms in the US and Australia: Client Protection and Risk Management Lessons. *Legal Ethics*, v. 11, p. 230, 2008.

190 A possibilidade de um escritório de advocacia adotar a forma de uma Sociedade por Ações decorreu de uma mudança legislativa ocorrida em 2000, com o *Legal Profession Amendment (Incorporated Legal Practices) Act*.

191 Há outros argumentos a favor da adoção desse tipo societário por escritórios. Jonathan Molot, em estudo sobre o tema, aponta que o fato de a atual estrutura dos escritórios de advocacia somente permitir que os advogados recebam pelo período em que estiverem trabalhando faz com que se busque uma maximização dos lucros em curto prazo, prejudicando a adoção de estratégias de longo prazo que podem aumentar os recebimentos (como contratação de mais advogados e conversão de mais sócios mesmo em anos financeiramente ruins, possibilitando um aumento futuro da receita), os quais não são interessantes ao advogado pois possivelmente não estará mais trabalhando na firma (por ter se deslocado para outro escritório, montado um próprio ou mesmo por ter se aposentado) (MOLOT, Jonathan T. What's wrong with law firms? A corporate finance solution to law firm short-termism. *Southern California Law Review*, v. 88, p. 1-44, 2014).

192 SHANNON, Victoria. Reshaping Third-Party Funding. *Tulane Law Review*, v. 91, p. 33-45, 2016-2017.

193 Disponível em: <https://www.thelawyer.com/issues/online-october-2016/burford-capital-launches-abs-law-firm-burford-law-akin-gump-hire/>.

trazer benefícios, como a superação do impasse a respeito da extensão do sigilo profissional entre advogado e cliente para o financiador, bem como a questão do controle do financiador sobre o litígio e a revelação do financiamento aos julgadores. A proposta é admitidamente controversa, necessitando de experimentações práticas para verificar sua efetiva viabilidade.[194]

3.2.6 Conclusões Parciais

A lista *supra* não pretende ser exaustiva, havendo outros notáveis exemplos de financiamento, como o *After-the-Event Insurance* (ATE), comum no direito inglês, mas sem paralelo no direito brasileiro. Mereceria uma maior análise também o financiamento de demandas em face da administração pública, cuja viabilidade sofrerá grande influência do pagamento por meio de precatórios, o que altera substancialmente o cálculo financeiro. Não obstante, é exatamente em casos contra a administração pública que algo similar ao financiamento por terceiros (mas com ele não se confunde) já se desenvolveu e solidificou no Brasil, referente à aquisição de precatórios pendentes de pagamento, pelo qual o credor original vende seu direito de crédito (já certo, por decisão trânsita em julgado) com um deságio, mas livrando-se do custo do tempo para o recebimento da verba.

De qualquer modo, o presente estudo busca trazer as hipóteses mais comuns e sistematizar as circunstâncias que devem estar presentes – como regra geral, mas admitindo exceções – para que seja viável a utilização do financiamento de litígios por terceiros, notadamente: (a) demanda condenatória em pecúnia; (b) expectativa de retorno maior do que o valor investido; (c) solvabilidade da parte adversa; e (d) razoáveis chances de êxito.

Ademais, a identificação de honorários de êxito como uma forma de *third-party funding* sinaliza que a figura não é de todo estranha ao sistema brasileiro. A análise histórica do seu uso revela que essa solução mercadológica também foi recebida com críticas, sendo proibida até quase o início do século XX (no Brasil como alhures), mas, com o passar do tempo, verificado o impacto positivo de sua utilização, bem como que os receios inicialmente levantados se mostraram infundados, a prática pode ser disseminada e vista, nos dias atuais, com normalidade.

194 SHANNON, Victoria. *Reshaping Third-Party Funding*, p. 77-79.

O mesmo pode ser observado com outras figuras,[195] e espera-se uma evolução similar quanto ao *third-party funding*, i.e., uma aceitação mais tímida em um primeiro momento, por parecer estranho ao sistema, unida ao surgimento de vozes criticando seu uso, mas cujos fundamentos são decorrentes mais de uma falta de uma posição conservadora e falta de experiência com a figura e, por fim, uma vez verificado que os receios inicialmente expostos não se concretizaram, uma larga disseminação e utilização do financiamento de litígios por terceiros.

3.3 Natureza Jurídica do Acordo de Financiamento

Se não há consenso sobre o que se classifica como financiamento por terceiros, muito menos sucesso terá a comunidade jurídica ao buscar uma posição homogênea sobre qual o tratamento jurídico adequado para o contrato de financiamento. Nem mesmo há resposta, no estado atual de desenvolvimento do tema, se o financiamento de litígios deve ser inserido em uma figura jurídica já existente, ou se deve ser considerado uma figura nova, *sui generis*, que demandaria o estabelecimento de regras próprias.[196]

O financiamento de litígios pode ser feito de diversas maneiras e, consequentemente, muitas são as normas que podem vir a reger o acordo de

[195] Como é o caso das arbitragens coletivas, as quais parecem, em um primeiro momento, absolutamente admissíveis no direito brasileiro. Contudo, uma análise mais aprofundada demonstra que essa reação é decorrente mais de um preconceito cultural do que por questões jurídicas, e já é possível vislumbrar, no sistema atual, a possibilidade de arbitragens coletivas em determinados casos (MARIANI, Rômulo Greff. *Arbitragens coletivas no Brasil*. São Paulo: Atlas, 2015).

[196] Sobre esse ponto, é elucidativo o estudo feito por Marina Teller e Hugo Barbier sobre qual seria a figura jurídica no direito francês, no qual expõem que: "le droit a finalement le choix entre deux méthodes: le prêt-à-porter et le sur-mesure. Le prêt-à-porter, d'une part, solicite la méthode classique de qualification. Qualifier une nouvelle pratique par une notion déjà existante et ainsi la soumettre à son régime [...] Il s'agit de faire entrer l'innommé dans le nommé afin de ne pas multiplier le sui generis. [...] Toutefois le juge, dans l'exercice de qualification, peut aussi choisit la voie de sui generis. C'est le sur-mesure juridique. [...] Dès lors, deux gestes juridiques sont offerts: soit qualifier l'investissement d'un tiers dans un litige d'activité d'assurance ou de crédit et lui faire endosser leur regime; soit le différencier et bâtir um régime sui generis" (La comparaison de l'activité de financier de contentieux avec l'assurance et l'établissement de crédit. In: KESSEDJIAN, Catherinee (Org.). *Le financement de contieux par un tiers*: Third Party Litigation Funding. Paris: LGDJ, 2012. p. 134-135).

financiamento. A forma escolhida terá impactos para a posição do financiador no processo (se parte ou terceiro) e as obrigações e consequências daí decorrentes para todos os envolvidos.

A figura de direito material assumida no financiamento de litígio – e, consequentemente, o regramento jurídico aplicado – é tema que certamente demandaria (e mereceria) um estudo próprio. A análise feita a seguir de modo algum possui a pretensão de esgotar a questão, muito menos encontrar uma resposta definitiva sobre qual o tipo contratual mais adequado para o financiamento por terceiros no Brasil. A finalidade do exame é expor as bases sobre as quais se analisará a posição do financiador no processo e obrigações decorrentes de tal escolha.

3.3.1 Apontamentos Iniciais

O objetivo por trás do financiamento de litígios é *realizar um investimento*, e com esse escopo deve ser analisada a figura de direito material que o financiamento por terceiros assume. O que o financiado busca é obter fundos para o prosseguimento do litígio, furtando-se aos riscos financeiros associados à existência da demanda. O financiador, por sua vez, visa, com o financiamento de um litígio, adquirir um ativo e, como tal, procura maximizar o retorno e minimizar os riscos.

Assim, ao menos em princípio, não será interessante para o financiador tornar-se titular do direito discutido no processo, visto que isso traz consigo o risco de ele ser responsabilizado pelo pagamento de eventual sucumbência ou condenação de pedido reconvencional. Não há, contudo, qualquer impedimento legal para que o financiador efetivamente se torne titular do direito controvertido, mas tal escolha trará consequências. Tudo dependerá da análise dos riscos associados a essa forma de financiamento e o retorno esperado do investimento. Além disso, é possível que seja incluído no acordo de financiamento se o financiador será eventualmente responsável pela sucumbência.[197]

Apesar dessa possibilidade, o que se buscará no acordo de financiamento por terceiros, geralmente, será garantir ao financiado os fundos

[197] O Código de Conduta da *Association of Litigation Funders of England and Wales* prevê expressamente a obrigação de o contrato conter se o financiador será ou não responsável pela sucumbência.

suficientes para seguir o litígio até o final (i.e., assegurar que o financiador não deixará de financiar o processo antes de seu término) e, de parte do financiador, garantir o recebimento de parcela da condenação suficiente para não apenas cobrir seu investimento, mas também dar-lhe lucro, bem como assegurar que não terá que despender recursos além daqueles inicialmente contratados (i.e., garantir previsibilidade dos custos, em especial, afastar sua responsabilização por eventual sucumbência ou pedido reconvencional).

Nesse sentido, a transferência do direito material subjacente ao financiador, apesar de ser uma forma possível, não é a mais alinhada com os objetivos buscados. Aliás, poder-se-ia argumentar que, uma vez que o financiador torna-se titular do direito, ele deixa de ser terceiro, sendo incorreto rotular essa prática como financiamento por terceiros. Contudo, tal raciocínio ignora a diferenciação entre *parte substancial* e *parte processual*, que serão estudados adiante (item 4.1, *infra*).

O acordo ideal de financiamento por terceiros transfere ao financiador apenas o direito ao recebimento dos frutos econômicos do litígio, mas não o direito substancial em si.[198] Logo, o financiado permanece o titular do direito material e, portanto, a parte legítima para postular em juízo. Igualmente, não sendo o financiador parte (substancial ou processual), não poderia ser responsabilizado por nenhuma quantia além daquela já adiantada para o pagamento dos custos, que é exatamente o que se busca em qualquer forma de investimento.

Partindo-se dessas premissas – o financiamento é um negócio jurídico pelo qual o financiado obtém recursos para o pagamento dos custos do processo, compartilhando o risco com um terceiro (financiador), que adquire o direito ao recebimento de uma parcela do que eventualmente for recebido em razão da condenação, ou um múltiplo de seu investimento, subordinado

[198] CREMADES JR., Bernardo. *Third Party Litigation Funding: Investing in Arbitration*, p. 11: "When a party assigns a cause of action, such party loses control to the fullest extent over the disposition of the cause of action, including the power to settle (and for what amount), as well as the power to manage or direct the litigation strategy (i.e., selection and compensation of attorneys, evidence to be used, selection of witnesses, etc.). In other words, whereas in the assignment of lawsuits the litigant sells the lawsuit itself, in third party funding the litigant merely sells the possible 'fruits' of the lawsuit. Of course, it is sometimes difficult to draw a clear line between third party funding and assignment of claims".

ao proferimento de decisão favorável ao financiado –, pode-se estabelecer algumas características do financiamento por terceiros.

Primeiramente, há que reconhecer a existência de uma álea. O recebimento do financiador está sujeito à ocorrência de um evento futuro e incerto, i.e., uma sentença favorável ao financiado. Assim, pode-se classificar o acordo de financiamento como um contrato aleatório, visto que é assumido um risco de o objeto (reconhecimento do direito do financiamento por decisão judicial) jamais vir a existir.[199]

A ideia de contrato aleatório coaduna-se com o financiamento de litígios por terceiros, visto que não se trata apenas de haver um risco do negócio – o que ocorre em toda forma de contratação –, mas o risco é da essência do financiamento. Além disso, caso o financiado venha a sucumbir, não deverá ressarcir os custos pagos pelo financiador, combinando-se com o disposto no art. 458 do Código Civil.[200]

Além disso, o risco é, nesse caso, compartilhado. Com efeito, o risco de obtenção de uma sentença favorável, detido inicialmente por todo e qualquer litigante, é, pelo *third-party funding*, compartilhado com um terceiro. Assim, com o financiamento, ambos os contratantes – financiado e financiador – visam atingir um fim comum, i.e., a obtenção de uma decisão favorável.

Nesse sentido, pode-se entender que o financiamento de litígios se assemelharia mais a um contrato de sociedade do que a um contrato sinalagmático, pois financiado e financiador não possuem *interesses contrapostos*, e sim *interesses paralelos*, que convergem para um mesmo fim.[201] Não se

[199] Caio Mário expõe que já há houve discussão sobre se seria necessário, para a configuração de um contrato aleatório, que ambas as partes assumam riscos. Tal ideia já está superada, admitindo-se que haja risco a apenas um dos contratantes, o que, por óbvio, não invalida a configuração de um contrato como aleatório pelo fato de ambos os contratantes assumirem riscos (PEREIRA, Caio Mário da Silva. *Instituições de direito civil*. Rio de Janeiro: Forense, 2009. v. 3, p. 59).

[200] Art. 458. Se o contrato for aleatório, por dizer respeito a coisas ou fatos futuros, cujo risco de não virem a existir um dos contratantes assuma, terá o outro direito de receber integralmente o que lhe foi prometido, desde que de sua parte não tenha havido dolo ou culpa, ainda que nada do avençado venha a existir.

[201] Nesse sentido, ver Orlando Gomes, expondo que: "A característica mais incisiva do contrato, na acepção clássica da palavra cristalizada na tradição romana, reside na circunstância de ser um meio para a composição de interesses contrapostos. Segundo a orientação privatista, dominante ainda hoje, o *contrato* é um instrumento destinado a resolver interesses em

quer, com isso, negar a natureza contratual do ato constitutivo de uma sociedade, mas apenas reconhecer ser mais alinhada com o escopo do *third-party funding* a constituição de uma sociedade do que um contrato bilateral sinalagmático.

Bastante ilustrativas dessa discussão são as posições do direito alemão e do direito francês.

Quanto à Alemanha, a visão predominante entende o acordo de financiamento como uma "sociedade silenciosa atípica" (*atypiche stille Geselschaft bürgerlichen Rechts*), prevista nos arts. 230 a 237 do Código Comercial alemão (*Handelgesetzbuch*) e o art. 705 do Código Civil (*Burgerliches Gesetzbuch* – "BGB").[202] O financiamento por meio da constituição de uma sociedade é fruto das particularidades do sistema alemão. Primeiramente, o uso de honorários de êxito era genericamente proibido, e o acesso à assistência judiciária gratuita no país depende da demonstração não apenas da insuficiência de recursos, mas também de razoáveis chances de sucesso na demanda, conforme art. 114 do Código de Processo Civil (*Zivilprozess Ordnung* – "ZPO"), além de só estar disponível para cidadãos alemães. Em um julgamento de 2006, envolvendo um litigante americano (e, portanto, não elegível à assistência judiciária) que não detinha fundos para custear o litígio, a Corte Constitucional (*Bundesverfassungsgericht*) reconheceu a validade de contratação de honorários de êxito, caso contrário, a parte veria negado seu acesso à justiça.[203] A corte determinou, ainda, que houvesse

conflito, pretensões em luta. Na sua formação, defrontam-se *partes* que, constituídas por sujeitos singulares ou plurais, visam à satisfação do interesse diverso de cada qual, que lhe estrutura a vontade. Ocorre, também, que, ao lado desses negócios, outros se constituem, nos quais os distintos interesses das partes convergem para fim comum. Tais negócios não devem ser inseridos na categoria do contrato, por isso que, neles, a declaração de vontade das partes tem por fim a satisfação de *interesses paralelos,* e não de *interesses contrapostos.* A *sociedade* pertenceria à categoria desses negócios plurilaterais, porque os interesses dos que a constituem convergem para fim comum" (GOMES, Orlando. *Contratos.* Rio de Janeiro: Forense, 2007. p. 478-479 – grifos no original).

[202] GOELER, Jona von. *Third-Party Funding in International Arbitration and its Impact on Procedure.* Alphen aan den Rijn: Kluwer Law International, 2016. p. 60.
No mesmo sentido, Morpurgo, afirmando que: "It is argued that a silent partnership under the German Civil Code arises in TPLF because the funder and the claimholder are pursuing a joint aim, that being the common goal of both parties to assert the plaintiff's claim before a court and to achieve the highest possible award" (*Profit from Justice*: Comparative legal and regulatory approaches to third-party litigation funding, p. 55).

[203] Bundesfassungsgericht, j. 12.12.2006 (1 BvR 2576/04).

uma mudança na legislação, o que levou a uma liberação, a partir de 2008, da utilização de honorários de êxito para casos em que a parte não possui recursos e não é elegível a assistência judiciária gratuita.

Não obstante, a indústria do financiamento de litígios começou a se desenvolver dez anos antes dessa alteração, com a constituição da primeira companhia especializada (Foris AG) em 1998. Fez-se necessária, portanto, a criação de uma forma de financiamento que contornasse as condições supraexpostas, adotando-se, então, o modelo de constituição de uma sociedade silenciosa atípica, a qual não é registrada no órgão público competente, e pela qual o financiado segue litigando em seu próprio nome, enquanto o financiador, sócio "silencioso", não participa do processo, mas apenas fornece os fundos para o financiado[204] (como será visto adiante, tal figura encontra equivalente no direito brasileiro na sociedade em conta de participação).

No tocante à França, em junho de 2006 a *Cour d'Appel de Versailles* foi chamada a decidir sobre se o financiador da parte sucumbente poderia ser responsabilizado pelos custos da arbitragem. A corte, ao final, entendeu-se incompetente, sendo competentes os tribunais alemães, mas admitiu, em determinada passagem, que

> [...] o contrato de financiamento de processo é *sui generis* e desconhecido dos Estados-membros da União Europeia, com exceção dos países de cultura germânica, sendo que, em direito alemão, a doutrina e a jurisprudência concordam que o contrato é, na verdade, um contrato de sociedade, no qual as partes buscam um fim comum que é a vitória do processo, cada uma contribuindo com um aporte diferente, o financiador, os custos necessários ao processo, e seu cliente o valor de seu crédito, sendo os ganhos partilhados de acordo com os termos específicos contratados.[205]

[204] NIEUWELD, Lisa Bench; SHANNON, Victoria. *Third-party Funding in International Arbitration*, p. 167.

[205] No original: "le contrat de financement de procès est sui generis et inconnu des Etats membres de l'Union européenne à l'exception des pays de culture germanique " et que " en droit allemand, la doctrine et la jurisprudence s'accordent à estimer que le contrat est, en réalité, un contrat de société, les parties poursuivant ensemble un but commun qui est le gain du procès, chacune fournissant un apport différent, le financeur, les fonds nécessaires au procès, et son client la valeur de sa créance et les gains étant partagés selon des modalités particulières" (Société Foris AG c/ S.A. Veolia Propreté, Cour d'Appel de Versailles (12 ch), j. 1.º.06.2006, n.º 05/0103).

As discussões da doutrina após tal decisão seguem o mesmo entendimento. O *Club des juristes*, associação que reúne doutrinadores para discussões de ideias referentes ao direito francês, criou uma comissão específica sobre o tema,[206] publicando suas conclusões no relatório "Financement du procès par les tiers".[207] Após analisar e rejeitar figuras afins, como aposta (*jeu et pari*), seguro (*assurance*), empréstimo (*prêt*), cessão de crédito (*cession de créance*) e integralização de capital (*apporte en société*) – estes dois últimos porque não se coadunam com o escopo do *third-party funding* e porque um direito litigioso não pode ser utilizado como capital para aporte, respectivamente –, concluiu-se que o acordo de financiamento de litígio por terceiros assemelha-se mais a um contrato de prestação de serviço atípico (pois não se enquadra nas hipóteses previstas no Código Civil francês – *contrat d'enterprise* e *contrat de louage*), portanto, *sui generis*.[208]

Indicando o entendimento da jurisprudência francesa nesse sentido, a *Cour de Cassation* analisou o pleito de redução da remuneração de um terceiro, que financiou a demanda de anulação de um testamento movida pela esposa do falecido.[209] Sem qualificar o contrato expressamente como um

[206] A comissão era composta por Jean-Pierra Ancel; Philippe Pinsolle, Maximin de Fontmichel, Louis D'Avout, Jean-Georges Betto, Thomas Clay, Louis Degos, Jean'Yves Garaud, Jean-Pierre Grandjean, Marc Henry, Emmanuel Jeuland, Elie Kleiman e Laurent Levy.

[207] PINSOLLE, Philippe; FONTMICHEL, Maximin De (rap.) Financement du procès par les tiers (Rapport du club des juristes), jun. 2014. Disponível em: <http://www.leclubdesjuristes.com/wp-content/uploads/2014/01/CDJ_Rapport_Financement-proc%C3%A8s-par-les-tiers_Juin-2014.pdf>.

[208] PINSOLLE, Philippe; FONTMICHEL, Maximin De (rap.) Financement du procès par les tiers (Rapport du club des juristes), p. 13-16 (em especial: "la prestation de service offerte par le TPF apparaît composite ; elle consiste en une avance de trésorerie étroitement associée à un diagnostic et à un suivi du contentieux. Il s'agit d'un service d'assistance non exclusivement juridique conçu comme un accessoire de la prestation financière et pouvant présenter également un intérêt aux yeux de la partie financée").
Nesse mesmo sentido, Marina Teller e Hugo Barbier analisam se o financiamento por terceiros deveria se enquadrar em uma figura já existente e submetê-lo a seu regime (método "prêt-à-porter") ou entendê-lo como algo novo, *sui generis*, e construir seus contornos e regramento (método "sur-mesure"). Nessa última hipótese, os autores buscam inspiração em regras já existente e chegam à mesma conclusão posteriormente encontrada pelo *Club des Juristes*, de que o acordo de financiamento se aproximaria de um *contrat d'enterprise* ou mesmo de *prestacion de service* (TELLER, Marina; BARBIER, Hugo. La comparaison de l'activité de financier de contentieux avec l'assurance et l'établissement de crédit, p. 134-143).

[209] Arrêt n.º 1144, Civ. I, 23 nov. 2011, n.º 10-16770.

contrat d'enterprise, a corte lhe deu tratamento idêntico à figura, admitindo a possibilidade de diminuição da remuneração caso fosse excessiva.[210]

Ambas as posições são possíveis de ser adotadas no direito brasileiro: a posição alemã por meio da constituição de uma sociedade em conta de participação (arts. 991-996, CC) e a francesa pela possibilidade de celebração de contratos atípicos (art. 425, CC), não havendo como apontar, no estado atual (i.e., ausentes regulação e discussões mais aprofundadas sobre o tema), qual das duas formas seria mais apropriada, ou mesmo nenhuma das duas.

Sendo o direito uma ciência prática, antes de se utilizar a valoração *certo* ou *errado*, seria mais apropriado definir as figuras como útil ou *inútil*, *conveniente* ou *inconveniente*.[211] Cabe, assim, analisar os possíveis contornos que o acordo de financiamento de litígio por terceiros pode assumir no direito brasileiro, verificando as vantagens e desvantagens de cada figura.

3.3.2 Enquadramento Jurídico do Financiamento "Típico"

Conforme apontado alhures, diante de uma nova figura, o direito pode buscar enquadrá-la em contornos preexistentes ou buscar dar a ela uma regulação própria.[212] Para este último, contudo, é necessário que o sistema jurídico tenha experiências práticas, bem como que o instituto já esteja desenvolvido e disseminado a tal ponto que justifique a criação de um regime próprio (e, enquanto tal não ocorrer, o contrato será atípico, i.e., sem contornos previamente definidos ou regras gerais específicas, o que dificulta uma análise em abstrato). Assim, é mais natural, em um primeiro momento, que se procure analisar a natureza a partir de figuras já previstas no ordenamento.[213]

[210] O Tribunal, contudo, reconheceu que o julgamento de 2.ª instância não havia analisado tal aspecto, cassando a decisão nesse ponto e reenviando-a à *Cour d'Appel de Paris*.

[211] A mesma afirmação foi feita por Renato Beneduzi, em sua monografia acerca do *Concurso de demandas*, analisando sua utilidade para o sistema jurídico brasileiro (De concorrentibus actionibus *e o concurso de demandas*, p. 107).

[212] Métodos *prêt-à-porter* e *sur-mesure*, apontados por Marina Teller e Hugo Barbier (La comparaison de l'activité de financier de contentieux avec l'assurance et l'établissement de crédit p. 134-143).

[213] No tocante ao direito brasileiro, quatro estudos já buscaram qualificar o acordo de financiamento. O primeiro, produzido por Fabiane Almeida, analisa o financiamento como uma cessão de crédito *sub judice* (ALMEIDA, Fabiana Mendonça Martins de. *Third-party litigation funding*:

Sendo o direito uma ciência prática, devem-se valorar as figuras não sob o viés de *certo* ou *errado*, mas *conveniente* ou *inconveniente*. Portanto, analisemos a utilidade de algumas figuras nas quais o financiamento de litígios de terceiro pode ser enquadrado, apontando as vantagens e desvantagens de cada uma.

3.3.2.1 Situações que não são Adequadas ao Financiamento por Terceiros

3.3.2.1.1 Empréstimo

Sob o título empréstimo, o Código Civil brasileiro prevê duas figuras: comodato e mútuo. Entre estas, interessa ao presente estudo esta última.[214]

O mútuo é o empréstimo de coisas fungíveis, comprometendo-se o mutuário a restituir coisa do mesmo gênero, qualidade e quantidade (art. 586, CC). Destinando-se o mútuo a fins econômicos – hipótese do financiamento por terceiros –, presume-se a aplicação de juros (art. 591, CC), contido ao limite legal (art. 406, CC).

O próprio conceito previsto na lei impede o enquadramento do financiamento de litígio por terceiros nessa figura. Como visto, um dos requisitos essenciais do financiamento por terceiros é a vinculação do recebimento do financiador ao resultado de um processo. No caso de um empréstimo obtido para cobrir os custos de um litígio, o valor deve ser ressarcido à instituição independentemente do sucesso da demanda. Ademais, a

análise à luz do direito brasileiro, p. 45-65). O segundo, elaborado por Napoleão Casado Filho, cogita a utilização da cessão de crédito, cessão da posição contratual, estipulação em favor de terceiro e cessão fiduciária de crédito, concluindo ser esta última a figura mais adequada para o acordo de financiamento (CASADO FILHO, Napoleão. *Arbitragem e acesso à justiça*: o novo paradigma do *third party funding*. São Paulo: Saraiva, 2017, pp. 213-220). Ainda, Leonardo Beraldo aponta que o acordo de financiamento é um "contrato atípico, misto, real, aleatório, unilateral, complexo, de execução combinada e negociável" (BERALDO, Leonardo de Faria *Curso de arbitragem*: nos termos da Lei n.º 9.307/96, p. 148). Por fim, em recente artigo, Fátima Cristina Bonassa Bucker diferencia o *third-party funding* de cessão de crédito, seguro-garantia, carta-fiança e empréstimo, afirmando que tais figuras não configuram financiamento de litígios por terceiros, mas não chega a fornecer alternativa (BUCKER, Fátima Cristina Bonassa. Demandas financiadas: *Third Party Funding*, p. 78-79).

[214] O comodato é o empréstimo de coisas infungíveis (art. 579, CC) para uso do comodatário, o qual se compromete a restabelecer a própria coisa ao comodante no prazo estabelecido. Portanto, hipótese absolutamente alheia ao financiamento de litígios por terceiros.

remuneração do mutuante não depende do resultado pecuniário do processo, i.e., seu recebimento sofrerá variação apenas dos juros contratados, não se configurando como um percentual da condenação ou um múltiplo dos custos (como é comum, apesar de não ser um requisito essencial).

O empréstimo, assim, não é um verdadeiro *investimento* no litígio e, portanto, não pode ser considerado financiamento por terceiros.[215]

3.3.2.1.2 Cessão da Posição Contratual

Ao contrário da cessão de crédito, na qual se substitui o polo ativo de uma relação obrigacional específica, a cessão da posição contratual transfere ao cessionário o contrato por inteiro, com todas as condições, obrigações, direitos e deveres. Trata-se, conforme Pontes de Miranda, do "negócio jurídico de substituição subjetiva nas obrigações jurídicas como um todo".[216] Assim, por meio dessa figura, o contratante original transfere integralmente sua posição (e não somente um crédito) a um terceiro, retirando-se por completo da relação contratual.[217]

A legislação civil pátria não traz previsão específica sobre o tema, sendo ele permitido em razão da liberdade contratual e possibilidade de celebração de contratos atípicos prevista nos arts. 421 e 425 do Código Civil.[218]

[215] Partilhando dessa opinião, Philippe Pinsolle afirma que "[...] le financement de la procédure arbitrale par un tiers ne se traduit pas par un prêt de ce tiers puisqu'il n'y a aucune obligation de remboursement. La seule obligation qui existe est de partager le bénéfice d'une éventuelle sentence favorable." (Le financement de l'arbitrage par les tiers, p. 385-386).

[216] PONTES DE MIRANDA, Francisco Cavalcanti. Cessão de direitos. Mora. Cessão de dívida. Contrato. Sociedade mercantil. Doação. *Doutrinas essenciais*: obrigações e contratos. São Paulo: RT, 2011. v. 2, p. 317

[217] Nesse sentido, Luis Renato Ferreira da Silva aponta que, entre os diversos conceitos que tentam definir a cessão da posição contratual, há um ponto de convergência de que este é um contrato no qual há "a troca de um dos contratantes originais por outra pessoa, inicialmente estranha ao contrato e que passará a titular todos os direitos e deveres daquele que se retira, continuando a relação contratual primitiva com a parte que remanesce no contrato" (Cessão de posição contratual. In: LOTUFFO, Renan; NANNI, Giovanni Ettore (Coord.). *Teoria geral dos contratos*. São Paulo: Atlas, 2011. p. 397-398).

[218] Nesse sentido, entende o STJ mesmo sob a égide do Código Civil de 1916: "A celebração entre as partes de cessão de posição contratual, que englobou créditos e débitos, com participação da arrendadora, da anterior arrendatária e de sua sucessora no contrato, é lícita, pois o ordenamento jurídico não coíbe a cessão de contrato que pode englobar ou não todos os direitos e obrigações pretéritos, presentes ou futuros, inclusive eventual saldo credor

Como negócio jurídico, possui os requisitos genéricos de existência (manifestação de vontade, partes, forma e objeto) e validade (vontade livre, partes capazes, forma prescrita em lei e objeto lícito, possível, determinado ou determinável). A cessão da posição contratual contém, contudo, um requisito específico, notadamente a obtenção do consentimento do cedido.

Quanto ao primeiro, é necessário o consentimento da parte adversa (cedido) com a cessão.[219] O escopo dessa exigência é proteger o cedido, visto que cessionário ingressará na relação contratual trazendo consigo suas qualidades pessoais e situação econômica particulares. Com efeito, esse é um requisito previsto em ordenamentos que dispõem expressamente sobre a figura, como o português (arts. 424 a 427, CC) e italiano (arts. 1.046 a 1.410, *Codice Civile*), do qual a civilística brasileira extraiu inspiração. No Brasil, Pontes de Miranda já defendia que a "o figurante, que fica, do negócio jurídico objeto (figurante permanecente), consente, prévia, simultânea ou posteriormente, para que se dê a transferência. A intervenção do figurante permanecente é indispensável".[220] No mesmo sentido, entende a doutrina mais recente,[221] apontando que tal consentimento pode ser dado antes (contendo autorização específica no contrato), concomitantemente

remanescente da totalidade de operações entre as partes envolvidas" (STJ, 3.ª Turma, REsp 356.383/SP, Rel. Min. Nancy Andrighi, j. 05.02.2002).

A jurisprudência mais recente é no mesmo sentido: "A cessão de posição contratual é figura admitida pelo ordenamento jurídico, mormente ante o disposto nos arts. 421 e 425 do CC, consubstanciada na transmissão de obrigações em que uma das partes de um contrato (cedente) vê-se substituída por terceiro (cessionário), o qual assume integralmente o conjunto de direitos e deveres, faculdades, poderes, ônus e sujeições originariamente pertencentes àquele contratante original; sendo certa, portanto, a existência de dois negócios jurídicos distintos: (i) o contrato-base, em que se insere a posição a ser transferida; e (ii) o contrato instrumento, o qual veicula a transferência propriamente dita" (STJ, 4.ª Turma,REsp 1036530/SC, Rel. Min. Marco Buzzi, Rel. p/ Acórdão Min. Luis Felipe Salomão, j. 25.03.2014, *DJe* 15.08.2014).

219 Tal requisito é dispensado, contudo, nos casos nos quais tais qualidades são irrelevantes (*v.g.*, em sociedades por ações, nas quais a venda da participação acionária equivale à cessão de posição contratual plurilateral) (RECENA COSTA, Guilherme. *Partes e terceiros na arbitragem*. 2015. Tese (Doutorado) – Universidade de São Paulo, São Paulo. p. 79).

220 PONTES DE MIRANDA. Francisco Cavalcanti. *Tratado de direito privado*. São Paulo: RT, 2012. t. XXIII, § 2.873.1, p. 500.

221 GOMES, Orlando. *Contratos*, p. 174; PEREIRA, Caio Mário da Silva. *Instituições de direito civil*. Rio de Janeiro: Forense, 2009. v. 2, p. 382-383; VENOSA, Sílvio de Salvo. *Direito civil*: teoria geral das obrigações e teoria geral dos contratos. 8. ed. São Paulo: Atlas, 2008. p. 163; FERREIRA DA SILVA, Luis Renato. Cessão de posição contratual. In: LOTUFFO, Renan; NANNI, Giovanni Ettore (Coord.). *Teoria geral dos contratos*. São Paulo: Atlas, 2011. p. 401-403.

(caso em que o cedido participa da cessão como interveniente-anuente) ou depois da cessão. Neste último caso, o consentimento pode ser expresso ou tácito, por meio da continuação da relação contratual sem recusa do cedido.[222]

Reconhece-se, por fim, quanto à responsabilidade do cedente, que a cessão pode ser liberatória ou não liberatória. Na primeira hipótese, o cedente se retira por completo da relação, não mantendo mais qualquer direito ou obrigação. Na segunda, apesar de toda a relação subjacente ser transferida ao cessionário, o cedente segue vinculado ao cedido por relação de responsabilidade subsidiária, respondendo por eventual inadimplemento do cessionário.[223]

Entendidos os contornos da figura, faz-se necessária a análise de sua *conveniência* para o financiamento de litígios por terceiros. Como exposto, a cessão da posição contratual transfere toda a relação subjacente para o cessionário, após o que o cedente se retira do negócio (ainda que, em determinadas hipóteses, pode manter responsabilidade subsidiária). Assim, caso o financiamento seja feito por meio dessa figura, o financiador se tornará efetivo titular do direito material. Esse fato possui algumas consequências. Primeiramente, o financiador será a parte legítima para postular o direito em juízo (art. 18, CPC/2015, que repete o art. 6.º, CPC/1973), salvo se for admitida a legitimidade extraordinária convencional, caso em que o financiado atuará como substituto processual voluntário.[224] O financiador será, portanto, o próprio autor da ação, deixando de ser terceiro (o conceito de terceiro será analisado adiante, item 4.1), não havendo mais sentido falar em "financiamento de litígios *por terceiro*".[225]

[222] FERREIRA DA SILVA, Luis Renato. Cessão de posição contratual, p. 402.

[223] Carlos Alberto da Mota Pinto, tratando sobre o direito português, mas com pensamento que muito influenciou a doutrina pátria, aponta a discussão sobre se a responsabilidade do cedente seria solidária ou subsidiária, concluindo pela última hipótese (*Cessão de contrato.* São Paulo: Saraiva, 1985. p. 398). Concordamos com tal posição, caso contrário, não haveria efetiva transferência da posição subjetiva, mas sim a inclusão de novo corresponsável, o que não se coaduna com o escopo do instituto.

[224] Vide itens 4.3.1.1 e 4.3.2.

[225] Nesse sentido, entende Marcelo Ferro (O financiamento de arbitragens por terceiro e a independência do árbitro. In: CASTRO, Rodrigo R. de Monteiro et al. **Direito empresarial e outros estudos de direito em homenagem ao Professor José Alexandre Tavares Guerreiro.** São Paulo: Quartier Latin, 2013. p. 625). Ver ainda Fátima Bucker, apesar de tratar da cessão de crédito com processo já em curso: "Nessa modalidade de transação [cessão de

3.3.2.1.3 Estipulação em Favor de Terceiros

A estipulação em favor de terceiros é um negócio jurídico que atribui a um terceiro, que dele não participa, uma vantagem patrimonial gratuita, bem como o direito de exigir o cumprimento da obrigação da parte devedora (art. 436, CC), constituindo, assim, uma exceção ao princípio da relatividade dos contratos.[226] Assim, um contratante (*estipulante*) convenciona com outro (*promitente*) determinado negócio jurídico que deverá ser cumprido por este em favor de um terceiro (*beneficiário*).[227]

Um dos requisitos dessa figura é a *gratuidade* perante o terceiro, i.e., é necessário que não haja contraprestação por parte do beneficiário,[228] caso contrário, ter-se-ia um contrato plurilateral.

Assim, o financiamento por terceiros não pode se enquadrar como estipulação em favor de terceiro, visto que o financiador (que adquiriria a posição de *beneficiário*) teria a obrigação de pagar os custos do litígio como condição necessária para o recebimento de parcela da condenação. Talvez se possa imaginar a existência de contratos distintos (um entre financiador e financiado e um entre estipulante e promitente), mas, nesse caso, o contrato entre estipulante e promitente não teria objeto (sendo, portanto, inexistente), pois não haveria quaisquer prestações mútuas entre os contratantes. No máximo, para que houvesse objeto, o promitente teria que reconhecer sua posição de devedor, comprometendo-se a quitar a dívida perante um terceiro, o que certamente não ocorreria, visto que, se o promitente entendesse ser devedor, não haveria qualquer litígio.

crédito], o cedente realiza seu crédito antecipadamente, mediante um deságio, e o cessionário ingressa como parte nos autos e prossegue na medida judicial para receber a totalidade do valor cobrado. [...] o cessionário deve estar preparado para ingressar no feito e prosseguir com a cobrança, enfrentando todas as vicissitudes do processo como parte" (Demandas financiadas: *Third Party Funding*, p. 78).

226 LÔBO, Paulo. *Direito civil*: contratos. São Paulo: Saraiva, 2011. p. 143.

227 PEREIRA, Caio Mário da Silva. *Instituições de direito civil*, v. 3, p. 91.

228 "Para haver estipulação em favor de terceiro, é necessário que do contrato resulte, para este, uma atribuição patrimonial gratuita. O benefício há de ser recebido sem contraprestação e representar vantagem suscetível de apreciação pecuniária. A gratuidade do proveito é essencial, não valendo a estipulação que imponha contraprestação. A estipulação não pode ser feita contra o terceiro. Há de ser em seu favor" (GOMES, Orlando. *Contratos*, p. 197). No mesmo sentido, Paulo Lôbo (*Direito civil*: contratos, p. 144).

Ainda que tais barreiras jurídicas fossem superadas, a estipulação em favor de terceiros seria uma hipótese de difícil ocorrência na prática, pois demandaria que a parte contra quem se litiga acordasse celebrar o negócio jurídico sem ter, em verdade, qualquer incentivo para tanto, visto que a falta de recursos financeiros de sua parte adversa lhe beneficia. Poder-se-ia, em uma análise superficial, imaginar que tal incentivo existiria na arbitragem, dado que a parte deve adiantar os custos caso a parte contrária não o faça. Contudo, o incentivo continua não existindo, pois o não pagamento dos custos acarretará a extinção do processo, ou, ao menos, dos pleitos da parte que não pagou, o que será benéfico à parte contrária.

O único incentivo haveria se o financiador se comprometesse a pagar os custos de sucumbência, mas, nesse caso, novamente, não seria uma estipulação em favor de terceiros, que exige do beneficiário o recebimento de uma prestação gratuita. Ademais, ainda que fosse viável (o que não nos parece), tal figura exigiria que o financiamento fosse conhecido, o que, na maior parte das vezes, não é de interesse do financiador.

3.3.2.1.4 Cessão Fiduciária de Crédito

Pelo negócio fiduciário, um sujeito, detentor de determinada coisa ou direito (*fiduciante*), transmite-a, com finalidade de garantia, a outrem (*fiduciário*), o qual assume a obrigação de devolvê-la uma vez cumprida tal finalidade.[229] Conforme lição de Pontes de Miranda, a fidúcia ocorre "sempre que a transmissão tem um fim que não é a transmissão mesma, de modo que ela serve a negócio jurídico que não é o de alienação àquele a quem se transmite".[230]

Permitimo-nos discordar da posição de Napoleão Casado Filho, para quem "a cessão fiduciária de créditos, que nada mais é que uma cessão de crédito acrescida e revestida da figura da alienação fiduciária, é a forma

[229] PEREIRA, Caio Mário da Silva. *Instituições de direito civil*, v. 3, p. 368. O doutrinador aponta que a figura é originária dos *trusts* dos sistemas de *Common Law*, utilizado para garantir ou resguardar direitos. Contudo, o Código Civil brasileiro abarcou apenas a primeira característica, dispondo apenas sobre a compra e venda fiduciária com escopo de garantia.

[230] PONTES DE MIRANDA, Francisco Cavalcanti. *Tratado de direito privado*. São Paulo: RT, 2012. t. III, § 271, p. 177.

mais apropriada de se pactuar o investimento em arbitragem".[231] No negócio fiduciário, a transmissão não é o próprio escopo, mas objetiva apenas garantir[232] uma obrigação principal. Ocorre que, no *third-party funding*, a transferência do direito de crédito (ainda que futuro e incerto) é o objeto principal do negócio jurídico, não se coadunando com a cessão fiduciária. Ademais, para utilizar-se a cessão fiduciária de crédito, seria necessário que houvesse uma obrigação subjacente a ser garantida, o que, no caso do financiamento de litígios por terceiros, não haveria.

Ainda, a alienação fiduciária desmembra a posse, ficando o devedor (*fiduciante*) com a posse direta e o credor (*fiduciário*) com a posse indireta (art. 23, Lei n.º 9.514/1997) e a propriedade resolúvel, a qual deverá se consolidar caso o devedor não cumpra a obrigação principal.[233] Assim, mesmo que se diga que a obrigação subjacente seria a obtenção de uma decisão favorável no processo (judicial ou arbitral), o seu adimplemento (i.e., a efetiva obtenção da decisão) resolveria a propriedade fiduciária (art. 25, Lei n.º 9.514/1997), que é exatamente o contrário do desejado (i.e., que, com a decisão favorável, parcela do valor recebido fosse encaminhado ao financiador). Tal hipótese, portanto, parece inaplicável ao financiamento por terceiros.

3.3.2.2 Contrato Bilateral Sinalagmático

3.3.2.2.1 Cessão de Crédito

A cessão de crédito é um negócio jurídico que promove uma alteração subjetiva da relação obrigacional, transferindo-se a qualidade creditória do credor original para um terceiro, acompanhada dos acessórios e garantias, permanecendo-se inalterado o objeto. O cedente, contudo, continu vinculado à relação jurídica subjacente.[234]

[231] CASADO FILHO, Napoleão. *Arbitragem e acesso à justiça*: o novo paradigma do *third party funding*, p. 220.

[232] Vide art. 22 da Lei n.º 9.514/1997: "Art. 22. A alienação fiduciária regulada por esta Lei é o negócio jurídico pelo qual o devedor, *com o escopo de garantia*, contrata a transferência ao credor, ou fiduciário, da propriedade resolúvel de coisa imóvel" (grifo nosso).

[233] NORONHA, Fernando. *Direito das obrigações*. São Paulo: Saraiva, 2003. p. 202-204.

[234] FEREIRA DA SILVA, Luis Renato. *Cessão de posição contratual*, p. 398.

A cessão é, como regra geral, permitida, somente não sendo possível por vedação legal, convenção das partes e se não facultar a própria natureza da obrigação (art. 286, CC).

Primeiramente, cumpre verificar se a natureza do crédito – inexistente no momento da cessão – vicia o negócio jurídico, para o que se faz necessária a análise dos planos do negócio jurídico. Quanto ao plano da existência (manifestação de vontade; partes; forma e objeto), não há qualquer vício. No tocante ao plano da validade (manifestação de vontade livre; parte capaz; forma prevista em lei e objeto lícito, possível, determinado ou determinável – art. 104, CC), não tendo havido dolo ou coação (arts. 145 e 151, CC), sendo o cedente e o cessionário capazes (arts. 4.º e 5.º, CC) e inexistindo forma prescrita em lei ou vedação legal para tal transferência, há que se reconhecer também a validade. Ressalte-se que a previsão do art. 295 do Código Civil, pela qual o cedente se responsabiliza pela subsistência do crédito, é regra de proteção ao cessionário, mas não configura vedação legal à cessão de crédito futuro e incerto. Aliás, tal regra é dispositiva, podendo ser contratado de maneira diversa.[235]

A cessão de crédito no financiamento de terceiros seria, portanto, existente e válida.[236] O negócio jurídico é, contudo, ineficaz, havendo uma condição, i.e., subordinando-se a evento futuro e incerto (art. 121, CC).

[235] PEREIRA, Caio Mário da Silva. *Instituições de direito civil*, v. 2, p. 369, expondo que: "Quer no tocante à cessão onerosa, quer na gratuita, a responsabilidade do cedente pela veracidade do crédito pode ser objeto de convenções especiais. É válida a cláusula que o exime de responsabilidade pela realidade da dívida na cessão onerosa, ou daquela em que o assume na gratuita. É lícito, ainda, estipular que o cessionário assume os riscos da existência do crédito (contrato aleatório), e, neste caso, nada tem a repor o cedente, se dele nada vier a existir".

[236] Trata-se, aqui, de analisar a questão de se a cessão de crédito é causal ou abstrata, i.e., se depende da existência da relação jurídica subjacente. Nesse sentido, aponta Pontes de Miranda que: "Trata-se de negócio jurídico *abstrato* [...] É válida e eficaz a cessão, ainda que a causa não exista, seja ilícita ou não se realize. [...] Vale, e é eficaz, a transferência, ainda que se venha a decretar a nulidade, ou a anulação, ou a ineficácia do negócio jurídico subjacente, ou sobrejacente" (PONTES DE MIRANDA, Francisco Cavalcanti. *Tratado de direito privado*, t. XXIII, § 2.822.2, p. 349-350). Em sentido diverso, Gustavo Haical entende ser um negócio jurídico causal, em razão de o devedor poder opor perante o cessionário as objeções e exceções que tinha contra o cedente (art. 294, CC), entre as quais se inclui a nulidade do negócio jurídico subjacente (art. 166, IV, CC), bem como por não haver desvinculação da causa na cessão em virtude da pesquisa de onerosidade ou gratuidade à análise do cumprimento da obrigação garantida pela existência do crédito (art. 295, CC) (HAICAL, Gustavo. *Cessão de crédito*: existência, validade e eficácia. São Paulo: Saraiva, 2013. p. 23-24).

Pode-se argumentar, todavia, que não seja esse o caso, visto que, uma vez não verificada a condição, não terá ocorrido a aquisição do direito (art. 125, CC), caso em que o financiador teria o direito de ser ressarcido do quanto adiantou. O argumento não prospera, pois, dada a liberdade contratual (art. 421, CC), nada impede que as partes do negócio jurídico estabeleçam que o risco da não verificação da condição é do financiador (cessionário). Ademais, prevê o próprio Código Civil a possibilidade de celebração de negócios jurídicos sobre coisas futuras (contratos aleatórios, art. 458, CC), de modo que, por coerência do sistema, há que se admitir a possibilidade também da cessão de um crédito aleatório.

Pode-se afirmar, ainda, que o negócio jurídico é eficaz entre o financiador e financiado, mas não perante terceiros, enquanto este não se tornar proprietário.[237] Analogicamente, admite-se que a venda a *non domino* é existente, válida e ineficaz, mas podendo adquirir eficácia caso posteriormente o vendedor torne-se proprietário do bem.[238] O mesmo pode ser dito quanto à cessão de crédito no financiamento de litígio por terceiros, sendo existente e válida, mas ineficaz enquanto não houver decisão judicial reconhecendo o direito do financiado.

Retomando-se as exceções à regra geral expostas no art. 286 do Código Civil, a cessão somente não poderá ocorrer se contrariar disposição legal, convenção com o devedor ou assim não permitir a natureza da obrigação. Viu-se que a cessão de crédito insubsistente no momento da cessão, condicionada a um evento futuro e incerto, é existente e válida, mas ineficaz (perante todos ou somente diante de terceiros), não se presumindo qualquer impedimento legal para sua ocorrência. Quanto à convenção entre as partes, sua ocorrência deverá ser verificada no caso concreto, somente não sendo possível vislumbrar o financiamento de terceiros por esse modo quando o direito de crédito for decorrente de um instrumento contratual que expressamente vede sua cessão. Por fim, quanto à natureza da obrigação subjacente, a doutrina aponta como hipóteses que impedem a cessão: quando a obrigaçao subjacente for personalissima; a cessão do acessório

[237] "A compra e venda do bem alheio é eficaz apenas entre o vendedor e o comprador. Não se pode dizer, *a priori*, que não tenha efeitos quanto ao terceiro, porque isso depende de outro negócio jurídico, ou situação de direito, entre o vendedor e o terceiro" (PONTES DE MIRANDA. Francisco Cavalcanti. *Tratado de direito privado*. São Paulo: RT, 2012. t. XXXIX, p. 84).

[238] GOMES, Orlando. *Contratos*, p. 274.

sem o principal; e os casos em que não puder ser feita a transferência sem alteração do conteúdo.[239] Novamente, a ocorrência dessas limitações deverá ser analisada no caso concreto, mas, inexistentes, não há qualquer óbice para a utilização dessa forma no financiamento do litígio.

Por fim, cabe analisar a *conveniência* do uso dessa figura. Falou-se anteriormente que a cessão de crédito promove a alteração subjetiva de uma determinada relação creditícia, mas não a obrigação subjacente. Por meio desse negócio jurídico, o cessionário assume a posição antes detida pelo cedente, tornando-se efetivo titular do crédito, mas não sujeito da relação obrigacional que deu origem ao crédito.

A grande vantagem dessa forma de financiamento é que, pela cessão de crédito, transfere-se tão somente o direito ao recebimento de determinado valor, mas não a obrigação subjacente que lhe deu origem, de modo que o financiador não se torna necessariamente titular da relação jurídica de direito material. Isso terá efeitos tanto para sua posição no processo – i.e., permanecerá "terceiro", ainda que interessado e potencialmente detentor de uma *situação legitimante* (vide itens 4.1 e 4.3.2) – quanto para o regime de responsabilidade pela sucumbência. Notadamente, não sendo titular do direito material, mas apenas destinatário de seu resultado financeiro, não será diretamente responsável pelos custos de sucumbência.[240-241] A adoção dessa figura no financiamento por terceiros é, portanto, possível juridicamente, cabendo-se analisar no caso concreto as vantagens e desvantagens de sua utilização.

239 PEREIRA, Caio Mário da Silva. *Instituições de direito civil*, v. 2, p. 360.

240 Bruno Vasconcelos Carrilho Lopes, em obra sobre o tema dos honorários advocatícios, analisa os diversos sistemas de distribuição de custos e conclui que o direito processual brasileiro adota a *causalidade*, e não a *sucumbência* como critério definidor da responsabilidade, sendo a sucumbência apenas um indício do nexo de causalidade: "Em que pese a menção na lei à *sucumbência*, foi demonstrado que essa referência é feita por comodidade, portanto não há óbice a que, se a causa do processo for atribuída integralmente ao vencedor, ele seja condenado a pagar honorários ao advogado do vencido. Se o processo não deve causar dano a quem esteja disposto a satisfazer espontaneamente a pretensão trazida a juízo, não há sentido em tratar a sucumbência como um limite à aplicação do princípio da causalidade. Ademais, no plano técnico, a sucumbência é um fato, não um princípio, e como fato não pode excepcioná-lo" (*Honorários advocatícios no processo civil*. São Paulo: Saraiva, 2008. p. 40).

241 Vide item 4.3.3.3, *infra*.

3.3.2.2.2 Contrato Atípico

Conforme dito acima, quando diante de uma figura nova, o direito pode buscar enquadrá-la em contornos preexistentes ou admitir uma regulação própria. Entretanto, esta última requer que a figura já tenha sido bastante disseminada e utilizada, bem como certa experiência dos advogados e julgadores nacionais para que seja possível a criação de um regramento específico.[242] Enquanto isso não ocorre, é possível a celebração de contratos atípicos, com características individualizadas para cada caso.

Nesse sentido, é possível enquadrar o contrato de financiamento de litígios como um contrato atípico.[243] Com efeito, o art. 425 do Código Civil permite a celebração de contratos fora dos modelos previstos na lei, desde que sejam respeitadas as normas gerais estabelecidas no Código, notadamente os pressupostos e requisitos essenciais à validade dos contratos, as regras relativas às modalidades, transmissão, adimplemento e inadimplementos de obrigações e as normas de conduta (boa-fé).[244]

Diversamente dos contratos típicos, cuja constituição, salvo disposição em contrário, traz consigo a aplicação das normas legais que a compõem (ainda que tal aplicação seja supletiva, e não imperativa), nos contratos atípicos há necessidade de as partes estabelecerem com maior cautela o regramento de suas obrigações, uma vez que, na sua falta, não haverá regulamentação específica supletiva (ou, ainda, haverá apenas para algumas partes do contrato).[245]

[242] Sem prejuízo também de se intentar uma autorregulamentação pelo próprio setor, como ocorreu na Inglaterra, mas tal regramento não seria diante de um regramento cogente, aplicável a todo e qualquer financiamento de litígios.

[243] Nesse sentido, entende BERALDO, Leonardo de Faria. *Curso de arbitragem*: nos termos da Lei n.º 9.307/96, p. 148. Também assim se afirmou em direito estrangeiro: "Ainsi, même si le financement de l'arbitrage par un tiers pet présenter certaines analogies avec l'une ou l'autre de ces institutions, il nous semble qu'il constitue un phénomène autonome qui mérite d'être étudié pour lui-même afin d'en dégager les caracteristiques principales. [...] De manière générale, le financement par des tiers peu revêtir des formes très variées de sorte qu'il serait périlleux de tenter d'en déterminer la nature juridique de manière générale, chaque cas piuvant être différent du suivant" (PINSOLLE, Philippe. Le financement de l'arbitrage par les tiers, p. 386).

[244] GOMES, Orlando. *Contratos*, p. 125; LÔBO, Paulo. *Direito civil*: contratos, p. 99.

[245] PEREIRA, Caio Mário da Silva. *Instituições de direito civil*, v. 3, p. 52.

Enquanto contrato atípico, pode-se estabelecer o regramento que melhor se harmonize à vontade das partes (limitado, evidentemente, às normas gerais que regem os contratos e obrigações). Não obstante, há que se reconhecer a necessária presença de duas características essenciais do financiamento por terceiros.

Primeiramente, sendo seu objeto coisa futura, cujas existência e quantidade não há como conhecer no momento da celebração, o contrato será, por essência, aleatório. Sendo o financiamento de litígios uma forma de investimento, na qual o financiado compartilha o risco com o financiador, pode-se afirmar que o risco de a coisa não vir a existir é de ambos os contratantes.[246] Não obstante, em caso de perda, não poderá o financiado ser obrigado a devolver o valor adiantado pelo financiador (ou ainda tal contratação é possível, mas, nesse caso, não se estaria diante de financiamento por terceiros conforme entendido neste estudo).

Ainda, é indispensável que a remuneração do financiador esteja vinculada ao resultado da demanda. Como exposto, um dos traços diferenciadores do financiamento de litígios por terceiros e o empréstimo é o fato de que, naquele, o terceiro investe na demanda, sendo remunerado apenas no caso de sucesso; enquanto neste, o mutuante deve receber a devolução da quantia, acrescida dos juros remuneratórios, independentemente de o mutuário ter obtido sucesso financeiro em sua aplicação. Ainda, caso a remuneração não fosse vinculada ao resultado da demanda, não haveria verdadeiro compartilhamento de risco, característica essencial do financiamento por terceiros.

Presentes tais requisitos essenciais, o restante do contrato – percentual de remuneração, eventual controle do financiador sobre a estratégia, responsabilidade pela sucumbência, limite dos custos a serem desembolsados, forma de desembolso, hipóteses de rescisão (*v.g.*, caso o financiado altere a estratégia inicialmente proposta ou substitua o advogado), confidencialidade etc. – pode ser livremente acordado, desde que sejam respeitadas as normas gerais de obrigações e contratos.[247] Ainda, a forma de contratação

[246] Sendo este um dos motivos pelo qual entendemos que o acordo de financiamento se assemelha mais a um contrato de sociedade do que a um contrato bilateral sinalagmático.

[247] Interessante notar que, na Inglaterra, a Associação de Financiadores de Litígios (*Association of Litigation Funders – ALF*), na tentativa de se autorregular, evitando uma eventual regulação mais rígida pelo governo, expediu um Código de Conduta, que contém algumas regras sobre as disposições que os financiadores podem incluir em seus contratos referentes

pode ter impactos no processo, em especial se houver transferência do direito material subjacente para o financiador e caso o financiador exerça real controle sobre o litígio.

3.3.2.3 Contrato de Sociedade

Conforme exposto, por meio do financiamento de litígios por terceiros, financiado e financiador visam um objetivo comum, i.e., a obtenção de uma decisão favorável, compartilhando o risco de tal evento ocorrer. Nesse sentido, o financiamento por terceiros se aproximaria mais de um contrato de sociedade do que de um contrato bilateral sinalagmático, visto que as partes não possuem *interesses contrapostos*, e sim *interesses paralelos*.

Com efeito, essa é a forma adotada na Alemanha, onde a visão predominante entende o acordo de financiamento como uma "sociedade silenciosa atípica" (*atypiche stille Geselschaft bürgerlichen Rechts*), bem como em outros países, como a Holanda (em especial), que se utiliza de sociedades com propósito específico,[248] para quem são transferidos os direitos ou, ao menos, a legitimidade para litigar.

A constituição de uma sociedade em apartado para a qual os direitos devem ser transferidos é a forma usada pelo *Cartel Damage Claims*, financiador baseado na Bélgica especializado no financiamento de demandas

ao controle, hipóteses de rescisão etc. É verdade que tal Código de Conduta não é vinculante a todo e qualquer financiamento de litígios que ocorra na Inglaterra, aplicando-se apenas para os membros. Contudo, a ALF reúne sete dos maiores financiadores do mercado inglês – Burford Capital, Calunius Capital LLP, Harbour Litigation Funding Ltd, Redress Solutions PLC, Therium Capital Management Limited, Vannin Capital PCC e Woodsford Litigation Funding Limited (também era associado Argentum Capital Limited, mas, após investigações sobre determinadas práticas de uma de suas subsidiárias, Centaur Litigation SPC, a empresa retirou-se voluntariamente da associação) –, que, em conjunto, concentram a maior parte dos financiamentos em litígios. A perspectiva da associação é que o mercado tenda para a utilização dos financiadores profissionais vinculados à ALF, tendo em vista a proteção que o Código de Conduta traz aos litigantes.

[248] "[...] they rely on Special Purpose Vehicles (SPVs), which purchase or are assigned claims, which SPVs then prosecute in their own right. SPVs are legal entities created for a number of purposes, including the acquisition, financing, or both, of a project or the set up of an investment. They are usually used because they are free from preexisting obligations and debts, and are separate from the parties that set them up for tax and insolvency purposes. The assignment of claims to such SPVs, as well as their standing, has been endorsed by the Dutch and German courts" (VELJANOVSKI, Cento. Third-party litigation funding in Europe, p. 430).

coletivas, que promoveu, em 2005, o primeiro *third-party funding* em ações coletivas de que se tem notícia.[249] O financiador adquiriu as demandas de 36 companhias contra 6 fabricantes de cimento alemãs relativas à formação de cartel. No caso, o *Oberlandgericht* de Dusseldorf, confirmando decisão da 1.ª instância, entendeu que o financiador não possuía legitimidade ativa, visto que os contratos de cessão de direitos eram nulos por violarem a ordem pública (conforme § 138, BGB). Importante ressaltar, contudo, que a nulidade não decorria da própria cessão, mas sim do fato de o autor não ter demonstrado capacidade financeira para arcar com os custos da parte contrária caso viesse a sucumbir.[250] Em outro caso célebre, o *Cartel Damaged Claims,* por meio da Sociedade CDC Hydrogen Peroxide SA, ajuizou demanda em 2011 em Helsinki, Finlândia,[251] contra fabricantes de peróxido de hidrogênio, tendo obtido uma decisão favorável da Corte de Helsinki aprovando a legalidade da cessão dos direitos e determinando o prosseguimento da ação.[252]

Outros financiadores voltados para o investimento em litígios coletivos também constituem sociedades para financiar as demandas. É o caso da Omni Bridgeway, baseado na Holanda,[253] e Claims Funding Europe, sediado na Irlanda, este último atualmente promovendo, em Amsterdã,

[249] Caso n. 34 O (Kart) 147/05.

[250] "Com relação à cessão de créditos e transferência dos riscos do litígio, o *Bundesgerichthof* estabeleceu critérios para verificar a legalidade [...] tal cessão não pode ser usada para privar a parte adversa da possibilidade de reembolso ou pagamento dos custos do litígio" (Tradução livre. No original: "Hinsichtlich Forderungsabtretungen sowie Prozessführungsermächtigungen und hiervon ausgehenden Verlagerungen von Prozesskostenerstattungsrisiken hat der Bundesgerichtshof Maßstäbe aufgestellt, um eine den genannten Handlungen womöglich anhaftende Sittenwidrigkeit zu beurteilen. [...]. Indes dürfen Forderungsabtretungen wie auch Prozessführungsermächtigungen nicht dazu missbraucht werden, den Prozessgegner wie auch den Staat der Möglichkeit zu berauben, ihren Rechtsanspruch auf Erstattung oder Zahlung der Prozesskosten zu verwirklichen". *Oberlandesgericht Dusseldorf,* VI- U 3/14, j. 18.02.2015).

[251] Vide *press release* publicado em 04.07.2013. Disponível em: <http://www.carteldamageclaims.com/wordpress/wp-content/uploads/2014/02/130718-Press-release-judgment-Helsinki-District-Court_HP-Cartel_04-July-2013_website.pdf>.

[252] Vide *press release* publicado em 04.07.2013. Disponível em: <http://www.carteldamageclaims.com/wordpress/wp-content/uploads/2014/02/130718-Press-release-judgment-Helsinki-District-Court_HP-Cartel_04-July-2013_website.pdf>.

[253] Conforme Veljanovski: "Omni Bridgeway's group claims division also uses the SPV [Special Purpose Vehicle] approach for its two European cartel claims in the Netherlands-Air Cargo and Elevators. Both consist of dozens of participants and both are co-funded-the former with

uma demanda coletiva de indenização decorrente da atuação de um cartel de companhias aéreas, o que faz por meio de uma companhia constituída especificamente para este fim (Equilib Netherlands BV).[254]

Entre os possíveis tipos societários, aquele que mais se coaduna com o financiamento de litígio por terceiros seria a sociedade em conta de participação, estudada a seguir.

3.3.2.3.1 Sociedade em Conta de Participação

A Sociedade em Conta de Participação (SCP), regulada nos arts. 991 a 996 Código Civil (a sociedade já estava prevista no art. 325 do Código Comercial de 1850), é uma sociedade não personificada, que só produz efeitos entre seus sócios (não tendo consequências perante terceiros) (art. 993, CC), cuja constituição independe de qualquer formalidade (podendo inclusive ser verbal), inexistindo necessidade de registro (art. 992, CC) e dissolvendo-se pela simples prestação de contas (art. 996, CC).

Essa sociedade possui duas categorias de sócio: o *sócio ostensivo* (ou aparente), responsável pela operação, em nome próprio e por sua exclusiva responsabilidade, da atividade-fim da empresa (art. 991, CC); e o *sócio participante* (ou oculto), que fornece recursos ao ostensivo e, com isso, detém o direito de participar dos lucros (art. 991, CC).

O sócio participante não possui responsabilidade externa, de modo que, por via de regra, não poderá ser responsabilizado perante terceiros. A exceção ocorre nos casos em que o sócio participante atuar na relação do sócio ostensivo com terceiros, caso em que será responsável solidário (art. 993, parágrafo único, CC). A responsabilidade do sócio participante é, portanto, exclusivamente interna à sociedade, nos termos do que for negociado no contrato social. Ressalte-se, ainda, que, diante da liberdade

CFI, and the latter with Hausfeld. The Air Cargo claim has an estimated value of E200-300 million" (Third-party litigation funding in Europe, p. 430).

254 "Equilib Netherlands BV ('ENBV') is a Dutch incorporated company and a subsidiary of Claims Funding Europe Ltd ('CFE'). ENBV is a special purpose vehicle company to which victims of the air cargo cartel assign their rights. The advantage for assignors is that they do not need to become parties to the litigation which has many benefits. These benefits include not having to reveal their participation publicly, no liability for any adverse costs orders, and no involvement in any formal discovery process" (Disponível em: <http://claimsfundingeurope.eu/partner/>).

de contratação (art. 421, CC), os termos da participação nos lucros podem ser divididos livremente, podendo ser estabelecido, em regra, qualquer percentual ao sócio participante.

A sociedade em conta de participação já foi intitulada de "sociedade secreta" (sendo, na verdade, mais adequada classificá-la como "discreta"), pelo fato de que, diversamente de outros tipos societários, terceiros não necessariamente precisam saber de sua existência, não havendo necessidade de registro da sociedade. Não obstante, o simples fato de terceiros terem conhecimento de sua existência não a desnatura, tampouco traz qualquer consequência.[255] No que interessa ao presente estudo, a responsabilidade do sócio participante não sofre qualquer impacto pelo fato de terceiros terem conhecimento da constituição da SCP.[256]

Por fim, a SCP não possui capacidade negocial, sendo os negócios conduzidos pelo sócio ostensivo, tampouco pode demandar ou ser demandada em juízo, visto que o ostensivo é o titular individual dos direitos oriundos do exercício da atividade, sendo a sociedade apenas o acerto *interno* havido entre os sócios sobre a distribuição dos lucros e prejuízos.[257-258]

Entendidos os contornos, verifica-se que a sociedade em conta de participação conforma-se com precisão às necessidades do *third-party funding*. No caso, o financiado adotaria a posição de sócio ostensivo, mantendo-se titular do direito material e seguindo individualmente em sua relação perante a parte adversa. O financiador, por sua vez, sócio participante, forneceria os fundos à sociedade, não participando de qualquer forma

255 SCALZILLI, João Pedro; SPINELLI, Luis Felipe. *Sociedade em Conta de Participação*. São Paulo: Quartier Latin, 2014. p. 99.

256 "A condição do participante não se altera, mesmo que saibam os terceiros com quem o sócio ostensivo contratou acerca da existência da conta de participação. Isto por si só não desnatura a sociedade, permanecendo o sócio oculto sem responsabilidade externa. E o argumento de que eventual dívida surgiu *em proveito da sociedade*, ainda que o sócio oculto tenha *participado dos lucros* oriundos da SCP, não prospera, pois terceiros que contratam com o sócio ostensivo devem levar em consideração tão somente o seu patrimônio" (SCALZILLI, João Pedro; SPINELLI, Luis Felipe. *Sociedade em Conta de Participação*, p. 84).

257 Idem, p. 96.

258 Nesse sentido já decidiu o STJ: "Sociedade em conta de participação. Embargos de declaração. Dissolução. Nomeação de liquidante. Citação da sociedade constituída. Indenização. [...] 2. Não há falar em citação da sociedade em conta de participação, que não tem personalidade jurídica, nem existência perante terceiros" (REsp 474.704/PR, Rel. Min. Carlos Alberto Menezes Direito, 3.ª Turma, j. 17.12.2002, *DJ* 10.03.2003, p. 213).

da relação com a parte contrária, mas detendo o direito de receber um percentual da condenação, conforme o acerto interno da SCP.

As vantagens de se adotar essa forma são evidentes. Primeiramente, a titularidade do direito material continua integralmente do financiado e, portanto, não pode ser instado a integrar a lide, tampouco se responsabilizar por eventual sucumbência, visto que a responsabilidade perante terceiros é exclusivamente do sócio ostensivo (art. 991, CC), nesse caso, o financiado.

Nada impede que os sócios estabeleçam a responsabilidade do terceiro por eventual sucumbência, mas tal arranjo teria efeito apenas interno, exclusivamente *inter partes*, não podendo tal previsão ser utilizada pela parte adversa no processo para buscar que o financiador pague diretamente a sucumbência.

Ademais, ainda que a existência da SCP seja revelada ao Tribunal, nenhuma consequência haverá para o processo, não sendo possível integrar o financiador ou responsabilizá-lo de qualquer forma.

Portanto, a sociedade em conta de participação parece ser a figura no direito brasileiro que mais se coaduna com o financiamento de litígios por terceiros.

3.4 Conclusões Parciais

Como exposto, o financiamento de litígios por terceiros pode ocorrer de diversas maneiras: pelo próprio advogado (por meio de honorários de êxito), por investidores (entendido neste estudo como financiamento "típico"), mediante a aquisição de valores mobiliários (tanto da própria empresa litigante quanto do financiador), sendo possível observar também, mesmo que de forma menos corriqueira, o financiamento de réus não reconvintes e do próprio escritório de advocacia.

Tomando como objeto de análise o financiamento "típico", buscou-se investigar qual seria o enquadramento jurídico do acordo no direito brasileiro. Conforme exposto no início deste capítulo, quando diante de uma figura nova, o direito pode buscar encaixá-la em contornos preexistentes ou admitir uma regulação própria.

Quanto ao primeiro, viu-se que poucas são as figuras do direito brasileiro que se amoldam às necessidades e características específicas do financiamento de litígios por terceiros. Entendendo-se o acordo como um contrato bilateral sinalagmático, a figura típica que mais se harmoniza com o financiamento por terceiros seria a cessão de crédito, na medida em que transfere apenas o direito ao recebimento de determinado valor, mas não a obrigação subjacente. É possível, ainda, enquadrar o contrato de financiamento como atípico, caso em que suas regras poderiam ser livremente estabelecidas (desde que respeitadas as normas gerais do direito das obrigações e dos contratos). Como visto, essa é a posição dominante no direito francês, que entende o contrato de financiamento como *sui generis*. Nessa hipótese, contudo, dois requisitos essenciais devem estar presentes, sem o que não haveria verdadeiro financiamento por terceiros: o contrato deve ser aleatório e a remuneração do financiador deve estar condicionada ao sucesso da demanda.

Em contrapartida, entendendo-se que o acordo de financiamento aproxima-se mais de um contrato de sociedade, o tipo societário mais adequado no direito brasileiro seria a sociedade em conta de participação, na qual o sócio participante fornece fundos para a atividade-fim, sem, contudo, exercê-la ele mesmo, o que fica a cargo do sócio ostensivo, em nome próprio e por sua exclusiva responsabilidade. O sócio participante, assim, não possui qualquer responsabilidade perante terceiros, mas detém o direito de participação nos lucros decorrentes do exercício da atividade pelo sócio ostensivo. Como se verificou, essa última também é a visão predominante do direito alemão.

A figura de direito material utilizada é relevante, possuindo reflexos para o processo. Em especial, é importante que o terceiro não se torne titular do direito material subjacente, discutido no processo, caso em que se tornaria *parte substancial*, detentora de uma *situação legitimante* que pode levar à sua integração ao processo (o que não é desejado no financiamento por terceiros) e uma possível responsabilização por custos de sucumbência.

4. Posição do Financiador no Processo

4.1 Conceito de Parte e de Terceiro

A conceituação exata de "parte" é um dos grandes problemas da teoria geral do processo, ainda não resolvido. De fato, já se apontou que o termo é essencialmente polissêmico, não sendo possível o alcance de um sentido único e preciso nos textos legais.[259] A confusão é decorrente da utilização do vocábulo *parte* para se referir a contextos diversos: parte no *sentido substancial* e parte no *sentido processual*.[260]

Por *parte substancial* (ou parte em sentido material)[261] compreende-se o titular do direito material discutido, i.e., o "sujeito da lide",[262] enquanto a *parte processual* (ou formal) é o participante do processo, o "sujeito da ação".[263] As partes *substancial e processual* geralmente, mas não sempre, serão coincidentes. Pense-se, por exemplo, no substituto processual (art. 18, CPC/2015), que defende, em nome próprio, direito alheio (i.e., é parte processual, mas não é titular do direito material).

[259] PROTO PISANI, Andrea. Parte (dir. proc. civ.). *Enciclopedia del diritto*. Milano: Giuffrè, 1980. v. XXI, p. 920-922.

[260] "L'espressione 'parte' assume nel codice significati diversi. A volte (ad eds. negli artt. 28, 29 e 102) ci si riferisce ai soggetti del rapporto sostanziale dedotto in giudizio. In questi casi si suole parlare di *parte in senso sostanziale*. Altre volte (ad es. begli artt. 38, co. 2; 40, co. 2; 41; 52 e 96), ci si riferisce, invece, ai soggetti, diversi dal giducie e dai suoi ausiliari, che compiono o ricevono gli atti processuali e possono essere anche destinatari dei provvedimenti del giudice. Si parla, a questo proposito, di *parte in senso processuale*, nozione che è interna al processo e non necessariamente correlata alla titolarità del rapporto giuridico sostanziale" (PICARDI, Nicola. *Manuale del processo civile*. 2. ed. Milano: Giuffrè, 2010. p. 139)

[261] MARQUES, José Frederico. *Manual de direito processual civil*. 5. ed. São Paulo: Saraiva, 1977. p. 174.

[262] CARNELUTTI, Francesco. *Diritto e processo*. Napoli: Morano, 1958. p. 92.

[263] Idem, ibidem.

A definição clássica de Chiovenda, buscando uma conceituação autônoma para a ciência processual, considera parte "aquêle que demanda em seu próprio nome (ou em cujo nome é demandada, a atuação duma vontade da lei, e aquêle em face de quem esta atuação é demandada".[264] A concepção chiovendiana é, portanto, "pura", no sentido de que decorre simplesmente da relação processual, e não da relação de direito material objeto da controvérsia.[265] Tal conceituação foi objeto de críticas por parte da doutrina brasileira, que, igualmente buscando desenvolver uma concepção "pura" (i.e., processual), seguindo lição de Liebman,[266] entende o conceito chiovendiano como insuficiente para resolver o problema, o qual é mais bem compreendido pela ideia de "sujeitos do contraditório". São, assim, partes todos os sujeitos do contraditório instituídos perante o juiz, titulares de faculdades, ônus, poderes e deveres,[267] ou seja, todo aquele que participa do processo, incluindo-se, além do autor e réu, também aqueles que intervierem defendendo direito próprio ou figurarem como titulares das diversas posições ativas e passivas da relação jurídica processual (faculdades, ônus, poderes e deveres).[268]

Para os defensores da conceituação pura de parte, a identificação do titular do direito material adquire pouca relevância. Com efeito, José Rogério Cruz e Tucci aponta que "[...] a identificação de parte em senso substancial, como sujeito da lide, é de todo espúria ao sistema de direito processual civil. A denominada parte em sentido substancial, quando não guarda coincidência com a parte que atua no processo, é apenas um terceiro."[269]

[264] CHIOVENDA, Giuseppe. *Instituições de direito processual civil.* Tradução de J. Guimarães Menegale e notas de Enrico Tullio Liebman. São Paulo: Saraiva, 1965. v. 2, p. 234.

[265] MONACCIANI, Luigi. *Azione e legitimazione.* Milano: Giuffrè, 1951. p. 244: "Si desume pure della formula chiovendiana che parte è il soggetto del processo, in avanto mero processo, e non del 'rapporto sostanziale che à oggetto di controvérsia'". No Brasil, seguindo a ideia chiovendiana e defendendo ser esse o entendimento dominante: BUENO, Cassio Scarpinella. Amicus curiae *no processo civil brasileiro*: um terceiro enigmático. 3. ed. São Paulo: Saraiva, 2012. p. 344-345.

[266] LIEBMAN, Enrico Tullio. *Manuale di diritto processuale civile,* l. 6. ed. Milano: Giuffrè, 2002. p. 86.

[267] DINAMARCO, Cândido Rangel. *Litisconsórcio.* 8. ed. São Paulo: Malheiros, 2009. p. 22-25.

[268] CRUZ E TUCCI, José Rogério. *Limites subjetivos da eficácia da sentença e da coisa julgada civil.* São Paulo: RT, 2006. p. 33-34.

[269] Idem, p. 35.

Não obstante tais críticas, parece útil ir além da ideia de que as partes são apenas os "sujeitos do contraditório"[270] e realizar a distinção entre partes *substanciais* e *processuais*,[271] sob risco de o conceito ser demasiadamente abrangente, entendendo-se como partes sujeitos que não formulam qualquer pretensão em juízo e não se sujeitam à coisa julgada, como o assistente simples, o Ministério Público em sua atuação como *custos legis* (que não deduz pretensão, mas apenas opina visando à correta aplicação da lei),[272] e o *amicus curiae*.[273] Assim, tal classificação, em nosso entender, colabora para a melhor compreensão e, consequentemente, melhor precisão na utilização do conceito de parte.

"Terceiro", por sua vez, é um conceito negativo. É terceiro aquele que não é parte. Contudo, sendo o terceiro – em sentido processual (i.e., aquele não formula pretensão em juízo ou tem, contra si, pretensão formulada) – titular de um direito material discutido em determinada demanda – ou seja, parte em sentido material – detém ele interesse jurídico, possibilitando seu ingresso na lide, o que, quando ocorrer, seja coata ou voluntariamente, tornar-lhe-á parte processual. Ganha relevância, nesse sentido, a ideia das *situações legitimantes*, posições jurídicas que se relacionam com a pretensão deduzida em juízo de modo a autorizar a intervenção.[274]

[270] Conforme Dinamarco, seguindo as lições de Liebman (DINAMARCO, Cândido Rangel. *Intervenção de terceiros*. 4. ed. São Paulo: Malheiros, 2006. p. 16).

[271] Digna de nota também a posição de Garbagnati, que identifica não apenas dois, mas três sentidos de "parte" no Código de Processo Civil italiano: (a) sujeitos dos atos processuais praticados em juízo; (b) destinatários dos efeitos jurídicos no plano do processo; e (c) destinatários dos efeitos jurídicos no plano material (GARBAGNATI, Edoardo. *La sostituzione processuale*. Milano: Giuffrè, 1943. p. 249 e ss.).

[272] Nesse sentido, BENEDUZI, Renato Resende. *Comentários ao Código de Processo Civil*, p. 391. Também RECENA COSTA, Guilherme. *Partes e terceiros na arbitragem*. 2015. Tese (Doutorado) – Universidade de São Paulo, São Paulo, p. 54-64).

[273] Vide Renato Beneduzi, entendendo que o *amicus curiae* integra o processo, mas não se torna parte, visto que não demanda contra ele nem é demandado. Assim, o *amicus curiae* não se vincula à coisa julgada material, não tendo a lei excepcionado, para ele, a regra de que "a sentença faz coisa julgada às partes entre as quais é dada, não prejudicando terceiros" (art. 506, CPC/2015) (*Comentários ao Código de Processo Civil*, p. 272).

[274] Nesse sentido, leciona Barbosa Moreira que: "A cada uma das partes, no modelo legal, corresponde, em princípio, uma situação legitimante. Há, assim, necessariamente, uma situação legitimante ativa que corresponde ao autor, e uma situação legitimante passiva, que corresponde ao réu, além de outras eventuais situações legitimantes, que correspondem aos diversos possíveis intervenientes. [...] Denomina-se *legimitação* a coincidência entre a situação jurídica de uma pessoa, tal como resulta da postulação formulada perante o órgão judicial,

Assim, antes de refletir ideias inconciliáveis, parece ser possível (e útil) fazer a distinção entre a *parte processual* e *parte substancial*, sendo a primeira o sujeito do contraditório que formula pretensão ou tem, contra si, pretensão formulada, enquanto o último seria o titular de direito no plano material. Haverá casos em que os sujeitos (*parte processual* e *parte substancial*) não coincidirão, podendo existir, em tais casos, se a lei assim previr,[275] uma situação legitimante que autorize a intervenção do titular do direito material no processo *inter alios*.

São, portanto, terceiros (interessados, categoria que interessa para o presente estudo) aqueles que detêm determinado interesse jurídico, abarcado por uma situação legitimante que o autorize a ingressar, de modo coato ou voluntário, na lide *inter alios*. A posição do terceiro é analisada antes de sua intervenção,[276] visto que, após ingressar no processo, torna-se parte (em sentido processual), salvo exceções em que o interveniente não formula pretensão ou não tem, contra si, pedido formulado (como os casos de assistência simples e intervenção do Ministério Público como *custos legis*). Se não houver autorização legal para seu ingresso no processo, o sujeito seguirá sendo tão somente terceiro e, em determinados casos, *parte substancial*, sujeito aos efeitos da decisão no plano do direito material, mas não aos efeitos puramente processuais (*v.g.*, o acionista que não participou do processo para anulação de decisão assemblear, que sofre os efeitos da desconstituição do título, mas não estará sujeito à coisa julgada).[277]

e a situação legitimante prevista na lei para a posição processual que a essa pessoa se atribui ou que ela mesma pretende assumir" (BARBOSA MOREIRA, José Carlos. Apontamentos para um estudo sistemático da legitimação extraordinária. *Direito processual civil*: ensaios e pareceres. Rio de Janeiro: Forense, 1971. p. 58-59.)
Ver também DINAMARCO, Cândido Rangel. *Intervenção de terceiros*, p. 23-24.

[275] Idem, ibidem.

[276] BUENO, Cassio Scarpinella. *Partes e terceiros no processo civil brasileiro*. São Paulo: Saraiva, 2006. p. 4, afirmando que: "[...] os terceiros que interessam ao processo civil são aqueles que, em alguma medida, podem (ou devem) agir em juízo, mas que, por qualquer motivo, *ainda* não 'integram o contraditório' [...] O que me interessa mais de perto para distinguir os 'terceiros' das 'partes', pois, é o momento imediatamente anterior à sua intervenção [...] é importante verificar *nesse instante* quem é parte e quem é terceiro, porque é *nesse instante* que releva verificar quem *pode* ou quem *deve* intervir na qualidade de *terceiro juridicamente interessado*".

[277] Essa afirmação não vem sem críticas. O exemplo é bastante discutido na doutrina processual, tanto brasileira quanto estrangeira, que busca conciliar o fato de que a decisão judicial faz coisa julgada apenas às partes do processo com a impossibilidade de o título (deliberação assemblear), caso seja desconstituído pela sentença, continuar existente para aqueles que não

4.2 Partes e Terceiros na Arbitragem

A distinção de *parte substancial* e *parte processual* adquire contornos ainda mais relevantes ao se tratar de arbitragem, em que se faz a distinção entre *partes na convenção arbitral* e *partes no processo arbitral*.

Com efeito, como será visto adiante, é possível que um sujeito seja parte da convenção de arbitragem, mas não do processo (o que a doutrina[278] convencionou denominar de *terceiro imperfeito*), bem como que não seja parte da convenção nem da arbitragem (*terceiro absoluto*), condições estas que terão efeito para a verificação da possibilidade de intervenção do terceiro, seja de modo voluntário, seja de modo coato.

Para o estudo do tema, faz-se necessária uma melhor compreensão de duas premissas: a natureza da arbitragem e a existência de limites à autonomia da vontade.

4.2.1 Natureza Contratual ou Jurisdicional da Arbitragem

Muito já se discutiu a respeito da natureza jurídica da arbitragem, opondo-se uma corrente privatista (contratualista) a outra publicista (jurisdicionalista).[279] Ao fim, no Brasil, o debate encerrou apontando-se para sua natureza mista ou *sui generis*,[280] uma vez que tem origem na autonomia da vontade das partes, mas, sob um ponto de vista funcional, serve à resolução imperativa de conflitos, equivalendo, em certa medida, ao resultado produzido pela atuação jurisdicional do Estado.[281] Em verdade, a arbitragem

participaram da demanda. Por todos, ver CRUZ E TUCCI, José Rogério. *Limites subjetivos da eficácia da sentença e da coisa julgada civil*, em especial p. 245-259.

278 Em especial, Giuseppe Ruffini (*L'intervento nel giudizio arbitrale*. Rivista dell'Arbitrato, n. 4, p. 647-671, 1995) e Alexis Mourre (*L'intervention des tiers à l'arbitrage*. Les Cahiers de l'Arbitrage, n. 100, p. 104, 2002).

279 Por todas as correntes, v. BONATO, Giovanni. *La natura e gli effeti del lodo arbitrale*: studio di diritto italiano e comparato. Napoli: Jovene, 2012. p. 78-83. No direito brasileiro, ver o recente estudo de Rodrigo Tellechea, fazendo uma extensiva análise das posições da doutrina pátria (*Arbitragem nas Sociedades Anônimas*: direitos individuais e princípio majoritário. São Paulo: Quartier Latin, 2016. p. 326-332.)

280 GUERREIRO, José Alexandre Tavares. *Fundamentos da Arbitragem Comercial Internacional*. São Paulo: Saraiva, 1989. p. 87-88.

281 Não iremos nos alongar nessa discussão, que hoje parece inócua e sem muitos efeitos práticos. A questão, na verdade, parece se centrar na definição de "jurisdição", sendo que a adoção

é um "equivalente jurisdicional", evitando assim nos perdermos no debate sobre o conceito de "jurisdição", uma vez que, ao fim e ao cabo, o escopo dessa discussão é atribuir efeitos jurisdicionais à decisão proferida pelos árbitros, o que nos parece correto.[282]

No Brasil, o instituto já era previsto nas Ordenações Filipinas, na Constituição de 1824, no Regulamento 737 e no Código Comercial de 1850, este último estabelecendo a arbitragem como obrigatória em litígios entre quotistas de sociedades mercantis (art. 294). Tais dispositivos foram, contudo, suprimidos em 1866, caindo a arbitragem no esquecimento na experiência jurídica nacional. O Código Civil de 1916 (arts. 1.037 a 1.048) e os Códigos de Processo de Civil de 1939 (arts. 1.031 a 1.046) e 1973 (arts. 1.072 a 1.102) continham previsões problemáticas acerca do instituto, dificultando seu desenvolvimento entre meados do século XIX e final do XX. Primeiro, exigia-se a homologação do laudo, ocasião em que o juiz podia reanalisar o mérito e considerar nula a decisão que violasse "direito expresso" (art. 1.045, IV, CPC/1939). Ademais, a cláusula compromissória era vista como um mero pré-contrato, cujo não cumprimento (i.e., a recusa a submeter-se a um tribunal arbitral) ensejava perdas e danos, não sendo garantida à parte proponente da arbitragem uma ação judicial substitutiva da vontade da parte, hoje prevista no art. 7.º da Lei de Arbitragem Brasileira (LAB).[283]

Com a edição da LAB (Lei n.º 9.307/1996), a decisão proferida pelos árbitros ganhou força de título executivo judicial (art. 31), sendo dispensada sua homologação. Tal fato arrefeceu os debates em torno da natureza jurídica que, como apontado, objetivavam atribuir efeitos jurisdicionais à decisão dos árbitros. Admitindo-se efeitos jurisdicionais ao laudo arbitral

de uma conceituação mais abrangente, como atividade de aplicação do direito na composição de interesses contrapostos, abarcaria a arbitragem, enquanto uma visão restritiva apontaria para o monopólio do uso da força pelo Estado como motivo para negar à arbitragem um caráter jurisdicional. Flávio Yarshell, ao comentar o controle judicial sobre a sentença arbitral, revela que a arbitragem seria um "equivalente jurisdicional", o que nos parece pôr fim à discussão, já que a relevância da distinção está nos efeitos que a caracterização de uma ou outra natureza geraria para a decisão dos árbitros (YARSHELL, Flávio Luiz. *Tutela jurisdicional.* 2. ed. São Paulo: DPJ, 2006. p. 137. O ponto também foi indicado em doutrina estrangeira, v. OPPETIT, Bruno. *Théorie de l'arbitrage.* Paris: PUF, 1998. p. 77-81).

[282] Destacando esse viés eminentemente acadêmico e de pouca utilidade prática da discussão, CARMONA, Carlos Alberto. *Arbitragem e processo*: um comentário à Lei n.º 9.307/96. 3. ed. São Paulo: Atlas, 2009. p. 27.

[283] CARMONA, Carlos Alberto. *Arbitragem e processo*, p. 154-155.

(agora efetivamente uma "sentença arbitral"), pode-se imaginar que a decisão dos árbitros, tal qual a do juiz estatal, venha a afetar o direito de terceiro não signatário da convenção de arbitragem (ou mesmo signatário da convenção) e que não participou do processo. Assim, a questão que resta é: seria possível permitir a terceiros que eventualmente venham a sofrer os efeitos daquela sentença a possibilidade de ingressar no processo? Ou estaria ele barrado pela autonomia da vontade e o efeito relativo da convenção de arbitragem?

4.2.2 Limites à Autonomia da Vontade

Tal questionamento remete-nos à segunda premissa para a discussão do tema de intervenção de terceiros em arbitragem. Não se nega que o núcleo da arbitragem está na vontade das partes, que livremente expressam seu consentimento de renunciar à jurisdição estatal e submeter determinadas controvérsias a um tribunal privado. Contudo, as partes e a sua autonomia encontram limites. A pergunta, pois, é: quais os limites da autonomia da vontade, afora a obediência aos bons costumes e à ordem pública?

No campo da arbitragem, a autonomia das partes é vista de modo amplo, como o poder reconhecido à vontade dos particulares de regularem, eles próprios, as condições e modalidades de seus vínculos e de decidir, por si sós, a matéria e a extensão de suas convenções. Assim, podem dois sujeitos celebrar convenção de arbitragem em prejuízo do direito de terceiro que, por não estar vinculado à cláusula, não poderia defender seus interesses no processo arbitral? De outro modo, dois sujeitos de uma relação plurilateral possuem a liberdade para estabelecer um procedimento bilateral independentemente do caráter plurissubjetivo da relação jurídica material subjacente?

Em um primeiro momento, limites óbvios à autonomia das partes são colocados pela lei que governa a validade da arbitragem (*lex arbitri*), normalmente a lei da sua sede.[284] Haverá determinados aspectos que as partes não poderão, sequer consentindo, modificar ou excluir. No Brasil, é possível

[284] Tratando-se de arbitragens internacionais, o art. V(1)(a) da Convenção de Nova Iorque estabelece, como regra geral, que a *lex arbitri* será a lei da sede, a menos que as partes escolham outra. Há defensores, contudo, da ideia transnacional da arbitragem, de modo que a lei da sede não influiria em absoluto no desenvolvimento do procedimento. Sobre o tema, ver GAILLARD, Emmanuel. *Aspects philosophiques du droit de l'arbitrage international.* Haia: ADI--Poche, 2008. sobretudo p. 60-100. Em sentido contrário, PARK, William. Lex loci arbitri

citar os princípios do contraditório, igualdade das partes, imparcialidade do árbitro e seu livre convencimento (art. 21, § 1.º, LAB). Desrespeito a tais ditames levaria à nulidade da sentença (art. 32, VIII, LAB). Limites adicionais podem ser impostos pelas regras institucionais adotadas pelas partes. Logo, as partes não poderiam pactuar convenção de arbitragem elegendo a CCI, mas derrogando a possibilidade de exame prévio da sentença pela Corte Internacional de Arbitragem (art. 33 do Regulamento da CCI).[285]

Fora essas hipóteses, contudo, a autonomia da vontade e a relatividade dos contratos permitiriam que dois sujeitos (*v.g.*, proprietário e locatário) pactuassem uma convenção de arbitragem entre si, a prejuízo do direito de terceiro (*v.g.*, sublocatário), que não poderia então defender seus direitos no processo arbitral, apesar de que a sentença ali proferida certamente lhe afetaria?

Há vozes que responderiam de forma positiva a esse questionamento. Para essa corrente, a cláusula compromissória seria uma renúncia ao direito de submeter o litígio à justiça estatal e, como renúncia, deve ser interpretada restritivamente,[286] pois os limites da jurisdição arbitral seriam os exatos limites da convenção. Outra corrente, que este autor entende mais correta, dá resposta negativa à pergunta formulada *supra*, uma vez que

and international commercial arbitration. *The International and Comparative Law Quarterly*, Cambridge, v. 32, n. 1, p. 21-52, 1983.
O Superior Tribunal de Justiça, em recente decisão (SEC n.º 5.692), homologou sentença arbitral estrangeira, proferida em Nova Iorque, que não possuía fundamentação. O art. 26, II, da Lei n.º 9.307/1996 coloca a existência de fundamentação como requisito essencial da sentença, contudo inexiste semelhante previsão no Federal Arbitration Act ou na Lei de Nova Iorque. A decisão mostra que nossas cortes se aproximam da corrente que defende a *lex loci arbitri*.

[285] PRYLES, Michael. Limits to party autonomy in arbitral procedure. *Journal of International Arbitration*, Alphen aan den Rijn: Kluwer Law International, v. 24, p. 330, 2007.

[286] THEODORO JÚNIOR, Humberto. Arbitragem e terceiros – litisconsórcio fora do pacto arbitral – outras intervenções. In: MARTINS, Pedro Batista; GARCEZ, José Maria Rossani (Coord.). *Reflexões sobre arbitragem*. São Paulo: LTr, 2002. p. 246. Defendendo a tese contrária, Jacob Dollinger e Carmen Tibúrcio apontam que esse entendimento é fundado na noção de que a resolução do litígio fora dos tribunais estatais seria uma exceção, ou seja, na ideia de que a arbitragem seria meio *alternativo* de solução de controvérsias (*Direito internacional privado*: arbitragem comercial internacional. Rio de Janeiro: Renovar, 2003. p. 123). Contudo, é notável que a arbitragem vem deixando seu papel secundário e se tornando, sobretudo no comércio internacional, o modo principal de resolução de conflitos, motivo que levou à afirmação de que "o árbitro é o juiz natural do comércio internacional" (GAILLARD, Emmanuel. L'ordre juridique arbitral: réalité, utilité et spécificité. *McGill Law Journal*, n. 55, p. 898, 2010).

porque o objetivo de qualquer mecanismo de solução de controvérsias é dar efetividade aos direitos e deveres das partes em determinada relação jurídica.[287] O processo é, por natureza, instrumental ao direito material.[288]

Stavros Brekoulakis, em monografia dedicada ao tema, diferencia dois aspectos da autonomia da vontade: material e processual. O doutrinador afirma que, em casos envolvendo pluralidade de partes, é possível que um grupo detentor de direitos substantivos seja maior do que aquele submetido à arbitragem. Em tese, as partes poderiam celebrar convenções com escopo subjetivo menor do que a rede de direitos substantivos existente. Tal discrepância artificial seria possível pela existência da autonomia da vontade em seu aspecto processual. A questão que se coloca, contudo, é: quais os limites dessa autonomia processual? Seguindo a teoria de Brekoulakis, em resposta a esse questionamento, seria vedado aos sujeitos limitar o escopo subjetivo da arbitragem se isso viesse a ferir o direito de terceiros.[289]

Entre nós, chega ao mesmo resultado Pedro Batista Martins, sustentando que o exercício da jurisdição é a finalidade da cláusula compromissória. O doutrinador, contudo, percorre caminho diverso, fundamentando sua conclusão na função social do contrato e na solidariedade que hoje embasa as relações interpessoais.[290] De qualquer forma, por uma ou outra teoria, tem-se que a autonomia das partes encontra limites na relação jurídica subjacente, não sendo permitido a duas ou mais partes pactuar convenção de arbitragem em prejuízo de terceiro ligado juridicamente à relação substantiva.

4.2.3 Conceito de Partes e Terceiros em Arbitragem

Aqui se torna relevante a distinção entre *parte substancial* e *parte processual*, exposta anteriormente (item 4.1). Como se disse, o procedimento arbitral

[287] BREKOULAKIS, Stavros. The Relevance of the Interests of Third Parties in Arbitration. In: CARBONNEAU, Thomas E.; SINOPLE, Angelica M. *Building the Civilization of Arbitration.* London: Wildy, Simmonds and Hill, 2010. p. 297.

[288] DINAMARCO, Cândido Rangel. *A instrumentalidade do processo.* 12. ed. São Paulo: Malheiros, 2005. p. 22-26.

[289] BREKOULAKIS, Stavros. *Third Parties in International Commercial Arbtiration.* New York: Oxford University Press, 2010. p. 201-212.

[290] MARTINS, Pedro Batista. Arbitragem e intervenção voluntária de terceiros: uma proposta. *Revista de Arbitragem e Mediação*, v. 33, p. 251, abr. 2012.

nasce de um acordo de vontades, expresso na convenção de arbitragem. Há, assim, duas situações diversas a se considerar: (i) pode alguém ser parte ou não da convenção; e (ii) pode alguém ser parte ou não no processo. Se a pessoa é parte na convenção, mas não no processo (i.e., é *parte substancial*, mas não *parte processual*), diz-se ser ela um terceiro "imperfeito", haja vista que é terceiro sob o aspecto processual, mas não em relação ao negócio jurídico que embasa a arbitragem. Se não é parte na convenção nem no processo, denomina-se terceiro "absoluto".[291]

4.2.4 Tratamento do Tema nos Ordenamentos Estrangeiros

Inexistindo solução proposta pelo ordenamento jurídico brasileiro, faz-se necessária, ou ao menos produtiva, uma investigação comparativa do tema nos sistemas estrangeiros. No tocante à intervenção de terceiros em processos arbitrais, o estudo de dois sistemas jurídicos mostra-se mais relevante: o italiano e o francês. Os ordenamentos belga (art. 1.709 do *Code Judiciaire*), suíço (art. 376 do *Code de Procédure Civile*), português (art. 36 da Lei da Arbitragem Voluntária) e holandês (art. 1.045 do CPC holandês) também possuem previsões a respeito. No entanto, pela forte influência histórica exercida pela Itália e França no direito brasileiro, e por utilizarem caminhos diversos para tratar o mesmo problema (uma vez que o direito francês, ao contrário do italiano, não prevê expressamente essa possibilidade), focaremos nossa atenção nesses dois.

O ordenamento italiano, no que tange à arbitragem, sofreu recentes modificações. Primeiramente, em 2003, foi editado o *Decreto Legislativo 17 gennaio 2003, n. 5,* que instaurou regramentos específicos para as arbitragens societárias. Três anos depois, foi promulgado o *Decreto Legislativo 2 febbraio 2006, n. 40,* que reformou dispositivos do Código de Processo Civil italiano, especialmente no que concerne à intervenção de terceiros

[291] Na doutrina brasileira, v. MAZZONETTO, Nathalia. *Partes e terceiros na arbitragem*. 2012. Dissertação (Mestrado) – Universidade de São Paulo, São Paulo, p. 170-186; BERALDO, Leonardo de Faria. *Curso de arbitragem*: nos termos da Lei n.º 9.307/96, p. 351-358. Na estrangeira, v. RUFFINI, Giuseppe. *L'intervento nel giudizio arbitrale*, pp. 661-663; MOURRE, Alexis. *L'intervention des tiers à l'arbitrage*, p. 104; NOUGEIN, Henri-Jacques; DUPEYRÉ, Romain. *Règles et pratiques du droit français de l'arbitrage.* Paris: Gazzete du Palais, 2012. p. 144-150. Fazendo essa diferenciação, ainda que não utilizando tais termos: PUNZI, Carmine. *Disegno Sistematico dell'Arbitrato.* Padova: Cedam, 2012. p. 118-130.

em arbitragens ditas "comuns", notadamente a intervenção voluntária e o chamamento ao processo (*chiamata in arbitrato,* similar ao *chiamato in causa*).[292-293]

Antes das modificações legislativas, a doutrina dividia-se tanto em relação à possibilidade de intervenção quanto à constituição do tribunal arbitral em casos de ingresso ulterior. A posição tradicional era no sentido de excluir a possibilidade de intervenção em processos arbitrais em razão da natureza voluntária da arbitragem e da necessidade de salvaguarda do *spatium deliberandi* do árbitro.[294] Durante os debates para a reforma, muito se discutiu a respeito da nomeação dos árbitros em controvérsias envolvendo pluralidade de partes, sendo consenso que a igualdade das partes na composição do tribunal seria um valor essencial que deveria sempre ser respeitado (preocupação que se tornou célebre, em âmbito global, com o caso Dutco).[295]

A sistemática adotada pelo legislador italiano, ao final, diferencia, ainda que não nesses termos, situações em que se está diante de terceiro imperfeito ou absoluto. Em verdade, ainda antes da reforma havia quem defendesse a possibilidade de intervenção, chamada ou integração ao contraditório de sujeito vinculado à convenção de arbitragem, pois não se poderia admitir que a decisão do árbitro atingisse sua esfera jurídica sem que lhe tenha sido dada a oportunidade de se defender devidamente.[296] Seu ingresso estava condicionado, contudo, ao respeito da paritária participação na constituição do tribunal e na salvaguarda do direito do árbitro de ter garantido o *spatium deliberandi,* que poderia ser modificado na intervenção inovativa.[297]

No tocante aos terceiros imperfeitos, o atual art. 816-*quater,* § 1.º, do CPC italiano prevê que, havendo uma pluralidade de sujeitos ligados à

[292] A respeito da proximidade entre chamamento ao processo do direito brasileiro e a *chiamata in causa* do direito italiano, ver DINAMARCO, Cândido Rangel. *Intervenção de terceiros,* p. 154-155.

[293] O Código também trata, no art. 816-*quinquies,* § 3.º, e art. 816-*sexies,* da sucessão. Contudo, sendo essa uma hipótese de transmissão da cláusula, e não verdadeiramente intervenção de terceiros, deixaremos de expor a respeito.

[294] GRADI, Marco. L'intervento volontario e la chiamata in causa dei terzi nel processo arbitrale. *Rivista dell'Arbitrato,* p. 284, 2010.

[295] Cour de Cassation, Chambre civile, 7 janvier 1992, pourvoi n.º 89-18.726, Bull. 1992, I, n.º 2.

[296] RUFFINI, Giuseppe. L'intervento nel giudizio arbitrale, em especial pp. 661 e ss.

[297] PUNZI, Carmine. *Disegno Sistematico dell'Arbitrato,* p. 119.

convenção, qualquer um deles pode mover demanda contra qualquer outro, sem que haja necessidade da presença de todos. Ademais, qualquer das partes da convenção poderá ser chamada a ingressar no processo, sem que a isso possa se opor ao chamado, às demais partes, ou aos árbitros, que já teriam implicitamente consentido com essa situação no momento em que aceitaram o encargo com base em uma convenção com pluralidade de partes.[298] É indispensável, contudo, que seja respeitado o direito de igualdade na constituição do tribunal.

Diante desse problema, o legislador italiano, no que tange à arbitragem societária, optou por privilegiar a eficácia desse modo de solução de controvérsias sobre o direito à nomeação do árbitro.[299] Assim, como condição de validade da cláusula compromissória, deve ela prever uma autoridade nomeadora, que será responsável por determinar todos os árbitros do tribunal (art. 34 da Lei n.º 5/2003).

Não há previsão semelhante para as arbitragens comuns, de modo que ou o ingresso do terceiro se dá antes da composição do tribunal, não se colocando o problema, ou, se em momento posterior, vislumbram-se duas possibilidades. Se sua presença for *essencial* para o desenvolvimento do processo (em caso, *v.g.*, de *litisconsorte pretermesso*), deverá ser extinta a arbitragem. Se seu ingresso for apenas para preservar a *utilidade* da decisão final, então deverão ser instaurados procedimentos paralelos (conforme art. 816-*quater*, § 2.º, CPC).

Tratando-se de intervenções coatas, ainda no campo da arbitragem comum, as soluções serão diversas, sendo o terceiro vinculado à convenção (imperfeito) ou não (absoluto). Se imperfeito, tem-se que o consentimento já foi dado em momento anterior, de modo que não poderá ele, agora, recusar sua integração (ressalvado o que se disse *supra* sobre a composição do tribunal). Se absoluto, seu ingresso enfrenta dois obstáculos: (i) falta de consentimento e (ii) ausência de poder do árbitro sobre ele. Portanto, não se admite sua integração forçada. Ressalte-se que, sendo caso de litisconsórcio necessário, a resistência, se terceiro absoluto, implicará a extinção da arbitragem (art. 816-*quater*, § 3.º).

298 MARENGO, Roberto. Processo arbitrale. In: FAZZALARI, Elio (Coord.). *La Riforma della Disciplina dell'Arbitrato.* Milano: Giuffrè, 2006. p. 302-303.

299 Do mesmo modo que fez ao exigir que o requerimento de arbitragem societária fosse registrado no registro público de empresas (*registro delle impresse*), privilegiando a eficácia da decisão em relação a todos os terceiros imperfeitos em detrimento da confidencialidade.

Sendo voluntária a intervenção, novamente serão diversas as soluções para terceiros imperfeitos e absolutos. Para os primeiros, grande parte do problema já estará sanada, pois houve consentimento prévio de todas as partes signatárias da cláusula. Resta, então, a anuência do árbitro (que não nos parece necessária, a menos que a intervenção amplie o objeto do processo, dado que o árbitro assumiu essa possibilidade ao aceitar o cargo com base em convenção plurissubjetiva) e o direito de indicação do tribunal.

No tocante aos terceiros absolutos, o problema que se coloca é, de um lado, proteger a vontade das partes originais, que optaram por submeter a uma entidade privada o poder de solucionar determinado litígio *entre elas*, e, de outro, oferecer ao terceiro possibilidade adequada de se defender contra decisão que possa afetar-lhe juridicamente.

Para solucionar essa questão, voltamos à ideia de que a arbitragem, como meio de solução de controvérsias, busca dar efetividade aos direitos e deveres das partes, tendo caráter, nessa concepção, instrumental. Assim, não poderiam os sujeitos originais, por meio de pacto entre si, criar uma relação processual desligada da realidade da relação jurídica material subjacente.[300] Para dotar o terceiro de instrumentos para tutelar seus direitos, o ordenamento pode admitir, ao menos em tese, a intervenção voluntária não inovativa, de sujeito não vinculado à convenção, em processo arbitral em curso. Os debates legislativos levaram à adoção, ao menos em parte, dessa ideia, dispondo o art. 816-*quinquies,* § 1.º, do CPC que será possível, ainda que sem o consentimento das partes e dos árbitros, a intervenção voluntária de litisconsorte necessário (para preservar a *utilidade* da sentença), a intervenção adesiva simples (não inovativa, i.e., não amplia o objeto do processo, semelhante ao que ocorre na assistência simples no direito brasileiro) e do adquirente da coisa litigiosa (cujo regramento, por previsão legislativa, seguirá o mesmo daquele aplicável em casos perante o juiz togado).

Salvo essas hipóteses, o ingresso de terceiro absoluto dependerá do consentimento das partes e dos árbitros, motivo pelo qual é possível dizer que o legislador italiano adotou somente em parte a ideia de que a arbitragem, como processo, é ancilar à relação material. Dessa forma, a intervenção *ad excluendum,* em que o terceiro titular de um direito autônomo é incompatível com o das partes e que poderá ser afetado pelo laudo proferido em

[300] BREKOULAKIS, Stavros. *Third Parties in International Commercial Arbtiration*, p. 206-212.

processo *inter alios*, ficou prejudicada. A tutela do direito do terceiro, nesse caso, far-se-á, na prática, pela intervenção em eventual ação de impugnação da sentença arbitral, ou pela proposição de demanda paralela nas cortes estatais na qual se convocarão as partes do processo arbitral.[301]

A lei francesa também sofreu modificações recentes em relação à arbitragem. O *Décret n.º 2011-48*, de 13 de janeiro de 2011, modificou todo o Livro IV do Código de Processo Civil francês, alterando disposições tanto de arbitragem doméstica quanto internacional.

A doutrina francesa costuma diferenciar situações de autoridade da coisa julgada das decisões judiciais, de um lado, e sua oponibilidade, de outro. A primeira garante a imutabilidade da decisão entre as partes, enquanto a segunda irradia os efeitos da sentença para o meio jurídico, impondo a situação jurídica nascida do julgamento para terceiros.[302] Diante dessa possibilidade, criaram-se dois remédios para que os terceiros possam defender seus direitos: a intervenção voluntária e a oposição de terceiro (*tierce opposition*), este último permitindo ao terceiro defender em juízo a inoponibilidade da sentença proferida *inter alios*, a qual permanecerá igual para as partes originais independentemente da procedência ou não de seu pleito.[303] Entretanto, por expressa previsão legal (art. 1.507, NCPC),

[301] GRADI, Marco. L'intervento volontario e la chiamata in causa dei terzi nel processo arbitrale, p. 299.

[302] MOURRE, Alexis. L'intervention des tiers à l'arbitrage, p. 101.

[303] Para melhor definir as possibilidades de aplicação de um e de outro, alguns breves comentários podem ser tecidos acerca desse instituto A *tierce opposition* (arts. 582 e 583, CPC francês) é um procedimento que permite a um terceiro que não participou da demanda, mas cuja sentença lhe afeta negativamente, a pleitear a reabertura do caso e uma reanálise tanto dos fatos quanto do direito, mas somente daqueles sobre os quais ele tiver interesse. A decisão não modificará a coisa julgada formada entre as partes originais, mas somente declarará a ineficácia da sentença perante o terceiro.
Tratando-se de arbitragem, o art. 1.481, § 2.º, do CPC francês permite a um terceiro atacar uma sentença arbitral por meio da *tierce opposition*, mas não perante o tribunal arbitral (até porque a jurisdição dos árbitros já terá se encerrado, por força do art. 1.475, CPC), e sim diante da corte que teria jurisdição sobre a controvérsia (um *tribunal de grande instrance* ou um *tribunal de commerce*) caso não houvesse convenção de arbitragem. Contudo, esse remédio só se aplica a arbitragens domésticas, sendo vedado o seu uso em arbitragens internacionais por expressa previsão legal (art. 1.507, CPC). *A fortiori*, uma sentença arbitral proferida fora da França também não poderá ser atacada por meio da *tierce opposition* (DELVOLVÉ, Jean-Louis; POINTON, Gerald H.; ROUCHE, Jean. *French Arbitration Law and Practice*. 2. ed. Alphen aan den Rijn: Kluwer Law International, 2009. p. 278-279).

a *tierce opposition* não é aplicável em arbitragens internacionais. Nesses casos, ganha relevância a análise da possibilidade de intervenção, sendo esse o único remédio para que o terceiro possa proteger seus direitos em relação a demandas que o afetam, mas das quais não participa. Fechar ao terceiro essa via poderia corresponder a uma violação do direito ao devido processo (*droit au procès équitable*) protegido pelo art. 6.º, § 1.º, da Convenção Europeia de Direitos do Homem.[304]

A doutrina aponta que a natureza contratual da arbitragem não permitiria a inserção forçada ou a intervenção voluntária de terceiros a menos que estes estivessem vinculados à convenção de arbitragem (terceiros imperfeitos, portanto), caso em que seu ingresso dependeria também da aceitação do tribunal arbitral.[305] No mesmo sentido, decidiu a *Cour d'Appel de Paris*: "as regras do direito da arbitragem [...] não permitem estender a terceiros [...] os efeitos da convenção e obstam todo procedimento de intervenção forçada ou de chamada em garantia".[306]

Uma primeira conclusão a que se pode chegar, portanto, é de que a intervenção coata de terceiro absoluto é figura vedada no direito francês (como também o é no direito italiano), como, em verdade, não poderia deixar de ser. Admitir o contrário seria prever a existência de arbitragem obrigatória e negar a natureza consensual do instituto). Por outro lado, sendo a cláusula compromissória oponível a terceiro, seja por transmissão ou por extensão, não há razão para evitar seu ingresso no processo. Ocorrendo antes de constituído o tribunal, ter-se-á uma das situações clássicas dos problemas de arbitragens multipartes – a constituição do tribunal arbitral – que pode ser resolvida pela intervenção de uma autoridade nomeadora que constitua o tribunal (como ocorre na arbitragem societária na Itália). Entretanto, o ingresso após constituída a banca julgadora trará problemas sobre a paridade das partes na indicação dos árbitros. Nesses casos, ou

[304] É de notar que a Convenção Europeia de Direitos do Homem só é aplicável, em uma primeira análise, aos Estados. Não obstante, o devido processo legal por ela garantido pode ser entendido como parte da ordem pública internacional, motivo pelo qual deve ser seguido, nesse particular, pelos árbitros.

[305] DELVOLVÉ, Jean-Louis; POINTON, Gerald H.; ROUCHE, Jean. *French Arbitration Law and Practice*, p. 115.

[306] "Les règles du droit de l'arbitrage [...] ne permettent pas d'étendre à des tiers [...] les effets de la convention litigieuse et font obstacle à toute procédure d'intervention forcée ou d'appel en garantie" (Cour d'Appel de Paris, 19 décembre 1986. *Rev. Arb.*, p. 359, 1987).

só se permite a intervenção forçada de terceiro imperfeito no processo antes de constituído o tribunal ou o seu ingresso no processo dependerá da sua confirmação expressa em relação aos árbitros. Caso contrário, será impossível a intervenção forçada.

Tratando-se de intervenção voluntária, o ingresso do terceiro passará pela análise do tribunal. Os árbitros, quando analisarem sua possibilidade, deverão questionar primeiro: (a) sua qualidade de terceiro (é ele parte na cláusula compromissória?); (b) a natureza de suas pretensões (estão elas dentro do âmbito do contrato?); e (c) seu interesse de agir, cuja análise passará pela possibilidade de a decisão final lhe afetar juridicamente.[307] Em segundo lugar, devem distinguir a finalidade de sua intervenção, se busca auxiliar a defesa de direito de uma das partes (intervenção voluntária acessória, não inovativa, figura prevista no art. 330 do CPC) ou de pretensão própria (intervenção voluntária principal, inovativa, prevista no art. 329 do CPC). Por fim, deverá ser analisada a qualidade do interveniente, se é um terceiro absoluto ou imperfeito.

Quanto à necessidade de respeito à paridade das partes na constituição do tribunal, a doutrina francesa busca promover solução diversa daquela estabelecida pelo direito italiano. Sendo voluntária a intervenção, pressupõe-se que o terceiro aceita a jurisdição do tribunal arbitral.[308] O que, por um lado, pode parecer como renúncia ao direito de igualdade de armas, de outro, torna mais realizável a figura da intervenção, coadunando-se com o objetivo do terceiro que busca intervir voluntariamente, isto é, a possibilidade de defender direito seu que será afetado por sentença proferida em processo *inter alios*.

Pode-se concluir, portanto, que em algumas hipóteses a intervenção de terceiros em arbitragem será permitida na França: (a) sendo ele parte da cláusula compromissória, mas não do processo, poderá intervir voluntariamente a título principal ou acessório; (b) tratando-se de terceiros imperfeitos, sua intervenção forçada é permitida desde que não fira o princípio da igualdade; (c) sendo terceiros absolutos, sua intervenção só será admitida de modo voluntário, a título acessório, e somente se a decisão final puder lhe prejudicar juridicamente.

[307] MOURRE, Alexis. L'intervention des tiers à l'arbitrage, p. 102-103.

[308] Idem, p. 104.

4.2.5 Direito Brasileiro

A Lei Brasileira de Arbitragem não faz qualquer menção ao tema, cabendo ao intérprete, em uma leitura sistemática do ordenamento, buscar soluções para o problema.

Primeiramente, seria possível imaginar o cabimento de intervenções de terceiro nos processos arbitrais? Considerando que a lei de arbitragem equivale a sentença arbitral à proferida pelo juiz togado (art. 31, LAB), e sendo a intervenção um modo previsto pelo legislador de proteger o direito de sujeitos que, não tendo participado em um processo, venham a sofrer os efeitos reflexos da sentença nele proferida,[309] o terceiro em relação ao processo arbitral encontra-se na exata mesma situação que levou o legislador brasileiro a prever as formas de intervenção de terceiros no processo estatal. Assim, parece razoável, em uma primeira análise, considerar a possibilidade do ingresso de terceiros em arbitragem.

Não parece ser esse, todavia, o entendimento majoritário da doutrina pátria. Com efeito, para Athos Gusmão Carneiro, qualquer forma de intervenção de terceiros seria inadmissível em arbitragem, salvo se o ingresso fosse voluntário e com ele todas as partes inequivocamente consentissem.[310] Em igual sentido, entende J. E. Carreira Alvim, afirmando que inexiste a possibilidade de fazer com que um terceiro coercitivamente intervenha em processo arbitral, uma vez que tal violaria claramente o acesso à justiça garantido pelo art. 5.º, XXXV, da Constituição Federal.[311] Para Humberto Theodoro Júnior, considerando a origem contratual da arbitragem, terceiros não têm acesso ao juízo arbitral sem prévio consenso das partes contratantes.[312] Também assim compreendem Gilberto Giusti e Ricardo Dalmaso Marques, asseverando ser possível a intervenção desde

[309] DINAMARCO, Cândido Rangel. *Intervenção de terceiros*, p. 13-16.

[310] CARNEIRO, Athos Gusmão. *Intervenção de terceiros*. 18. ed. São Paulo: Saraiva, 2009. p. 78-79.

[311] CARREIRA ALVIM, J. E. Intervenção de terceiros na arbitragem. In: MARTINS, Pedro Batista; GARCEZ, José Maria Rossani (Coord.). *Reflexões sobre arbitragem*. São Paulo: LTr, 2002. p. 269.

[312] THEODORO JÚNIOR, Humberto. Arbitragem e terceiros – litisconsórcio fora do pacto arbitral – outras intervenções, p. 259.

que o terceiro consinta, as partes com ela concordem e, estando constituído o tribunal, também os árbitros aceitem a modificação.[313]

Porção minoritária da doutrina, por outro lado, defende que a intervenção seria sim possível, submetendo-se somente ao consentimento *do interveniente*, e não das partes. Nessa linha, Pedro Batista Martins afirma que a mudança de paradigma em relação aos contratos, com a inserção da ideia de sua função social e da solidariedade que embasa as relações interpessoais, permite a mitigação da relatividade da autonomia da vontade, possibilitando-se o ingresso de terceiro na arbitragem cujo direito possa vir a ser afetado pela decisão.[314] Cândido Rangel Dinamarco, por sua vez, entende que, comparada ao processo comum, a intervenção no processo arbitral oferece apenas um requisito adicional: a manifestação de vontade do interveniente.[315] Por fim, Carlos Alberto Carmona, analisando as possíveis hipóteses de intervenção, diferencia casos em que o sujeito é ou não parte da convenção de arbitragem, entendendo que, se terceiro "imperfeito" (apesar de não usar o termo), o ingresso seria possível sem nova manifestação das partes, uma vez que o consentimento já havia sido dado na cláusula compromissória. Seu ingresso dependerá, contudo, da anuência dos árbitros.[316]

Apesar de o direito processual ter identidade, função, finalidade e natureza próprias, ele se volta para a aplicação concreta do direito material. Assim, a autonomia da vontade em seu âmbito processual estaria limitada, não podendo o pacto entre determinados sujeitos ferir direitos de terceiros ligados à relação jurídica material subjacente. Sendo assim, a intervenção de terceiros deve ser aceita, dependendo das circunstâncias do caso, notadamente (i) a vinculação do terceiro à convenção; (ii) a sua vulnerabilidade aos efeitos reflexos da sentença; e (iii) a igualdade na constituição do tribunal.

[313] GIUSTI, Gilberto; MARQUES, Ricardo Dalmaso. As partes na arbitragem internacional: direito brasileiro, Unidroit e CISG – Extensão dos efeitos da cláusula compromissória. In: FINKLESTEIN, Cláudio; VITA, Jonathan B.; CASADO FILHO, Napoleão (Coord.). *Arbitragem internacional*: Unidroit, CISG e direito brasileiro. São Paulo: Quartier Latin, 2010. p. 249-250.

[314] MARTINS, Pedro Batista. Arbitragem e intervenção voluntária de terceiros: uma proposta, p. 251.

[315] DINAMARCO, Cândido Rangel. *A arbitragem na teoria geral do processo*. São Paulo: Malheiros, 2012. p. 124.

[316] CARMONA, Carlos Alberto. *Arbitragem e processo*, p. 304-310.

Vejamos as particularidades do tema quanto a intervenções coatas (denunciação da lide, chamamento ao processo ou nomeação à autoria)[317] ou voluntárias (assistência ou oposição), bem como a intervenção do *amicus curiae*.[318]

Primeiramente, examinemos a denunciação da lide. Por esse modo de intervenção, antecipa-se eventual ação de regresso, processada então no bojo do processo original, com finalidade de formar título executivo contra o denunciado e vinculá-lo à justiça da decisão proferida entre o denunciante e a parte oposta. Eram três as hipóteses autorizadoras, previstas no art. 70 do CPC/1973: (a) fundada em evicção; (b) denunciação ao proprietário ou possuidor direto; (c) fundada em garantia legal ou contratual. No primeiro caso, era obrigatória, sob pena de perda do direito (art. 456, CC), apesar de que o Superior Tribunal de Justiça já vinha temperando esse requisito. O Novo Código de Processo Civil deixou de prever essa segunda hipótese, mantendo as demais inalteradas (art. 125, CPC/2015). Ademais, limitou a possibilidade de denunciações *per saltum* e sucessivas (art. 125, § 2.º) e previu a responsabilidade do denunciante pelas verbas de sucumbência em favor do denunciado, caso tenha aquele logrado sucesso na ação principal, alterações essas que não impactam o raciocínio já desenvolvido sob a égide do antigo código.

Não sendo a denunciação necessária, e não sofrendo o terceiro efeitos reflexos da decisão, seu ingresso se dará por mera conveniência, motivo pelo qual só poderá ocorrer com o consentimento de todos os envolvidos.[319] Se o denunciado for parte na convenção de arbitragem, dispensa-se nova manifestação de vontade do denunciado (que já a proferiu no momento da assinatura da cláusula compromissória). Se terceiro absoluto, exige-se seu consentimento. Aceito o ingresso, ter-se-á o problema da formação do tribunal. O direito brasileiro não fornece solução expressa para o problema, mas podemos prever duas situações diversas, ocorra a denunciação

[317] Destaca-se lição de Dinamarco em relação à intervenção forçada: sendo o terceiro parte na convenção, óbice não haverá para seu ingresso. Sendo terceiro absoluto, sua inserção só será possível com a anuência do interveniente, que poderá, nesse caso, livremente recusar o "convite" (*A arbitragem na teoria geral do processo*, p. 125). Humberto Theodoro Júnior aponta para o fato de que, tratando-se de arbitragem, o terceiro não é citado, mas sim convidado a participar (Arbitragem e terceiros – litisconsórcio fora do pacto arbitral – outras intervenções, p. 253).

[318] O incidente de desconsideração de personalidade jurídica, a nosso ver, é modo de extensão da convenção de arbitragem a não signatários, e por isso será tratado no item 4.3.1.3 *infra*.

[319] CARMONA, Carlos Alberto. *Arbitragem e processo*, p. 306.

antes ou depois da constituição do tribunal. Se antes, teremos o problema clássico da constituição de tribunais em arbitragem multipartes, podendo cada polo nomear um árbitro, ou atribuir esse poder a uma autoridade nomeadora, para evitar o desrespeito à paridade de armas (v. soluções dos casos *Dutco*[320] e *Westland* para a hipótese de não concordância das partes em relação à composição do tribunal). Caso ocorra posteriormente, ou o interveniente anua com a constituição ou seu ingresso, não será permitido, cindindo-se a demanda em procedimentos paralelos. Isso porque, sendo facultativa a denunciação, sua ocorrência terá como base somente a utilidade da intervenção, com preservação da economia processual e da harmonia de decisões, sendo certo que o primeiro objetivo não seria atingido caso fosse necessária a constituição de novo tribunal.[321]

Na vigência do Código antigo já se defendeu que, sendo a denunciação obrigatória, caso em que sua realização era indispensável para garantir o direito de evicção (art. 70, I, CPC/1973), a recusa do denunciado poderia levar à extinção do processo sem julgamento do mérito, em razão do caráter instrumental do processo em relação ao direito material.[322] Esse problema não se coloca no Novo Código de Processo Civil, já que a denunciação da lide será, em qualquer caso, facultativa.

No chamamento ao processo tem-se a inserção, no polo passivo da ação, de sujeito que detém semelhante relação jurídica com o autor, havendo aí a formação de litisconsórcio sucessivo ulterior.[323] A sistemática prevista nos arts. 77 e seguintes do CPC/1973 foi mantida nos arts. 130 e seguintes do CPC/2015, sem alterações significativas. O chamamento, assim, ocorrerá por razões de utilidade e eficiência, sendo aplicável a ele o quanto exposto em relação à denunciação da lide.[324]

[320] Cour de Cassation, Chambre civile, 7 janvier 1992, pourvoi n.º 89-18.726, Bull. 1992, I, n.º 2 (analisado na nota de rodapé 353).

[321] Destaque-se a opinião de Humberto Theodoro Júnior, o qual entende que o terceiro que vier a ser admitido no feito e já encontrar o órgão jurisdicional constituído não terá direito de indicar novo árbitro ou alterar a composição do tribunal (Arbitragem e terceiros – litisconsórcio fora do pacto arbitral – outras intervenções, p. 258).

[322] GIUSTI, Gilberto; MARQUES, Ricardo Dalmaso. As partes na arbitragem internacional, p. 252.

[323] CARNEIRO, Athos Gusmão. *Intervenção de terceiros*, p. 165.

[324] Afirmando que, em casos de litisconsórcio facultativo, a intervenção se dá por conveniência e sua não formação não obstará o prosseguimento da arbitragem: GIUSTI, Gilberto; MARQUES, Ricardo Dalmaso. As partes na arbitragem internacional, p. 250.

Quanto à nomeação à autoria, é esta uma técnica de correção do polo passivo, autorizada pelo sistema processual por razões de economia processual. No CPC/1973, o réu poderia indicar, no prazo para resposta, o sujeito que entendia ter legitimidade para figurar no polo passivo da demanda, caso em que o juiz suspenderia o processo e ouviria o autor em cinco dias (art. 64). No Novo CPC, a figura foi retirada do Título de Intervenção de Terceiros, mas permaneceu prevista (ainda que sem menção à nomenclatura "nomeação à autoria") no Capítulo da Contestação, especificamente nos arts. 338 e 339. Não houve, contudo, alterações que impactem as conclusões já tomadas sob a égide do antigo Código. A parte em um procedimento arbitral que entender não ter legitimidade certamente arguirá essa situação na primeira oportunidade, e o acolhimento dessa defesa implicará a extinção sem julgamento de mérito.[325] Não levantada ou não acolhida a nomeação, certo é que a decisão não fará coisa julgada ao nomeado.[326]

Passemos às intervenções voluntárias. Na assistência simples, o interveniente, tendo uma relação jurídica subordinada àquela discutida no processo, poderá participar da demanda para auxiliar uma das partes. O assistente simples, entretanto, não defende direito próprio, mas apenas colabora para a defesa de direito alheio, buscando, de forma reflexa, a proteção de sua posição jurídica subordinada (arts. 50 e 52, CPC/1973; arts. 119 e 121, CPC/2015).[327] É assistente litisconsorcial, por outro lado, sujeito que está direta e imediatamente vinculado ao conflito de interesses discutido no processo[328] (art. 54, CPC/1973; art. 124, CPC/2015) e que poderia, portanto, ter sido parte. O Novo Código de Processo Civil não trouxe alterações que impactem nessa conceituação, de modo que não será feita aqui uma análise mais aprofundada das modificações sofridas na figura da assistência.

Tratando-se de assistência simples na arbitragem, se terceiro imperfeito (imagina-se o sócio minoritário que intervier em demanda baseada em cláusula estatutária), seu ingresso não poderá ser obstado pelas partes (que já consentiram ao pactuar a convenção) ou pelo árbitro (posto que o ingresso não afeta seu *spatium deliberandi*). Se terceiro absoluto, inexistindo

[325] CARMONA, Carlos Alberto. *Arbitragem e processo*, p. 308.

[326] MAZZONETTO, Nathalia. *Partes e terceiros na arbitragem*, p. 213.

[327] DINAMARCO, Cândido Rangel. *Litisconsórcio*, p. 55.

[328] CARNEIRO, Athos Gusmão. *Intervenção de terceiros*, p. 196.

previsão semelhante à italiana, caberá às partes e aos árbitros decidir a conveniência de seu ingresso (afinal, seu ingresso não amplia o objeto e o vincula à justiça da decisão).[329] Na assistência litisconsorcial, em contrapartida, o terceiro que pleiteia ingresso poderá estar vinculado à convenção (facilmente imaginável no caso de haver cláusula compromissória em um contrato com pluralidade de partes). Nesse caso, ocupará, na relação jurídica material, posição igual ou equivalente à da parte envolvida. Como negar-lhe, então, acesso ao processo arbitral? Não parece possível obstar seu ingresso, ainda que terceiro absoluto, uma vez que também ele deverá atender ao quanto decidido, já que o objeto de discussão lhe diz respeito.[330] Entram em cena, aqui, o caráter ancilar do processo em relação ao direito material e o limite à autonomia da vontade processual, explicitados *supra*.

A oposição é o instrumento por meio de qual um terceiro pode intervir no processo *inter alios* buscando para si o bem da vida ou o direito a respeito de que controvertem autor e réu.[331] Haverá, nesse caso, uma nova demanda em que opoente é autor e as partes da ação original serão litisconsortes passivos, hipótese permitida, no juízo estatal, em razão da economia processual e para evitar decisões conflitantes. Essa hipótese foi retirada do Título de Intervenção de Terceiros no Novo Código de Processo Civil, tendo sido realocada nos Procedimentos Especiais, mantendo, contudo, a mesma sistemática (arts. 56 a 61, CPC/1973; arts. 682 a 686, CPC/2015). Quanto à sua aplicação na arbitragem, admite-se ser difícil vislumbrar caso em que o opoente é terceiro imperfeito. Se terceiro absoluto, e sendo sua intervenção inovativa (em realidade, é nova demanda), a possibilidade de oposição na arbitragem dependerá do consentimento das partes originais.[332]

Ressalte-se que, sendo necessário o litisconsórcio, a presença do sujeito será indispensável para a eficácia da decisão (art. 47, CPC/1973; art. 114, CPC/2015). Nesse caso, a doutrina é unânime no sentido de que a ausência do litisconsorte levará à extinção da arbitragem sem julgamento do

[329] CARREIRA ALVIM, J. E. Intervenção de terceiros na arbitragem, p. 273. O autor defende, na verdade, que, em virtude do caráter convencional da arbitragem, nenhum terceiro possui o direito de ingressar na demanda sem o consentimento das partes originais, tenha seu direito relação de dependência com a relação discutida em juízo ou não.

[330] MAZZONETTO, Nathalia. *Partes e terceiros na arbitragem*, p. 221.

[331] DINAMARCO, Cândido Rangel. *Intervenção de terceiros*, p. 37-38.

[332] DINAMARCO, Cândido Rangel. *A arbitragem na teoria geral do processo*, p. 125.

mérito, cabendo às partes a via judicial, sem que se possa levantar exceção de compromisso.[333] Haverá divergências, nesse ponto, tão somente quanto à possibilidade de o litisconsorte necessário recusar intervir no processo, caso esteja ele vinculado ou não à convenção de arbitragem.

4.2.6 Regulamentos de Câmaras de Arbitragem

Uma análise sobre a intervenção de terceiros em arbitragem não estaria completa sem o exame dos regulamentos de arbitragem, pois, tendo como seu fundamento nuclear o pacto entre as partes, as respostas para quaisquer perguntas que surgirem no desenrolar da arbitragem devem ser dadas seguindo um caminho hierárquico: (1) contrato; (2) regulamento; e (3) *lex arbitri*.[334] O contrato, ou melhor, a convenção de arbitragem, base de toda relação jurídica arbitral que se desenvolverá, pode prever soluções para diversos casos específicos, como, no que aqui interessa, a possibilidade de ingresso de terceiros. Nesses casos, e considerando que o quanto pactuado não extrapola os limites da autonomia (vistos, com maior detalhe, no item 2.2 *supra*), a vontade das partes deve ser respeitada.

Se a convenção de arbitragem nada disser, passa-se ao segundo nível de análise: o regulamento. Assim, se o próprio regulamento da câmara regular a questão da intervenção de terceiros, não há motivos para se socorrer das disposições da *lex arbitri*.[335]

Os regulamentos que tratam do tema de arbitragem multipartes normalmente se focam no modo de constituição do tribunal arbitral, sem atenção, contudo, às formas de ingresso de terceiros após o requerimento de

[333] CARMONA, Carlos Alberto. *Arbitragem e processo*, p. 304; CARREIRA ALVIM, J. E. Intervenção de terceiros na arbitragem, p. 271; DINAMARCO, Cândido Rangel. *A arbitragem na teoria geral do processo*, p. 128-129; GIUSTI, Gilberto; MARQUES, Ricardo Dalmaso. As partes na arbitragem internacional, p. 250; THEODORO JÚNIOR, Humberto. Arbitragem e terceiros – litisconsórcio fora do pacto arbitral – outras intervenções, p. 252-253.

[334] Sobre o tema do conflito entre as diversas fontes de direito em arbitragens, ver VÁRADY, Tibor ; BARCELÓ III, John J. ; KRÖLL, Stefan ; VON MEHREN, Arthur T. *International Commercial Arbitration* : A Transnational Perspective. 6ª ed. St . Paul : West Academic Publishing, 2015. Pp. 83-91.

[335] O que não significa que a *lex arbitri* não possui importância, pois poderá conter previsões obrigatórias que não poderão ser desrespeitadas (PRYLES, Michael. Limits to party autonomy in arbitral procedure, p. 328-330).

arbitragem.[336] Exceções notáveis são o regulamento da Câmara de Comércio Internacional (CCI), da *London Court of International Arbitration* (LCIA) e da Câmara de Arbitragem do Mercado (Bovespa).

Sobre o tema, o regulamento da CCI prevê que as partes podem, antes de constituído o tribunal, solicitar a integração de parte adicional.[337] Portanto, resta que as partes, optando pela CCI e nada prevendo na convenção de arbitragem, têm à sua disposição um mecanismo de intervenção coata. O ingresso do terceiro, no entanto, estará condicionado à decisão da corte, que analisará as condições para tanto, de acordo com os mesmos requisitos de uma arbitragem comum (art. 4.º, CCI). Isso significa que a intervenção coata só será possível no caso de terceiro imperfeito, vinculado à convenção de arbitragem (ainda que sua vinculação se dê por extensão ou transmissão). Tratando-se de terceiros absolutos, não há previsão. Tampouco prevê o regulamento a possibilidade de intervenção voluntária. Em relação a essa, aplicar-se-ão as disposições da *lex arbitri*.

O regulamento da LCIA, por sua vez, prevê a possibilidade de ingresso após a constituição do tribunal, mas sempre sujeito ao consentimento do terceiro.[338] A distinção entre terceiro imperfeito ou absoluto é, portanto, irrelevante, pois será necessário o consentimento expresso para que possa haver a integração. Novamente, nada há a respeito da possibilidade de

[336] O comum, nesse caso, é que, inexistindo acordo entre as partes, a nomeação seja feita por uma autoridade nomeadora, normalmente o presidente da Câmara. Ver Amcham, art. 6.10; Bovespa, art. 3.6; CAM-CCBC, art. 4.16; Camarb, CCI, art. 12.8; Ciesp-Fiesp, art. 2.8; art. 2.3; FGV, art. 30, § 2.º; ICDR, art. 6.3.

[337] Art. 7.º(1). "A parte que desejar integrar uma parte adicional à arbitragem deverá apresentar à Secretaria requerimento de arbitragem contra a parte adicional ('Requerimento de Integração'). [...] Nenhuma parte adicional será integrada após a confirmação ou nomeação de qualquer árbitro, a menos que todas as partes, inclusive a parte adicional, estejam de acordo. A Secretaria poderá fixar prazo para a submissão do Requerimento de Integração."

[338] Art. 22.1. "A menos que as partes a qualquer momento acordem em contrário por escrito, o Tribunal de Arbitragem, por solicitação de qualquer uma das partes ou por iniciativa própria, mas em qualquer um dos casos somente após dar às partes uma oportunidade razoável para apresentar suas opiniões, terá poderes:

[...]

(h) para permitir, somente quando houver solicitação de uma das partes, que um ou mais terceiros sejam associados à arbitragem como parte na mesma, contanto que este terceiro e a parte solicitante tenham consentido a este respeito por escrito; e, após este evento, para emitir apenas uma sentença definitiva, ou sentenças em separado, com relação a todas as partes incluídas desta maneira na arbitragem."

intervenção voluntária, cuja possibilidade deverá ser analisada, inexistindo previsão na convenção de arbitragem, de acordo com a *lex arbitri*.

Finalmente, o regulamento da Bovespa parece ser um dos mais desenvolvidos em termos de intervenção de terceiros. Preveem as regras que, antes da nomeação de qualquer árbitro, as partes poderão chamar terceiro a ingressar na demanda. Do mesmo modo, o terceiro poderá, voluntariamente, solicitar sua integração. A decisão a respeito do ingresso ficará por conta do presidente da Câmara que, aceitando a integração contra a vontade das partes, submeterá a decisão final ao tribunal arbitral.[339] Logo, o regulamento prevê a possibilidade de intervenção tanto coata quanto voluntária, de modo que as partes, elegendo a Câmara de Arbitragem do Mercado e seu regulamento, não precisarão se socorrer de disposições da lei nacional que governa a validade da arbitragem.

4.2.7 Conclusão quanto à Intervenção de Terceiros em Arbitragem

A arbitragem é um modo extrajudicial de solução de conflitos, com uma base contratual, mas com escopo jurisdicional, na medida em que constitui uma renúncia à jurisdição estatal, e, ao menos no Brasil, possui força de título executivo judicial a decisão proferida pelos árbitros. Esse sistema é fundamentado na autonomia da vontade, mas as partes não gozam de liberdade irrestrita para pactuar o que lhes aprouver. Entre os limites de sua autonomia estão as disposições obrigatórias da *lex arbitri* e do regulamento escolhido (se arbitragem institucional).[340]

[339] Art. 6.1. "Antes da nomeação de qualquer árbitro, as partes poderão chamar um terceiro ao procedimento arbitral, podendo fazê-lo o próprio terceiro legitimado, em qualquer caso, por meio de Requerimento de Intervenção de Terceiro ('Requerimento de Intervenção de Terceiro').

[...]

6.1.4 O Presidente da Câmara de Arbitragem decidirá acerca do Requerimento de Intervenção de Terceiro. Se deferido, o terceiro ingressará no procedimento arbitral no estado em que ele se encontre, devendo assinar compromisso de cumprir as disposições deste Regulamento e de se submeter à sentença arbitral. Se houver oposição de qualquer das partes e mesmo assim o Presidente da Câmara de Arbitragem decidir a favor da intervenção de terceiro, o Tribunal Arbitral deverá reapreciar a matéria, prolatando decisão final sobre a intervenção de terceiro."

[340] Seria importante tratarmos também dos regulamentos das Câmaras de Arbitragem, pois, tendo a arbitragem como fundamento nuclear o pacto entre as partes, as respostas para

Quando uma convenção entre duas ou mais partes prejudicar direito de terceiro, põe-se a questão da possibilidade de esse sujeito intervir, coercitiva ou voluntariamente, no processo. Os argumentos contra esse ingresso são normalmente baseados no caráter voluntário da arbitragem. A favor, é possível identificar duas gamas de argumentos. O primeiro deles parte de uma teoria geral do direito contratual, afirmando que o princípio da relatividade dos contratos está hoje mitigado em razão da ideia de que as disposições contratuais devem cumprir uma função social. A segunda defende que a arbitragem, como modo de resolução de conflitos, é ancilar ao direito material, devendo buscar a realização dos deveres e direitos substantivos, motivo pelo qual não se pode admitir que uma discrepância entre a relação processual e a relação material subjacente venha a prejudicar direito de terceiros. São dois caminhos distintos para se chegar ao mesmo resultado.

Seja como for, fato é que o desenvolvimento das transações comerciais traz consigo uma maior complexidade nas relações jurídicas, ligando a uma mesma relação sujeitos diversos, os quais não podem ficar desprotegidos pelo direito. Daí nos parecer razoável admitir a intervenção coata ou voluntária de terceiros imperfeitos (pois, estando vinculados à convenção, está superado o obstáculo do consentimento) e a intervenção voluntária do terceiro absoluto, quando sua ausência puder tornar sem utilidade a decisão proferida pelos árbitros.

4.3 Posição do Financiador no Processo e Consequências

Faz-se necessário, antes de analisar a posição do financiador no processo, expor brevemente algumas premissas adicionais, notadamente: (i) a possibilidade de se convencionar uma legitimidade extraordinária; (ii) os

quaisquer perguntas que surgirem no desenrolar da arbitragem podem ser dadas seguindo um caminho hierárquico: (1) contrato; (2) regulamento; e (3) *lex arbitrii*. Assim, se as partes regularam a possibilidade de intervenção em seu contrato, deverão os árbitros integrar ou recusar o ingresso de terceiro (assumindo, obviamente, que o terceiro esteja vinculado à convenção). No entanto, o curto espaço não nos permite maiores debates. Citamos apenas que as regras da CCI (art. 7(1)), LCIA (art. 22.1(h)), Cepani (art. 12) e Bovespa (art. 6.1) contêm previsões específicas sobre o tema.

contornos da alienação da coisa litigiosa; e (iii) a transmissão da convenção de arbitragem no direito brasileiro.

4.3.1 Premissas Adicionais

4.3.1.1 Legitimidade Extraordinária Convencional

O art. 6.º do Código de Processo Civil de 1973 previa a regra geral de que "ninguém poderá pleitear, em nome próprio, direito alheio, salvo quando autorizado por lei". A doutrina brasileira, partindo de uma interpretação literal desse dispositivo, não dedicou grande atenção à legitimidade extraordinária convencional (ou substituição processual voluntária), mediante a qual a legitimidade para pleitear determinado direito em juízo é transferida, por vontade das partes, a um terceiro não titular do direito material discutido na lide. Nesse sentido, José Manoel de Arruda Alvim Netto, em parecer concedido pouco tempo após a entrada em vigor do CPC/1973, afirmou categoricamente que "[n]o Direito brasileiro, a partir do início da vigência do novo Código de Processo Civil (LGL/1973/5), ficou expressa e taxativamente inviável a estipulação em tela, ou seja, alguém pleitear direito de outrem, salvo quando autorizado por lei. Na espécie, tal autorização decorre de cláusula contratual, isto é, de contrato, configurando o que, doutrinariamente, se denomina de substituição processual voluntária, hoje, e por causa do citado art. 6.º, inexistente no Direito brasileiro."[341]

[341] ARRUDA ALVIM NETTO, José Manoel. Impossibilidade de substituição processual voluntária face ao Código de Processo Civil. *Revista de Processo*, São Paulo: RT, v. 5, p. 216, jan.-mar. 1977. Ver também seus comentários ao Código de Processo Civil de 1973: "O direito brasileiro, à semelhança do Direito italiano vigente, conquanto tenha colhido o instituto da substituição processual, o fez negativamente, de forma que a ocorrência efetiva de substituição será sempre excepcional, só nos casos em que a lei expressamente o admita. Consequentemente, advirtamos liminarmente, há que se afastar a ideia da chamada substituição processual voluntária, que, na doutrina do Código de 1939, era por alguns admitida" (ARRUDA ALVIM NETTO, José Manoel. *Código de Processo Civil comentado*. São Paulo: RT, 1975. p. 426).

Essa era a posição largamente dominante na doutrina,[342] salvo poucas e notáveis exceções como Pontes de Miranda[343] e, mais recentemente, Renato Beneduzi.[344] O Código de Processo Civil de 2015 trouxe uma pequena inovação na redação de seu art. 18, alterando-se "lei" por "ordenamento jurídico", o que tem levado a interpretações diversas sobre a admissão ou não da substituição processual voluntária.[345]

[342] Nesse sentido, ver Humberto Theodoro Júnior ("a vontade das partes, portanto, não é suficiente para criar substituição processual que não tenha sido expressamente prevista em lei" – *Curso de direito processual civil.* Rio de Janeiro: Forense, 2006. v. 1, p. 73), Araken de Assis ("nos termos do art. 6.º do CPC, a legitimidade do substituto precisa decorrer de texto expresso de lei" – Substituição processual. *Revista Dialética de Direito Processual*, v. 9, p. 20, dez. 2003) e Fredie Didier Jr. ("Legitimidade extraordinária deve ser encarada como algo excepcional e somente pode ser autorizada por lei [art. 6.º do CPC/1973], não se admitindo a substituição processual convencional. Nada impede, porém, a cessão do direito, transformando o cessionário em legitimado ordinário" – *Curso de direito processual civil.* 15. ed. Salvador: JusPodivm, 2013. p. 243).
Entretanto, deve-se admitir que a doutrina brasileira não fez maiores investigações sobre o tema, apenas repetindo, no mais das vezes, o quanto expresso no art. 6.º. Exceção feita a Hélio Tornaghi, que ao comentar o art. 41 do CPC/1973 ("só é permitida, no curso do processo, a substituição voluntária das partes nos casos expressos em lei") analisa o direito alemão (denominando a Alemanha de "pátria da doutrina da substituição processual"), afirmando que se admitia sua utilização em grande parte dos casos, apesar da inexistência de previsão expressa, tendo a jurisprudência evoluído para restringir sua utilização em hipóteses nas quais há um interesse real do substituto, como pode ocorrer na cessão de crédito (TORNAGHI, Hélio. *Comentários ao Código de Processo Civil.* São Paulo: RT, 1974. v. 1, p. 198-199).

[343] Pontes de Miranda, ao tratar da substituição processual (em seu entender, nomenclatura imprópria para cuidar dos casos em que o sujeito da relação jurídica processual não é o titular do direito material, apontando ser esse um equívoco decorrente da concepção privatística da relação processual e que perdeu seu sentido a partir do momento em que se adotou uma concepção publicística: "dizer 'substituído' o titular da relação de direito material é persistir, inconscientemente, e tal foi o caso de Giuseppe Chiovenda, na atmosfera da concepção privatística"), defende que "há partes que não são os sujeitos da relação jurídica objeto do litígio. A lei cria-as. Mas pode ocorrer que o titular do direito dê poder para, em nome próprio, exercer a ação contra o cedido (dita, então, substituição processual voluntária)" (*Comentários ao Código de Processo Civil.* Rio de Janeiro: Forense, 1973. t. I, p. 241-242).

[344] BENEDUZI, Renato Resende. Legitimidade extraordinária convencional. *Revista Brasileira de Direito Processual*, ano 22, n. 86, p. 127-142, abr.-jun. 2014.

[345] Entendendo não ser possível a legitimidade extraordinária convencional, Guilherme Rizzo Amaral aponta que "tal alteração não deve ser interpretada de forma a autorizar a substituição processual por mero ato voluntário das partes, sem nenhum embasamento legal [...]" (*Comentários às alterações do novo CPC*, p. 82). Em sentido diverso, Luiz Guilherme Marinoni e Daniel Mitidiero entendem que "é certo que existe uma diferença muito significativa entre o Código de 1973 e o Código de 2015 nesse particular [...] Em outras palavras, o Código

Parece admissível no direito brasileiro a legitimidade extraordinária convencional, porque o valor jurídico que se busca proteger com o art. 18 do CPC/2015 (assim como o era com o art. 6.º, CPC/1973) é a liberdade de agir em juízo, corolário da garantia constitucional de liberdade (art. 5.º, II, CF),[346] exigindo-se que a tutela de determinado direito só possa ser legitimamente pedida se o detentor do direito material assim o quiser.[347] Sendo esse o valor tutelado e admitindo-se que a previsão deve vir do ordenamento jurídico (não necessariamente da lei), não parece haver maiores obstáculos para se admitir a cessão voluntária da legitimidade processual por meio da celebração de um negócio jurídico.

O legitimado extraordinário convencional (como em qualquer caso de legitimidade extraordinária) atuará no processo como parte (processual, apesar de não ser parte substancial), enquanto o substituído será terceiro. Estender-se-á a este último, no entanto, a coisa julgada, visto que é ele (titular do direito material e, portanto, parte substancial) o real destinatário da sentença e, portanto, incluído no conceito de "parte" do art. 506 do CPC/2015 (antigo art. 472, CPC/1973).[348] Quanto aos demais pressupostos processuais subjetivos, devem eles ser analisados em relação à parte processual, i.e., ao substituto.[349] Exceção deve ser feita ao impedimento

autoriza a possibilidade de criação de legitimação extraordinária por negócios jurídicos – que obviamente integram o conceito de ordem jurídica" (*Comentários ao Código de Processo Civil*: artigos 1.º ao 69. São Paulo: RT, 2016. p. 394).

346 DINAMARCO, Cândido Rangel. *A arbitragem na teoria geral do processo*, p. 129.

347 BENEDUZI, Renato Resende. Legitimidade extraordinária convencional, p. 129-132, afirmando que: "o valor jurídico tutelado pelo art. 6.º do CPC [de 1973] é a liberdade do titular de um direito de, livremente, e segundo suas próprias conveniências, decidir se pede, ou não, a tutela deste direito de que ele alega ser titular [...] Bem interpretado, o que este dispositivo quer é proibir a substituição processual contra a vontade daquele que é originariamente legitimado, salvo quando esta substituição excepcional for autorizada por lei [n.r.: visto como sistema]".

348 Nesse sentido, DINAMARCO, Cândido Rangel. *Instituições de direito processual civil*. 4. ed. São Paulo: Malheiros, 2004. v. 2, p. 312-313.
Relevante notar a ressalva de José Rogério Cruz e Tucci que, revendo a doutrina brasileira e italiana sobre o tema, aponta a necessidade de respeito à garantia do devido processo legal, somente sendo possível estender ao substituído a coisa julgada caso lhe tenha sido oportunizada previamente a possibilidade de se defender ou participar do processo (*Limites subjetivos da eficácia da sentença e da coisa julgada civil*, p. 226-233).

349 ASSIS, Araken de. Substituição processual, p. 20.

e à suspeição, os quais, considerando-se o interesse do substituído na demanda, também relativamente a este devem ser analisados.[350]

Voltando-se ao tema deste estudo, Renato Beneduzi aponta como uma das hipóteses em que a legitimidade extraordinária convencional adquire relevância prática exatamente o financiamento por terceiros. Com efeito, desenvolve seu exemplo afirmando que a condução do processo é geralmente uma obrigação do financiado (nem poderia deixar de ser, visto que ele é o pretenso titular do direito), sendo a ele atribuídas obrigações acessórias de conduta no litígio (*v.g.*, manter o financiador informado dos andamentos do processo e requerer sua anuência para celebração de acordo). Tais obrigações podem criar uma tensão na relação entre financiador e financiado, o primeiro podendo desconfiar de que o segundo não está conduzindo o processo da melhor maneira possível e o segundo temendo que o primeiro se agarre a uma alegação de descumprimento das obrigações acessórias para se eximir de sua obrigação de pagar as despesas do processo. Aponta, assim, que a substituição processual voluntária poderia resolver essa tensão, transmitindo-se ao financiador a legitimidade para pedir a tutela do direito do financiado.

A prática tem demonstrado que o financiador não tem, em grande parte das vezes, interesse em revelar seu envolvimento com o litígio, tampouco nele atuar. No entanto, nada impede que, em determinados casos, seja conveniente a celebração de um negócio jurídico transferindo a legitimidade ao financiador, por exemplo, para que este possa mover autonomamente a execução (ou cumprimento de sentença) contra a parte adversa. Há que se levar em conta, contudo, que a participação do financiador no processo pode implicar sua responsabilização no caso de sucumbência, o que, geralmente, não será de interesse do financiador (apesar de não ser, de qualquer forma, um impedimento para a realização do financiamento por terceiros, podendo o contrato de financiamento prever livremente a divisão da responsabilidade pela sucumbência).

[350] "Como os efeitos materiais do processo atingirão diretamente o substituído, aqueles motivos de impedimento e suspeição também deverão ser examinados com relação ao substituído, além dos atinentes ao eventual interesse no objeto do litígio, que, obviamente, dizem respeito à relação jurídica material de que é sujeito o substituído" (ARAÚJO CINTRA, Antônio Carlos de. Estudo sobre a substituição processual no direito brasileiro. *Doutrinas essenciais de processo civil*. São Paulo: RT, 2011. v. 3, § 10).

4.3.1.2 Alienação da Coisa Litigiosa

Diferentemente da legitimidade extraordinária convencional, hipótese de substituição processual, a alienação da coisa litigiosa é hipótese de sucessão processual, excluindo-se o litigante original e ingressando no processo o adquirente da coisa ou direito litigioso.

O sistema processual brasileiro adotou uma estabilização rígida da demanda. Quer-se dizer com isso que ao autor só é permitido alterar os elementos individuadores da ação – causa de pedir, pedido e partes – até a citação (art. 329, I, CPC/2015),[351] após o que a coisa torna-se litigiosa e alterações somente poderão ocorrer com a anuência de ambas as partes e, mesmo nessa hipótese, apenas até o saneamento (art. 329, II, CPC/2015). Assim, como regra, é vedada a alteração dos sujeitos, trazendo o Código exceções expressas. A razão para tanto é o receio de a substituição ser utilizada como um instrumento para frustrar o cumprimento das obrigações.[352-353]

Uma das exceções trazidas pelo Código de Processo Civil é a alienação da coisa ou do direito litigioso (art. 109, CPC/2015, que repete o art. 42, CPC/1973), tema pouco tratado pela doutrina brasileira. Muito possivelmente, os processualistas tenham sido desencorajados pela qualidade da monografia de Carlos Alberto Alvaro de Oliveira. Em verdade, ainda antes da publicação de sua obra, o tema não preocupava muito os processualistas brasileiros.[354]

De início, o art. 109 do CPC/2015 estabelece duas hipóteses: (a) alienação de coisa litigiosa; e (b) alienação do direito litigioso. A primeira, aponta Hélio Tornaghi, comentando o Código revogado, ocorre quando o objeto da controvérsia é um direito real; a segunda, quando se discute

[351] Hélio Tornaghi, comentando o art. 42 do CPC/1973, aponta que duas são as hipóteses previstas: alienação de "cousa" litigiosa e cessão de direito litigioso, sendo a primeira aplicável quando o objeto da lide é um direito real e o último quando o objeto da controvérsia for um direito obrigacional (*Comentários ao Código de Processo Civil*, p. 201).

[352] TORNAGHI, Hélio. *Comentários ao Código de Processo Civil*, p. 200.

[353] O exemplo clássico é a sucessão por uma parte insolvente, de modo a frustrar eventual condenação em custas e honorários de sucumbência.

[354] A afirmação é do próprio Alvaro de Oliveira: "O exame da problemática ligada à chamada "alienação da coisa litigiosa" não tem preocupado, correntemente, a doutrina brasileira" (*Alienação da coisa litigiosa*, p. 1).

um direito obrigacional, ainda que *propter rem*.[355] Admitida a possibilidade jurídica de se alienar a coisa ou o direito após ter se tornado litigioso, convém estabelecer regras para evitar consequências inconvenientes, como a frustração de expectativas legítimas da parte adversa pela substituição por um sujeito insolvente, por exemplo. Foi com esse intuito estabelecida a regra do art. 109 do CPC/2015 e, antes dela, o art. 42 do CPC/1973.

A discussão central gira em torno das consequências processuais da transferência ocorrida no plano do direito material, enquanto pendente ação. O direito alemão, que influenciou a sistemática desse instituto no direito brasileiro,[356] desenvolveu três teorias: irrelevância; relevância; e relevância mitigada.

Segundo a primeira corrente, a alienação da coisa litigiosa não surte qualquer efeito no processo. São mantidas as partes originárias, pois a legitimidade não muda.[357] Seria vedado, ainda, ao adquirente interferir no processo, e mesmo opor exceções pessoais à parte contrária. O § 265 da ZPO, que prevê o instituto, parece, a uma primeira vista, contraditório. Isso porque, ao passo que o n. 2 desse parágrafo impunha a irrelevância da alienação para a relação processual, dado que as partes continuam sendo as mesmas, o n. 1 do mesmo dispositivo autorizava a possibilidade de a alienação ocorrer, o que levou a pesadas críticas a teoria da irrelevância, sobretudo acerca do valor que embasava o instituto, a saber, a livre circulação de bens e direitos.[358] Caso fosse seguida a teoria da irrelevância, o instituto não teria aplicação prática, pois dificilmente alguém adquiria

[355] TORNAGHI, Hélio. *Comentários ao Código de Processo Civil*, p. 201.

[356] É notável a semelhança de nosso dispositivo com o § 265 da Ordenação Processual Civil alemã (ZPO):
"§ 265 Veräußerung oder Abtretung der Streitsache
(1) Die Rechtshängigkeit schließt das Recht der einen oder der anderen Partei nicht aus, die in Streit befangene Sache zu veräußern oder den geltend gemachten Anspruch abzutreten; (2) Die Veräußerung oder Abtretung hat auf den Prozess keinen Einfluss. Der Rechtsnachfolger ist nicht berechtigt, ohne Zustimmung des Gegners den Prozess als Hauptpartei an Stelle des Rechtsvorgängers zu übernehmen oder eine Hauptintervention zu erheben. Tritt der Rechtsnachfolger als Nebenintervenient auf, so ist § 69 nicht anzuwenden; (3) Hat der Kläger veräußert oder abgetreten, so kann ihm, sofern das Urteil nach § 325 gegen den Rechtsnachfolger nicht wirksam sein würde, der Einwand entgegengesetzt werden, dass er zur Geltendmachung des Anspruchs nicht mehr befugt sei".

[357] ALVARO DE OLIVEIRA, Carlos Alberto. *Alienação da coisa litigiosa*, p. 24.

[358] LINO, Marcos dos Santos. *Reflexos processuais da alienação da coisa litigiosa*. 2013. Dissertação (Mestrado) – Universidade de São Paulo, São Paulo, p. 71.

coisa litigiosa se não pudesse ter qualquer influência no processo em que ela é discutida. O objetivo visado pelo instituto (i.e., livre circulação de bens e direitos) não seria realizado.

Ressalte-se que, entre nós, desde as Ordenações Filipinas (Livro IV, Título X, § 3.º), considerava-se nulo o contrato que dispusesse sobre bens quando sobre eles pendesse litígio. Essa vedação permaneceu na Consolidação das Leis Civis de Teixeira da Silva (1857), que dispunha que a coisa litigiosa não podia ser objeto de contrato oneroso ou gratuito (art. 586, § 3.º). Isso mudou com o advento do Código Civil de 1916, que passou a regulação da matéria inteiramente para as leis processuais. Desde então, abriu-se caminho para uma maior aceitação da circulação de bens e direitos atingidos pela litigiosidade em determinadas hipóteses taxativas, tendo tal restrição o intuito precípuo de proteger a parte adversa. Digno de nota, nesse sentido, que o Regulamento 737/1850 dava à questão a mesma solução da fraude à execução (arts. 59, 409, 492, § 6.º, 494, e 572 a 574).

Para se contrapor à corrente da irrelevância, desenvolveu-se a teoria da relevância, a qual defendia que a alienação da coisa litigiosa produzia inegáveis efeitos sobre o processo, que deveria então se adaptar à nova realidade material. O adquirente, por ser o novo titular do direito, poderia ingressar na demanda como parte principal ou acessória, sem que contra isso pudesse se opor a parte adversa.[359] As críticas dirigidas a essa teoria se concentravam na possibilidade de uma parte frustrar o cumprimento de suas obrigações pela simples alienação à insolvente, ou ainda por sucessivas alienações que impedissem o desenvolvimento do processo.[360]

Buscando uma síntese das duas teses, bem como melhor compreender as disposições aparentemente contraditórias da ZPO, desenvolveu-se a teoria da relevância mitigada, que tentava dar efeito tanto à possibilidade de alienação (§ 265, n. 1) quanto à sua ineficácia para afetar o processo (§ 265, n. 2). A solução foi privar a alienação de efeitos *automáticos* sobre o processo, podendo, contudo, gerar efeitos se as partes assim concordarem.[361]

[359] COSTA E SILVA, Paula. *Repensando a transmissão da coisa ou direito em litígio*. Coimbra: Coimbra Editora, 2009. p. 39-47.

[360] FERREIRA, William Santos. Situação jurídica no processo do adquirente de bem litigioso e dos herdeiros sucessores no caso de falecimento da parte diante do novo Código Civil. In: DIDIER JR. Fredie; WAMBIER, Teresa Arruda Alvim. *Aspectos polêmicos e atuais sobre os terceiros no processo civil e assuntos afins*. São Paulo: RT, 2004. p. 1053.

[361] COSTA E SILVA, Paula. *Repensando a transmissão da coisa ou direito em litígio*, p. 63-66.

A processualística brasileira adotou essa última ideia. Não se nega que a transmissão pode se dar no plano do direito material, tampouco se afirma que sua ocorrência não tenha repercussões no plano do direito processual. O que acontece é que o legislador resguardou de consequências automáticas, consideradas potencialmente maléficas,[362] de modo que o alienante não deixa automaticamente de ser parte.

A lei brasileira previu três pontos essenciais. Primeiro, a inexistência de sucessão automática (art. 109, *caput,* CPC/2015), dado que esta pode ocorrer se houver anuência da parte contrária (art. 109, § 1.º, CPC/2015); segundo, a possibilidade de, negado seu ingresso, intervir como assistente litisconsorcial (art. 109, § 2.º, CPC/2015); e terceiro, independentemente de participar ou não do processo, como parte ou assistente, os efeitos da sentença se estenderão ao adquirente (art. 109, § 3.º, CPC/2015).

Quanto ao primeiro ponto, é certo que a alienação não altera a legitimidade das partes originais. O que ocorre, havendo alienação da coisa litigiosa, é que o antes legitimado ordinário se torna extraordinário, passando a ser substituto processual do adquirente.[363] Não há dúvidas de que se trata de substituição processual, já que o alienante mantém a *legitimatio ad causam* (art. 109, *caput*), é titular da ação, agindo em nome próprio, mas em defesa de direito alheio.

O segundo tampouco traz muitas dúvidas. Na vigência do Código de Processo Civil de 1973, havia discussão sobre a que título se daria tal intenção, se assistência simples ou litisconsorcial. Salvo o peculiar entendimento de Pontes de Miranda, segundo o qual seria caso de assistência simples,[364] a doutrina majoritária já entendia que o adquirente intervém, quando recusado seu ingresso como parte, na qualidade de assistente litisconsorcial,[365] posição que nos parecia mais razoável, visto que o interveniente é

[362] PONTES DE MIRANDA, Francisco Cavalcanti. *Comentários ao Código de Processo Civil,* t. 1, p. 462.

[363] ALVARO DE OLIVEIRA, Carlos Alberto. *Alienação da coisa litigiosa*, p. 168.

[364] "Mesmo se a sentença tem toda a eficácia contra ele, tal interveniente não assume a posição de assistente litisconsorcial. Litisconsorte somente é se há duas ou mais partes do mesmo lado, de uma das quais adquiriu ou recebeu a cessão, e a parte contrária consentiu na substituição" (PONTES DE MIRANDA, Francisco Cavalcanti. *Comentários ao Código de Processo Civil,* t. 1, p. 463).

[365] CÂMARA, Alexandre Freitas. A admissão do assistente qualificado no processo civil – algumas considerações sobre o adquirente de direito litigioso e sua intervenção. In: DIDIER JR., Fredie (Coord.). *O terceiro no processo civil brasileiro e assuntos correlatos*: estudos em homenagem ao Professor Athos Gusmão Carneiro. São Paulo: RT, 2010. p. 58-60; FERREIRA,

titular da relação jurídica discutida no processo (art. 124, CPC/2015, que repete o previsto no art. 54, CPC/1973). O Código de Processo Civil de 2015 resolveu definitivamente a questão, prevendo expressamente que o "cessionário poderá intervir no processo como assistente litisconsorcial".

Quanto ao último ponto, há grande discussão na doutrina sobre a extensão da coisa julgada ao terceiro adquirente de boa-fé que desconhecia a litigiosidade.[366] O tema é interessante, complexo e foge ao escopo do presente trabalho, visto que, na hipótese de se entender que o financiamento por terceiros pode ser enquadrado como alienação da coisa litigiosa, o conhecimento da litigiosidade é um pressuposto lógico. Nesse caso, não se aplicam os argumentos utilizados pela doutrina para eventualmente impedir a extensão (em especial, o devido processo legal), visto que, ocorrendo alienação da coisa litigiosa – i.e., se o financiamento se der por meio de um negócio jurídico que transfira a obrigação subjacente ao financiador

William Santos. Situação jurídica no processo do adquirente de bem litigioso e dos herdeiros sucessores no caso de falecimento da parte diante do novo Código Civil, p. 1076; TORNAGHI, Hélio. *Comentários ao Código de Processo Civil*, p. 200; CRUZ E TUCCI, José Rogério. *Limites subjetivos da eficácia da sentença e da coisa julgada civil*, p. 221.

[366] O fundamento comumente utilizado para negar a extensão da coisa julgada ao terceiro que, de boa-fé, adquiriu o bem sem conhecer de sua litigiosidade, é a ampla defesa (CRUZ E TUCCI, José Rogério. *Limites subjetivos da eficácia da sentença e da coisa julgada civil*, p. 213-221, expondo o entendimento da doutrina italiana e portuguesa). Se conhecia da litigiosidade, a ele é dada a oportunidade de suceder o alienante, ingressando como parte, ou, se assim não aceitar a contraparte, intervir como assistente litisconsorcial. Não haveria, nessa hipótese, nenhuma ofensa à ampla defesa.

Contudo, se desconhecesse a pendência de lide sobre a coisa adquirida, estar-se-ia admitindo que sofria efeitos jurídicos de demanda na qual não foi parte, e na qual sequer teve oportunidade de se defender. Em contrapartida, caso não se estenda a coisa julgada a ele, a parte contrária, caso seja declarada vencedora e, portanto, legítima titular da coisa, terá que mover nova ação contra o alienante para se ressarcir em perdas e danos.

Paula Costa e Silva entende que o terceiro adquirente de boa-fé vincula-se à coisa julgada, ainda que desconhecesse a litispendência, em razão dos interesses da parte contrária, que nada pôde fazer para evitar a alienação ou provocar o ingresso do adquirente (COSTA E SILVA, Paula. *Repensando a transmissão da coisa ou direito em litígio*, p. 326.) José Rogério Cruz e Tucci, por sua vez, parece entender ser inadmissível a extensão sem que o terceiro tivesse conhecimento da demanda (CRUZ E TUCCI, José Rogério. *Limites subjetivos da eficácia da sentença e da coisa julgada civil*, p. 221-225), com o que concordamos, pois a vinculação do terceiro de boa-fé que não pôde intervir no processo por desconhecimento da demanda implicaria um desestímulo à livre circulação de bens e direitos, que é exatamente o valor que embasa toda a sistemática do instituto. Caso diverso seria se o terceiro foi negligente ao desconhecer a litigiosidade (pense-se no adquirente de um imóvel que não consultou o registro de imóveis).

– quando estas ocorrerem após o objeto ter se tornado litigioso (com a propositura, para o autor, e com a citação válida, para o réu) – não há qualquer óbice à plena aplicação do art. 109, § 3.º, CPC/2015. Caso contrário, estar-se-ia criando um gravíssimo ônus à parte adversa de ter que litigar duas vezes, uma contra o financiado e outra contra o financiador.

Retomando o conceito de financiamento de litígios por terceiros desenvolvido *supra*, viu-se que não há um consenso sobre a real definição de seus limites, podendo-se dizer que, a rigor, qualquer auxílio financeiro que se dê ao litigante, cujo retorno esteja vinculado ao sucesso da demanda, poderá ser considerado financiamento por terceiros. Entretanto, para que seja considerado efetivo financiamento de litígios por terceiros, é necessário que o financiador preserve sua posição de *terceiro*, ou, ao menos, que o financiado mantenha-se na posição de *parte*. Tais preceitos entram em confronto direto com o que ocorre na alienação da coisa litigiosa, na qual o direito material objeto da lide (e não apenas eventual crédito decorrente da sentença) é passado ao terceiro, que se torna, então, titular do direito material. Ao adquirente da coisa litigiosa é garantida ainda a possibilidade de ingressar na lide sucedendo a parte original, que se retira por completo da relação jurídica processual, somente não o fazendo se a parte adversa não concordar com a sucessão, caso em que o alienante atuará como substituto processual e ao adquirente será facultada a intervenção como assistente litisconsorcial.

Portanto, ainda que se admita a alienação da coisa litigiosa como financiamento por terceiros, esta não será a melhor forma de realizar o financiamento. Como exposto, o financiador, no mais das vezes, não possui interesse em revelar seu envolvimento no processo,[367] tampouco participar ativamente da lide, muito menos pleitear em nome próprio. Portanto, caso o financiamento ocorra no curso da demanda, duas serão as soluções mais corriqueiras: (i) a transmissão apenas do direito de crédito, mas não do direito subjacente, caso em que não haverá alienação da coisa litigiosa; ou

[367] No direito americano, já se disse que a empresa adquirente talvez não queira revelar a aquisição, visto que isso poderia impactar na admissibilidade da ação. Nesse sentido, ver Hananel e Staubitz, afirmando que: “Under this arrangement, the claim would essentially be owned by the law loan company and the plaintiff would be merely a figurehead. However, the company would not want to drop the plaintiff from the case for fear of raising standing issues. If a court were to recognize that an independent third party was now controlling the litigation, it might dismiss the claim” (The Ethics of Law Loans in the Post-Racman Era, p. 799).

(ii) transmissão do direito subjacente, caso em que o financiador se tornará titular do direito material, mas sem revelar tal alienação no processo. A ausência de notificação não afeta a existência ou validade da transmissão, mas apenas sua eficácia perante terceiros (notadamente, diante da parte adversa). Nessa hipótese, o processo seguirá normalmente e, ao final, o financiador, conhecedor da litigiosidade sobre a coisa (e, portanto, não simples terceiro de boa-fé), se submeterá aos efeitos da sentença.

4.3.1.3 Transmissão da Convenção de Arbitragem

Quais os efeitos do financiamento de terceiros, utilizando-se cada uma das figuras supradescritas, sobre eventual convenção de arbitragem celebrada entre financiado e parte adversa? Poder-se-ia argumentar que o terceiro, por meio do financiamento, torna-se parte da convenção?

Como exposto anteriormente (item 4.2.1), já muito se discutiu sobre a natureza da arbitragem, contrapondo-se correntes que defendiam seu caráter contratual e outras buscando ver na arbitragem a existência de um elemento jurisdicional.[368] Esse debate adquiriu, nos dias atuais, um "colorido" excessivamente acadêmico e pouco prático, já que "ninguém nega é que a arbitragem, embora tenha origem contratual, desenvolve-se com a garantia do devido processo e termina com ato que tende a assumir a mesma função da sentença judicial".[369] A função dessa discussão parece ser atribuir efeitos jurisdicionais ao laudo proferido pelos árbitros, o que hoje, tanto em âmbito doméstico (art. 31, Lei n.º 9.307/1986) quanto em estrangeiro (Convenção de Nova Iorque sobre Execução de Sentenças Arbitrais Estrangeiras),[370] tem pouca relevância.

De qualquer forma, as duas ideias não nos parecem contraditórias. A convenção de arbitragem é, sem dúvida, um negócio jurídico, e, como tal, fruto da vontade das partes.[371] Não obstante, tem como fim a instauração

[368] Por todas as correntes, v. BONATO, Giovanni. *La natura e gli effeti del lodo arbitrale*, sobretudo p. 78-83.

[369] CARMONA, Carlos Alberto. *Arbitragem e processo*, p. 27.

[370] É digno de nota que a convenção já foi ratificada por mais de 150 países, tornando-se o instrumento internacional mais bem-sucedido da história moderna (<http://www.newyorkconvention.org/contracting-states/list-of-contracting-states>).

[371] NANNI, Giovanni Ettore. Cláusula compromissória como negócio jurídico: análise de sua existência, validade e eficácia. In: ______; LOTUFO, Renan; MARTINS, Fernando Rodrigues.

de um processo arbitral, modo heterocompositivo de resolução de controvérsias que deve se desenvolver com respeito ao contraditório e devido processo legal. Com isso em mente, seria possível admitir a transmissão da cláusula para outros contratos?

Primeiramente, cabe diferenciar extensão e transmissão da convenção a não signatários. Importante ressaltar que tal terminologia não é livre de críticas. O que se busca, com a aplicação das teorias, não é efetivamente "estender" a cláusula a não signatário, mas sim extrair, da realidade fática, um consentimento, ainda que implícito, à convenção de arbitragem.[372] Mais correto, talvez, seria falar em abrangência da cláusula. De qualquer modo, essa é a terminologia largamente adotada.

A doutrina não costuma apresentar um *discrímen* exato para diferenciar as figuras, limitando-se a arrolar casos de uma e de outra.[373] Logo, estipulação em favor de terceiros,[374] subcontratação[375] e a existência de um grupo de companhias[376] são geralmente considerados hipótese de extensão da

Temas relevantes do direito civil contemporâneo: reflexões sobre os 10 anos do Código Civil. São Paulo: Atlas, 2012. p. 502-556.

[372] Também fazem essa crítica Jacob Dollinger e Bernard Hanotiau (DOLLINGER, Jacob; TIBURCIO, Carmen. *Direito internacional privado*, p. 123; HANOTIAU, Bernard. *Complex Arbitrations*: Multiparty, Multicontract, Multi-issue and Class Actions. Holanda: Kluwer Law International, 2005. p. 5).

[373] Uma proposta de distinção é apresentada por Luis Fernando Guerrero: "A transmissão é um caso mais simples no qual a parte originariamente na arbitragem cede, por qualquer meio, cessão sucessão, por exemplo, o contrato do qual faz parte e que contém cláusula compromissória. A pessoa que veio a vincular-se ao contrato vincula-se também à arbitragem. O segundo caso, extensão é mais complexo. Trata daquelas situações em que uma obrigação acoberta não só a parte que a contraiu, mas também terceiros que guardem alguma relação específica com esta parte" (GUERRERO, Luis Fernando. *Convenção de arbitragem e processo arbitral*. São Paulo: Atlas, 2009. p. 131).

[374] CLAY, Thomas. A extensão da cláusula compromissória às partes não contratantes (fora grupo de contratos e grupos de sociedades/empresas). *Revista Brasileira de Arbitragem*, v. 1, n. 1, p. 79-80, jul.-out. 2003.

[375] SOUYRIS, Jean-Jacques Alexandre; CHERTRITE, Guy. *Guide pratique de l'arbitrage en droit interne*. Paris: Gualino, 2012. p. 41-44. Negando a aplicação da cláusula compromissória existente no contrato entre a empreiteira e a contratante: TJRS, 14.ª Câmara Cível, Ap. 70016974636, Rel. Des. Paulo Antônio Kretzmann, j. 22.03.2007.

[376] SANDROCK, Otto. Arbitration Agreements and Group of Companies. In: DOMINICÉ, Christian; PATRY, Robert; REYMOND, Claude (Ed.). Études de Droit International en l'Honneur de Pierre Lalive. Frankfurt: Helbing & Lichtenhahn, 1993. p. 625-647. A doutrina surgiu do *leading case Dow Chemical v. Isover Saint-Gobain* (caso CCI n. 4131, confirmado

cláusula a terceiros não signatários; enquanto sucessão,[377] sub-rogação[378] e a existência de uma cadeia de contratos[379] são citados como casos de transmissão. Na extensão, busca-se extrair uma vontade implícita de uma parte em aderir à convenção pactuada em instrumento alheio, enquanto na transmissão procura-se justificar a transferência da convenção para um instrumento do qual faz parte o terceiro. De qualquer modo, tal classificação não nos parece ter muita relevância, sendo apenas caminhos paralelos para se chegar ao mesmo objetivo, i.e., vincular um terceiro não signatário à convenção.

Do estudo do tema da transmissão da convenção extrai-se a regra geral de que a convenção de arbitragem acompanhará a transferência do direito substancial subjacente.[380]

Há que se mencionar ainda a desconsideração da personalidade jurídica, a nosso ver, modo de extensão da cláusula compromissória. Essa figura despertou atenção da doutrina brasileira a partir do ensaio de Rubens Requião (Abuso e fraude através da personalidade jurídica *(disregard doctrine)*) de 1969. Apesar de suas origens serem geralmente atribuídas ao direito americano e inglês, a partir dos precedentes *Bank of the United States v. Deveaux*[381] e *Salomon v. Salomon,*[382] foram os alemães os primeiros a sistematizar o assunto, podendo-se apontar uma teoria (a) unitarista,[383]

pela Cour d'Appel de Paris em 21 de outubro de 1983). No Brasil, ver *caso Trelleborg* (TJSP, 7.ª Câmara de Direito Privado, Ap. 267.450-4/6, Rel. Des. Constança Gonzala, j. 24.05.2006).

377 CARREIRA ALVIM, J. E. Intervenção de terceiros na arbitragem, p. 273-275. Aceitando a eficácia da cláusula compromissória em contrato em que houve cessão de direitos e obrigações: STJ, 3.ª Turma, REsp 653.733/RJ, Rel. Min. Nancy Andrighi, j. 03.08.2006.

378 HOSKING, James. The Third Party Non-Signatory's Ability to Compel International Commercial Arbitration: Doing Justice Without Destroying Consent. *Pepperdine Dispute Resolution Law Journal*, n. 469, p. 500-508.

379 SCHWENZER, Ingeborg; MOHS, Florian. Arbitration Clauses in Chains of Contracts. *ASA Bulletin*, Kluwer Law International, v. 27, n. 2, p. 213-235, 2009. Também DELVOLVÉ, Jean-Louis; POINTON, Gerald H.; ROUCHE, Jean. *French Arbitration Law and Practice*, p. 71-76. Negando a extensão de cláusula existente em contrato acessório para disputa envolvendo o contrato principal: TJRJ, 7.ª Câmara Cível, Ap. 2007.001.22946, Rel. Des. André Andrade, j. 15.08.2007.

380 Vide RECENA COSTA, Guilherme. *Partes e terceiros na arbitragem*, em especial p. 70-88.

381 9 U.S. (5 Cranch) 61 [1809].

382 Aron Salomon v. A. Salomon and Company, [1897] AC 22.

383 Desenvolvida por Rolf Serick, em *Rechtsform und Realität juristischer Personen* ("Forma de direito e realidade das pessoas jurídicas").

baseada em um raciocínio regra/exceção (a limitação da responsabilidade sendo regra e a desconsideração a exceção), subdividindo-se ainda em duas correntes, (a.1) objetiva, que busca justificar a desconsideração com critérios objetivos-institucionais, e (a.2) subjetiva, identificação na causa da desconsideração de um elemento intencional, correspondente à utilização fraudulenta da sociedade.[384] Uma segunda corrente doutrinária, originária da Alemanha pode ser denominada (b) antiunitarista,[385] que critica a visão da desconsideração apenas como exceção a ser decretada em determinados casos de condutas fraudulentas, afirmando que pode haver situações que justifiquem, por si sós, a desconsideração da personalidade jurídica sem que tenha ocorrido abuso. Nesse caso, a própria aplicação da norma subjacente (e não a verificação de fraude) levaria à desconsideração.[386]

No Brasil, a primeira inserção legislativa sobre a desconsideração da personalidade jurídica ocorreu em 1990, com o Código de Defesa do Consumidor, cujo art. 28 possibilita sua utilização em casos de condutas fraudulentas,[387] bem como quando a companhia estiver em estado de insolvência decorrente de má administração. O § 5.º do art. 28 prevê ainda que "poderá ser desconsiderada a pessoa jurídica sempre que sua personalidade for, de alguma forma, obstáculo ao ressarcimento de prejuízos causados aos consumidores", o que a doutrina convencionou denominar de "teoria menor". A segunda inclusão foi feita no Código Civil de 2002, cujo art. 50 prevê a regra geral de que a personalidade poderá ser desconsiderada em casos de abuso, "caracterizado pelo desvio de finalidade ou pela confusão patrimonial", chamada de "teoria maior".

Nessa sistemática, podem-se distinguir o uso da *desconsideração para fins de responsabilização* (*veil-piercing*), que busca utilizar o patrimônio dos administradores e sócios para o cumprimento de obrigações pecuniárias da companhia, e a *desconsideração atributiva* (*identification*), a qual visa estender

[384] SALOMÃO FILHO, Calixto. *O novo direito societário*. São Paulo: Malheiros, 2002. p. 173-176.

[385] Desenvolvida por Müller-Freinfels, em *Zur Lehre von sogenannten 'Durchgriff' bei juristischen Personen im Privatrecht* ("Para o ensino da chamada 'penetração' da personalidade jurídica em direito privado").

[386] Vide SALOMÃO FILHO, Calixto. *O novo direito societário*, p. 182-184.

[387] Notadamente, abuso de direito, excesso de poder, infração da lei, fato ou ato ilícito e violação do estatuto ou contrato social.

características ou vedações dos sócios à companhia[388] (pense-se na atribuição de uma obrigação de não concorrência de um sócio à empresa em que ele atua). Tratando-se de extensão da convenção de arbitragem, interessará esta última, na qual se estenderia à companhia uma cláusula que vincula apenas o sócio ou outra empresa do grupo. Essa forma de buscar a extensão da cláusula foi, em grande parte, ignorada pela doutrina até o momento, exceção feita à tese de Guilherme Recena. Contudo, mesmo nesse caso, o autor reconheceu que a teoria se confunde, em grande parte, com outras figuras (notadamente o princípio da boa-fé objetiva, teoria dos atos próprios e *equitable estoppel*), as quais, por conterem um grau de desenvolvimento mais avançado (tanto em doutrina como em jurisprudência) e levarem ao mesmo resultado, tornam a utilização da desconsideração da personalidade jurídica supérflua para a extensão da cláusula.

Analisemos o tratamento do tema em cada uma das hipóteses elencadas.

4.3.1.3.1 Cessão de Crédito

A maior parte dos sistemas jurídicos (relevantes para o presente estudo) entende que, com a cessão do crédito, transfere-se também a convenção de arbitragem a ele vinculada. É o caso da Inglaterra,[389] Estados Unidos,[390] França[391] e Itália.[392]

No direito brasileiro, Guilherme Recena Costa, em sua tese sobre *Partes e terceiros na arbitragem*, aponta que diversos são os fundamentos para que se

[388] No citado precedente *Bank of the Unted States v. Deveaux*, um dos primeiros a tratar do tema, a desconsideração da personalidade jurídica foi reconhecida exatamente para atribuir à companhia a cidadania (estadual) de seus sócios, para fins de analisar a competência das cortes federais.

[389] *Montedipe SpA v. JTP-RO Jugotanker (The Jordan Nicolov)* [1990] 2 Lloyd's Rep 11, p. 15.

[390] *GMAC Commercial Credit LLC v. Springs Industries, Inc.*, 171 F. Sup. 2d 209, 214 (S.D.N.Y. 2001).

[391] COHEN, Daniel. Note-Cour de cassation (1re Ch. civile) 5 janvier 1999. *Rev. Arb.*, p. 85, 2000. No mesmo sentido, Philippe Pinsolle aponta que: "En droit français, il est tout à fait admis que le droit d'action étant l'accessoire du droit principal, la cession des droits au titre du contrat principal entraîne la cession du droit correspondant à la convention d'arbitrage et que le cessionnaire peut se prévaloir de la convention d'arbitrage lorsqu'il veut exercer les droits cédés" (Le financement de l'arbitrage par les tiers, p. 401).

[392] VERDE, Giovanni. *Lineamenti di diritto dell'arbitrato.* 3. ed. Milano: Giapichelli, 2010. p. 64-65.

considere a transmissão da convenção com a cessão do direito subjacente: (a) a preservação da eficácia da arbitragem, evitando-se que o seu uso seja burlado com a simples cessão do crédito; (b) na mesma linha, o interesse do cedido em arbitrar as disputas, conforme pactuado com a parte original; (c) o princípio geral de que o sujeito a quem se transfere o direito deve situar-se em igualdade de condições com o titular anterior, caso contrário violar-se-ia o equilíbrio contratual; e (d) a boa-fé objetiva (ou *equitable estoppel*), impedindo que alguém derive benefícios de um contrato sem que se submeta aos mecanismos de solução de conflitos nele previstos.[393]

De fato, admitir que o cessionário poderia furtar-se à cláusula compromissória romperia o equilíbrio econômico do contrato, colocando-o em posição mais privilegiada do que a do cedente, o que não se pode admitir. Exceções a tal regra aplicam-se quando houver previsão expressa vedando a cessão da cláusula compromissória (mas não o crédito em si, caso contrário o problema não se coloca).[394]

A autonomia da cláusula compromissória (reconhecida no direito brasileiro pelo art. 8.º da Lei n.º 9.307/1996) não impõe óbice ao reconhecimento de tal transmissão. Com efeito, o escopo de tal previsão é impedir que vícios decorrentes do contrato principal[395] invalidem ou retirem a eficácia também da convenção de arbitragem.[396] Admitir o contrário seria invalidar por completo a regra da competência-competência, que prevê caber ao árbitro, por via de regra, a análise da existência, validade e eficácia

[393] RECENA COSTA, Guilherme. *Partes e terceiros na arbitragem*, p. 73.

[394] Nesse sentido, Fouchard, Gaillard e Goldman, em seu magistral tratado sobre arbitragem comercial internacional, apontam que: "As with any contract, an arbitration agreement may be entered into *intuitu personae*, that is, in consideration of the identity of the co-contractor. In such a situation, the assignment of the arbitration agreement will only bind the initial co-contractor if the initial co-contractor explicitly accepts to contract with the assignee. If it does not, the assignment will only have effect as between the party that sought to assign its rights and the party that sought to assume them" (*Fouchard Gaillard and Goldman on International Commercial Arbitration*, p. 433).

[395] Diz-se principal, mas sem buscar classificar a cláusula compromissória como mero acessório. Com efeito, apesar de instrumental, a cláusula possui requisitos de existência, validade e eficácia próprios, conforme aponta Giovanni Nanni (Cláusula compromissória como negócio jurídico: análise de sua existência, validade e eficácia) não podendo ser considerada simples acessório (motivo pelo qual, inclusive, não se utilizou a regra de que o acessório segue o principal – art. 287, CC – para justificar a transferência da cláusula com a cessão do crédito).

[396] Conforme se extrai da leitura dos comentários de Carlos Alberto Carmona, um dos redatores da Lei n.º 9.307/1996, ao art. 8.º (*Arbitragem e processo*, p. 173-174).

da cláusula compromissória. Ademais, se é admitido que mesmo após resilido o contrato as partes seguem vinculadas à convenção de arbitragem,[397] não há que se entender que a simples cessão do crédito leve à ineficácia da cláusula.

Admite-se, portanto, que no direito brasileiro, assim como alhures, a convenção deva ser transmitida com o direito subjacente. Logo, optando-se por esse modo de contratação do financiamento por terceiros, o investidor não se torna titular da relação jurídica material ou parte na convenção de arbitragem (*terceiro absoluto*).

4.3.1.3.2 Contrato de Sociedade

O estudo da convenção de arbitragem no âmbito das sociedades desenvolveu-se quase que exclusivamente sobre a validade e os efeitos da cláusula compromissória inserida no estatuto social de sociedades anônimas. De fato, a Lei n.º 10.303/2001 – publicada no mesmo ano em que o Supremo Tribunal Federal reconheceu a constitucionalidade da arbitragem, marco que permitiu o desenvolvimento maior do instituto no Brasil – introduziu o § 3.º ao art. 109 da Lei das S.A. (Lei n.º 6.404/1976), prevendo que "o estatuto da sociedade pode estabelecer que as divergências entre os acionistas e a companhia, ou entre os acionistas controladores e os acionistas minoritários, poderão ser solucionadas mediante arbitragem, nos termos em que especificar". A utilização da arbitragem em demandas societárias foi ainda impulsionada pela inserção da cláusula estatutária como requisito para ingresso de sociedades no Novo Mercado – solução para atrair maior volume de investimentos à Bolsa mediante a adesão voluntária de companhias a parâmetros mais rigorosos de governança corporativa, como forma de oferecer maior proteção aos investidores –, bem como para os segmentos Bovespa Mais e Nível 2.[398]

[397] CARMONA, Carlos Alberto. *Arbitragem e processo*, p. 175.

[398] Vide Seção XIII do Regulamento de Listagem no Novo Mercado. Disponível em: <ttp://www.bmfbovespa.com.br/lumis/portal/file/fileDownload.jsp?fileId=8A828D294F270E-45014FEFE4D1A57219>; Seção XIII do Regulamento de Listagem na Bovespa Mais. Disponível em: <http://webcache.googleusercontent.com/search?q=cache:d3yJCSpXIfcJ:www.bmfbovespa.com.br/lumis/portal/file/fileDownload.jsp%3FfileId%3D8A828D294F270E-45014FEFE4D14571AE+&cd=1&hl=pt-BR&ct=clnk&gl=us>; e Seção XIII do Regulamento de Listagem no Nível 2 de Governança Corporativa. Disponível em: <http://webcache.

A disseminação de utilização da cláusula compromissória estatutária trouxe diversos questionamentos, em especial sobre o modo de sua introdução no estatuto (se dependente de quórum comum ou qualificado), sua extensão aos acionistas ausentes, que se abstiveram ou manifestaram sua discordância, e sua extensão aos administradores e diretores. Parcela da controvérsia foi superada com a edição da Lei n.º 13.129/2015, que reformou a lei de arbitragem e acrescentou o art. 136-A à Lei das S.A., prevendo o quórum qualificado do *caput* do art. 136 "aprovação de acionistas que representem metade, no mínimo, das ações com direito a voto" – assegurando-se ao acionistas dissidentes o direito de se retirar da companhia no prazo de 30 dias, mediante o reembolso do valor de suas ações, salvo algumas hipóteses.

A utilização de cláusulas compromissórias estatutárias traz também grandes problemas práticos típicos de arbitragens multiparte, por exemplo, a participação de diversos acionistas – em especial, como possibilitar sua intervenção caso haja previsão de confidencialidade – e a forma de escolha dos árbitros. Alhures, veem-se tentativas de regulamentar, com maior afinco, a arbitragem societária para resolver essas questões. Nesse sentido, é digno de nota o movimento do direito italiano, concretizado no Decreto Legislativo n.º 5, de 17 de janeiro de 2003, o qual, entre outras medidas relacionadas a direito societário, intermediação financeira, direito bancário e creditício, previu soluções para os problemas decorrentes da cláusula estatutária, notadamente a obrigatoriedade de depósito da demanda no órgão registrador competente (art. 35, *comma* 1)[399] – ao mesmo tempo, solucionando a questão da confidencialidade e da possibilidade de intervenção dos acionistas – e a nomeação do Tribunal Arbitral por pessoa alheia à sociedade ("autoridade nomeadora") ou, subsidiariamente, pelo presidente do Tribunal do local da sede da sociedade (art. 34, *comma* 2),[400]

googleusercontent.com/search?q=cache:FUkFevTdLoIJ:www.bmfbovespa.com.br/lumis/portal/file/fileDownload.jsp%3FfileId%3D8AA8D09753A65AFD0153EC6D6AB67E5A+&cd=1&hl=pt-BR&ct=clnk&gl=us>.

[399] 1. La domanda di arbitrato proposta dalla società o in suo confronto e' depositata presso il registro delle imprese ed e' accessibile ai soci.

[400] 2. La clausola deve prevedere il numero e le modalità di nomina degli arbitri, conferendo in ogni caso, a pena di nullità, il potere di nomina di tutti gli arbitri a soggetto estraneo alla società. Ove il soggetto designato non provveda, la nomina e' richiesta al presidente del tribunale del luogo in cui la società ha la sede legale.

resolvendo eventuais disputas sobre a indicação do árbitro quando um dos polos (ou ambos) for composto por mais de uma parte.

Focada nesse aspecto da discussão sobre a arbitragem societária – que, apesar de interessante, foge ao escopo do presente estudo[401] –, a doutrina brasileira não desenvolveu construções teóricas sobre a transmissão da convenção de arbitragem à sociedade. Não obstante, pode-se admitir a aplicação da mesma regra geral segundo a qual a cláusula compromissória segue a obrigação subjacente, de modo que, caso determinada obrigação seja transferida à sociedade, a esta também será transferida a cláusula compromissória.

Exceção pode ser feita à obrigação "integralizada" como capital em uma sociedade em conta de participação. Como visto (item 3.3.2.3.1), a SCP possui um regramento diferenciado, sendo uma sociedade não personificada, não detentora de capacidade negocial, sendo os negócios conduzidos pelo sócio ostensivo. A SCP tampouco pode demandar ou ser demandada em juízo, uma vez que é o sócio ostensivo o titular individual dos direitos decorrentes do exercício da atividade. O contrato da sociedade em conta de participação é, assim, o acerto *interno* – exclusivamente entre os sócios ocultos e ostensivos – acerca da distribuição dos lucros e prejuízos. Nesse caso, a cláusula compromissória, ao menos no direito brasileiro, não é transferida à SCP, de modo que segue vinculando tão somente os contratantes originais.

4.3.1.3.3 Alienação da Coisa Litigiosa

Tratando-se de alienação de coisa litigiosa, a hipótese seria de sucessão e, portanto, de transmissão da cláusula. Alhures, é possível encontrar ordenamentos que preveem expressamente os efeitos da sucessão na arbitragem. O *Codice di Procedura Civile* italiano, por exemplo, após a reforma trazida pelo Decreto Legislativo n.º 40, de 2006, passou a prever em seu art. 816-*quinquies* que se aplicam à arbitragem as disposições sobre

[401] Sobre tais problemas no direito brasileiro, ver APRIGLIANO, Ricardo. Extensão da cláusula compromissória a partes não signatárias no direito societário. *Revista do Advogado*, Associação dos Advogados de São Paulo, n. 119, p. 140-152, abr. 2013; e, mais aprofundadamente, RECENA COSTA, Guilherme. *Partes e terceiros na arbitragem*, p. 88-120; e TELLECHEA, Rodrigo. *Arbitragem nas Sociedades Anônimas*, em especial p. 354-402.

"successione a titolo particolare nel diritto controverso", cuja sistemática é similar àquela adotada no Brasil.[402]

No Brasil, ainda que ausente tal previsão legislativa, há quem defenda que a sucessão universal terá efeitos processuais automáticos na arbitragem, levando à sucessão.[403] Haveria dois fundamentos para tanto. O primeiro baseia-se na mesma distinção que levou o legislador a prever regimes diversos para a sucessão *inter vivos* e *mortis causa* no processo estatal (arts. 109 e 110 do CPC/2015, repetindo os arts. 42 e 43 do CPC/1973). Não há que imaginar, sendo a causa da sucessão a morte, que seja ela um ardil da parte, que visa por meio da sucessão frustrar o cumprimento de alguma obrigação.[404] O segundo argumento, ainda jurídico, mas com uma base eminentemente prática, tem como fundamento a efetividade do processo. Se houver a morte de um dos litigantes e não for possível a sucessão, o processo está fadado à extinção, e a crise de direito material que levou à instauração da arbitragem vai perdurar.

Os mesmos argumentos não podem ser utilizados para a sucessão a título particular. Nesse caso, valem as considerações feitas quando se falou da alienação da coisa litigiosa, porém com um questionamento a mais: a convenção de arbitragem, reputada como renúncia à jurisdição estatal, deve ser interpretada restritivamente e, assim, ser tida como uma renúncia somente para aquele determinado objeto e entre aquelas determinadas pessoas (partes da convenção)?

O Supremo Tribunal Federal, por ocasião da análise da constitucionalidade da Lei n.º 9.307/1986, entendeu que a pactuação de uma convenção de arbitragem representa renúncia ao direito fundamental de acesso às

[402] Art. 111. Successione a titolo particolare nel diritto controverso.
Se nel corso del processo si trasferisce il diritto controverso per atto tra vivi a titolo particolare, il processo prosegue tra le parti originarie. Se il trasferimento a titolo particolare avviene a causa di morte il processo è proseguito dal successore universale o in suo confronto.
In ogni caso il successore a titolo particolare può intervenire o essere chia – mato nel processo e, se le altre parti vi consentono, l'alienante o il succes – sore universale può esserne estromesso. La sentenza pronunciata contro questi ultimi spiega sempre i suoi effetti anche contro il successore a titolo particolare ed è impugnabile anche da lui, salve le norme sull'acquisto in buona fede dei mobili e sulla trascrizione.

[403] CARREIRA ALVIM, J. E. Intervenção de terceiros na arbitragem, p. 278.

[404] TORNAGHI, Hélio. *Comentários ao Código de Processo Civil*, p. 202.

cortes estatais (art. 5.º, XXXV).[405] Com isso, e considerando a convenção de arbitragem um negócio jurídico, aplica-se o preceito do art. 114 do Código Civil para se impor uma interpretação estrita, de modo a impedir a transmissão a terceiros que não faziam parte do pacto original?

A resposta deve ser positiva, mas com ressalvas. A convenção é, sim, negócio jurídico, aplicando-se a ele as disposições pertinentes do Código Civil. Do mesmo modo, seguindo o entendimento exarado pelo Supremo Tribunal Federal, intérprete qualificado da Constituição Federal, a escolha da arbitragem implica renúncia. Não obstante, não nos parece que isso implique vincular tão somente aquelas partes iniciais da convenção, sem que haja qualquer possibilidade de cessão posterior. O requisito da "especificidade" (i.e., a obrigatoriedade de a convenção estar vinculada a litígio advindo de determinada relação contratual, sob pena de ser considerada renúncia absoluta à jurisdição estatal e, portanto, inconstitucional) impõe que a cláusula diga respeito a crises surgidas de determinada relação jurídica. Se um terceiro antes alheio àquela relação assume a posição de um dos contratantes originários (por meio de sub-rogação, por exemplo), a relação jurídica, ainda que subjetivamente diversa, é objetivamente idêntica. Não nos parece haver aí qualquer óbice à transmissão também da cláusula compromissória.

Um argumento adicional que pode ser trazido para buscar impedir a transmissão da cláusula é a autonomia da convenção de arbitragem (art. 8.º, Lei n.º 9.307/1996). Nesse sentido, sendo a cláusula compromissória "destacada" do contrato e da obrigação subjacente, a transferência desta não implicaria automaticamente a transmissão também da cláusula arbitral.

O argumento da autonomia da cláusula não convence. A *autonomia* ou a *separabilidade* da cláusula possui um âmbito de aplicação restrito, consistente em impedir que as nulidades eventualmente apontadas no contrato original não afetem a eficácia da vontade das partes de ver suas controvérsias resolvidas pela via arbitral.[406] Assim, cedida a posição contra-

[405] É ilustrativo sobretudo o voto do Min. Nelson Jobim: "Não há renúncia abstrata à jurisdição. Há isto sim convenção de arbitragem sobre litígios futuros e eventuais, circunscritos a específica relação contratual, rigorosamente determináveis. Há renúncia relativa à jurisdição. Circunscreve-se a renúncia aos litígios que decorrem do pacto contratual, nos limites fixados pela cláusula" (SEC n.º 5.206. Disponível em: <http://www.cbar.org.br/PDF/SEC_5206_voto_Nelson_Jobim.pdf>).

[406] CARMONA, Carlos Alberto. *Arbitragem e processo*, p. 173-174.

tual, transmite-se também automaticamente a cláusula compromissória. Quanto ao consentimento expresso, tampouco parece obstar a transmissão da cláusula. Diz a lei que "a cláusula compromissória deve ser estipulada por escrito" (art. 4.º, *caput*). Isso não implica, contudo, que o *consentimento* deva ser por escrito.[407]

Por fim, cumpre ressaltar que o Superior Tribunal de Justiça já admitiu a possibilidade de transmissão da cláusula compromissória. Em um caso envolvendo a cessão de um contrato de construção naval, entendeu-se que o cessionário poderia levantar exceção de convenção, inserida no contrato original, já que assumiu todos os direitos e obrigações do cedente.[408] É verdade que, nesse caso, houve anuência expressa do cedido, de modo que a questão do consentimento não se colocou. De qualquer forma, admitiu-se que a cessão do contrato, ao menos com expressa anuência, transfere todas as obrigações e direitos, inclusive a cláusula compromissória.

Portanto, é razoável admitir, nessa hipótese, a possibilidade de transmissão da cláusula compromissória no direito brasileiro.

4.3.2 Posição do Financiador no Processo

Feita a exposição acima, deve-se analisar se o financiador pode adotar a posição de parte ou, em caso negativo, se detém alguma das situações legitimantes capazes de incluí-lo na demanda, seja a título coato, seja a título voluntário.

Já se disse que financiadores de litígios não se enquadram, de modo preciso, em nenhuma das categorias comuns.[409] A posição do financiador

[407] CAHALI, Francisco José. *Curso de arbitragem*. São Paulo: RT, 2011. p. 83.

[408] REsp 653.733/RJ, 3.ª Turma, Rel. Min. Nancy Andrighi, j. 03.08.2006.

[409] Vide Victoria Shannon, defendendo que: "Funders do not fit neatly into any of the typical roles outlined in litigation or arbitration rules. Funders are intentionally not parties or co-parties (in order to avoid liability), not legal counsel (although they are often lawyers), not witnesses (although their participation may lead to disclosures of privileged information to the opposing side in jurisdictions that do not extend evidentiary privileges to disclosures made to funders), not amicus curiae (since they do not make submissions, although they certainly support the position of the funded party in the case), and certainly not judges, arbitrators, courts, or arbitral institutions (although they do make prima facie determinations about the merits of the case that may determine whether the case actually will proceed). A funder is also not a third-party beneficiary of the parties' original contract, because the funder cannot enforce the funded party's claim on its own, unless the funder purchases the claim outright

no processo dependerá da figura de direito material usada. Como demonstrado acima, de maneira não exaustiva, o financiamento de litígios por terceiros pode adotar diversas figuras jurídicas: cessão de crédito, constituição de uma sociedade ou mesmo por meio de um contrato atípico.[410] Caberá às partes analisar, no caso concreto, as vantagens e as desvantagens da utilização de cada uma das figuras.[411]

Nas hipóteses tratadas neste estudo, que, na opinião deste autor, melhor se adequam ao financiamento de litígios por terceiro, é transferido ao financiador o direito ao crédito, mas não a obrigação jurídica subjacente, de modo que não se tornará titular do direito material discutido no processo. Nesse caso, o financiador não será *parte substancial*, mas apenas detentor do direito ao recebimento de determinado valor sujeito a uma condição suspensiva (no caso da cessão de crédito); ou sócio do financiado, auferindo lucro caso este seja percebido (no caso da constituição de uma sociedade).

A primeira conclusão a que se chega é que o financiador, não sendo parte substancial, não poderá atuar no processo como litisconsorte, tampouco se deve considerá-lo substituído processual ou ainda buscar a ocorrência de uma sucessão, indicando que o financiador seria a "verdadeira parte" (*real party in interest*). Esse argumento não é incomum tratando-se do *third-party funding*, apontando-se que, apesar de não ser parte formal da demanda, o financiador é o real beneficiário do resultado do litígio (soma-se a esse argumento, a depender do caso, o fato de o financiador deter parcela relevante de controle sobre o caso).[412] Tal argumento, contudo, não parece ter grande penetração no direito brasileiro. Como exposto (item 4.1), o conceito de "parte" pode ser melhor compreendido distinguindo-se *parte*

and becomes a party through assignment" (Harmonizing Third-Party Litigation Funding Regulation. *Cardozo Law Review*, v. 36, p. 898, 2015).

410 Admite-se possível a realização do financiamento por outras formas, como a cessão fiduciária de crédito, empréstimo e estipulação em favor de terceiros, mas tais casos não estão compreendidos no conceito de *third-party funding* adotado neste estudo.

411 Por exemplo, a vantagem de utilizar cessão de crédito, em vez de constituir uma SCP no caso de o financiador ser um fundo de investimentos, visto que haverá, nesse caso, isenção de impostos (vide art. 14, inciso I, Instrução Normativa n.º 1.585 da Receita Federal, de 31 de agosto de 2015), potencializando os lucros.

412 ROWLES-DAVIS, Nick. *Third Party Litigation Funding*, p. 58, defendendo que: "There is a point at which the real party ceases to be the named party and becomes the party with the most to gain, in other words the agreement over the division of the proceeds of the case is also a relevant factor – particularly if the funder is to receive more than half of the proceeds".

processual (ou formal) e *parte substancial* (ou material), sendo o primeiro o sujeito do contraditório instituído perante o juiz, titular de faculdades, ônus, poderes e deveres,[413] e o segundo o titular da relação jurídica de direito material deduzida na lide. A resposta novamente dependerá da figura de direito material adotada para realização do financiamento, mas, utilizando-se a cessão de crédito ou constituindo-se uma sociedade em conta de participação (figuras que, em nosso entender, são as mais adequadas para a realização do financiamento no direito brasileiro), a relação material que embasa a demanda não é transferida ao financiador, mas somente o direito ao recebimento de parcela do que eventualmente uma das partes vier a receber. A parte adversa do financiado não detém com o financiador qualquer relação. Além disso, é importante evitar que tal argumento seja usado como tática para buscar a extinção da lide sem análise do mérito, a protelação do feito ou então a anulação de eventual decisão.[414]

Quanto às intervenções coatas, o financiador não poderá ser instado a intervir como litisdenunciado ou ainda chamado a lide, visto que não se enquadra em nenhuma das hipóteses legais dos arts. 125 e 130 do CPC/2015, respectivamente.[415] O novo Código de Processo Civil retirou a nomeação à autoria do título de intervenção de terceiros (arts. 62 a 69, CPC/1973) e a inseriu como uma defesa a ser arguida em contestação

[413] DINAMARCO, Cândido Rangel. *Litisconsórcio*, p. 22-25; CRUZ E TUCCI, José Rogério. *Limites subjetivos da eficácia da sentença e da coisa julgada civil*, p. 33-34.

[414] É emblemática a arbitragem de *Teinver S.A., Transportes de Cercanías S.A. and Autobuses Urbanos del Sur S.A. v. Argentine Republic* (Caso ICSID n. ARB/09/1). O governo da Argentina questionou a jurisdição do Tribunal Arbitral afirmando que o fundo Burford, que financiava os requerentes, era a "real party in interest", e o fundo, que não era argentino nem espanhol, não poderia ter se valido da Convenção para instaurar a arbitragem. Os requerentes sustentaram que Burford não era parte, pois o direito subjacente não foi a ele transferido, que havia se comprometido a financiar a disputa em troca de uma porcentagem dos ganhos apenas se estes viessem a se realizar. O Tribunal Arbitral proferiu sentença parcial reconhecendo sua jurisdição, entendendo que, mesmo que tivesse ocorrido tal transferência (o que não foi definitivamente decidido pelo Tribunal), ela seria posterior à data de instauração da arbitragem, que é o marco temporal utilizado para análise da jurisdição (vide Decision on Jurisdiction, de 21 de dezembro de 2012, em especial §§ 254 a 259. Houve voto dissidente, mas que concordou com a decisão nesse ponto).

[415] As hipóteses de chamamento ao processo permaneceram as mesmas já previstas no art. 77 do CPC/1973, tendo havido apenas uma correção de redação. Quanto à denunciação à lide, foi retirada uma das hipóteses previstas no art. 70 do CPC/1973 (denunciação pelo possuidor direto), além do que foi vedada a ocorrência de mais de uma denunciação sucessiva (§ 2.º).

(art. 339, CPC/2015). De qualquer forma, é hipótese inaplicável na maior parte dos financiamentos por terceiro, realizados, em sua maioria, para o autor da demanda. Entretanto, pode-se vislumbrar uma hipótese em que o financiador invista em determinada demanda por parte do réu, mas, nesse caso, partindo da premissa desenvolvida neste trabalho, segundo a qual a cessão de crédito transfere apenas o direito creditório, e não a obrigação subjacente, seria incabível a nomeação do financiador. Cabem aqui, ademais, as mesmas críticas feitas à alienação da coisa litigiosa, visto que o financiador não possui interesse, no mais das vezes, em ter seu envolvimento revelado, quiçá participar do processo, sendo exagerado imaginar que o financiado (a parte por ele auxiliada e com quem possui interesses paralelos) o colocaria em tal posição.

Voltemo-nos às intervenções voluntárias. A assistência simples é cabível quando o interveniente, detentor de uma relação jurídica subordinada àquela discutida no processo, ingressa na demanda para auxiliar uma das partes (sem, contudo, defender direito próprio)[416] (arts. 119 e 121, CPC/2015, que não trouxeram alterações relevantes em relação aos arts. 50 e 52 do CPC/1973). Parece possível que o financiador possa intervir como assistente simples, visto que seu direito de crédito é subordinado à relação jurídica entre financiado e parte adversa. Novamente, contudo, a prática demonstra que o financiador, na larga maioria das vezes, tem interesse em se manter desconhecido e não participar da demanda de qualquer forma.

A assistência litisconsorcial é modo de intervenção cabível quando o terceiro está direta e imediatamente vinculado ao objeto do litígio e poderia, portanto, ter sido parte[417] (art. 124, CPC/2015, que repete o art. 54 do CPC/1973). O assistente litisconsorcial, na verdade, nada mais é do que um litisconsorte ulterior. Aplica-se, aqui, o mesmo que foi dito anteriormente acerca da atuação do financiador como parte. Adotando-se uma das figuras descritas neste estudo, as quais transferem o direito de crédito, mas não a obrigação subjacente, o financiador não se torna título da relação jurídica material com a parte adversa e, portanto, não possui legitimidade para integrar a lide por essa figura.

Quanto à oposição, o Novo Código de Processo Civil a retirou do título de intervenção de terceiros (arts. 56 a 61, CPC/1973), incluindo-a nos

[416] DINAMARCO, Cândido Rangel. *Litisconsórcio*, p. 55.
[417] CARNEIRO, Athos Gusmão. *Intervenção de terceiros*, p. 196.

procedimentos especiais (arts. 682 a 686, CPC/2015). Não obstante, a sistemática não foi alterada, podendo o terceiro que entende ser titular do direito discutido na lide *inter alios* oferecer oposição, requerendo para si o bem. A hipótese de o financiador ter interesse na utilização da oposição é bastante remota, sendo aplicável apenas em casos extremos nos quais o financiado conduza de forma negligente o processo. Nesse sentido, contudo, a questão resolver-se-á em descumprimento contratual, sendo comumente previsto que a má condução do processo gerará a rescisão do contrato (o que, salvo hipóteses absolutamente excepcionais, não será de interesse de nenhum dos contratantes). Ademais, utilizando-se as figuras de cessão de crédito ou constituição de sociedade em conta de participação, na qual o financiador não se torna titular do direito material, não teria ele legitimidade para fazer uso da oposição.

Cabe analisar, por fim, a possibilidade de intervenção do financiador como *amicus curiae*. Essa figura, típica da *common law*,[418] à qual tem ganhado paulatina relevância no direito brasileiro desde a década de 1960, prevendo-se, em leis esparsas, a possibilidade de sua utilização em hipóteses específicas. O novo Código de Processo Civil sistematizou o instituto e generalizou sua aplicação (art. 138, CPC/2015), não registrando os tipos de procedimento e o momento processual nos quais a figura pode ser usada. O *amicus curiae* é um terceiro que se torna sujeito do processo, mas não parte – visto que não deduz qualquer pretensão, nem contra ele é deduzida qualquer pretensão processual –, podendo intervir voluntariamente ou a convite do magistrado para fornecer ao juízo subsídios que possam ser úteis ao julgamento da causa ou recurso.[419] Não se exige, contudo, que o *amicus curiae* atue de modo imparcial, não impedindo que intervenha na demanda na esperança de contribuir para a vitória de uma das partes.[420] Apesar de o magistrado poder, de ofício, provocar o terceiro a ingressar na demanda, a intervenção não perde seu caráter de voluntária, visto que a própria lei determina que o magistrado, nesse caso, vai "solicitar" a participação

[418] Apesar de suas origens serem traçadas ao direito romano, na qual o *amicus curiae* atuava como um colaborador neutro dos magistrados nos casos que envolviam questões não estritamente jurídicas, bem como para evitar que os magistrados cometessem erros de julgamento (BUENO, Cassio Scarpinella. Amicus curiae *no processo civil brasileiro*, p. 112).

[419] BENEDUZI, Renato Resende. *Comentários ao Código de Processo Civil*, p. 270.

[420] Idem, p. 271.

do terceiro (art. 138, CPC/2015).[421] Assim, ainda que determinado pelo magistrado, o terceiro não terá qualquer obrigação de intervir caso assim não queira.

A novel legislação processual civil concede certo grau de discricionariedade ao magistrado para deferir ou não a intervenção, tendo o art. 138 utilizado conceitos indeterminados de "relevância da matéria", "especificidade do tema" e "repercussão social da controvérsia" como fundamento a embasar tal intervenção. Apesar disso, não parece haver qualquer obstáculo jurídico para para que seja admitida a intervenção do financiador como *amicus curiae*, visto que pode intervir nessa condição qualquer "pessoa natural ou jurídica, órgão ou entidade especializada", desde que as circunstâncias do caso justifiquem sua admissão.

Em direito estrangeiro, é possível observar exemplos da utilidade de tal intervenção, como para tratar sobre especificidades do contrato de financiamento.[422] Não obstante, é preciso novamente ter em mente que o interesse do financiador geralmente será de não revelar seu envolvimento, muito menos os termos do contrato com a parte ou de outros contratos por ele firmados em demandas distintas. Assim, considerando a voluntariedade dessa intervenção e os interesses comumente presentes, pode-se imaginar que sua ocorrência, apesar de possível, será bastante rara na prática.

Finalmente, devem ser feitos alguns esclarecimentos específicos sobre o financiamento envolvendo demandas arbitrais. Tratando-se de arbitragem, o primeiro passo será analisar se o financiador, por meio do financiamento, torna-se parte na convenção de arbitragem (terceiro imperfeito), de modo a possibilitar incluí-lo na lide. A resposta, como regra geral, deve ser negativa. Com efeito, o direito de recebimento ao crédito não é suficiente, por si só, para vincular o financiador ao negócio jurídico que não negociou e de cuja execução não participou.[423] Entretanto, deverá ser analisado se alguma

[421] Nesse mesmo sentido expôs Cassio Scarpinella Bueno, ainda sob a vigência do CPC/1973, afirmando que: "Negamos, contudo, que a intervenção 'provocada' seja sinônimo de intervenção compulsória, obrigatória. Isto porque o que é compulsório ou obrigatório é a intimação para que o *amicus curiae* se manifeste, e não sua intervenção propriamente dita" (Amicus curiae *no processo civil brasileiro*, p. 477).

[422] Vide AVRAHAM, Ronen; WICKELGREN, Abraham. Third-party litigation funding – a signaling model. *DePaul Law Review*, v. 63, p. 262-263, 2014.

[423] No mesmo sentido entende Philippe Pinsolle, admitindo que: "Même en appliquant le critère souple de la jurisprudence française, il nous semble douteux qu'un tiers qui intervient au moment où le contentieux naît pour financer ce contentieux, quel que soit son degré

das doutrinas de transmissão e de extensão da convenção de arbitragem é aplicável, o que somente poderá ser feito no caso concreto. Ausentes circunstâncias que permitam tal extensão ou transmissão, não se poderá considerar possível a intervenção, coata ou voluntária, do financiador no processo.[424]

Admitindo-se ter sido possível estender ou transmitir a convenção de arbitragem ao financiador, aplicam-se as mesmas conclusões expostas sobre o financiamento em demandas perante o Judiciário estatal.

4.3.3 Consequências da Posição do Financiador no Processo

4.3.3.1 (Im)possibilidade de a Parte Adversa iniciar Execução contra o Financiador

Tendo o financiado sucumbido e imaginando-se que houve pedido reconvencional, poderia a parte adversa iniciar execução diretamente contra o financiador, buscando responsabilizá-lo? A resposta a esse questionamento deve ser analisada sob três perspectivas: (a) direito processual; (b) direito material; e (c) política.[425]

No tocante à primeira, há que se determinar quem são os sujeitos que possuem legitimidade passiva na execução. O novo Código de Processo Civil prevê, assim como já o fazia o Código de 1973 (art. 568, CPC/1973), um rol de sujeitos que podem figurar no polo passivo da execução. Como regra geral, será legitimado passivo para a execução o devedor reconhecido no título executivo (art. 779, I, CPC/2015), podendo, contudo, ser também legitimados aqueles que se tornaram devedores por ato ou fato superveniente (espólio, herdeiro ou sucessor – art. 779, II), aquele que, com o consentimento do credor, assume a posição do devedor (art. 779, III), o fiador do débito (art. 779, IV), o proprietário de bem ofertado como garantia real (art. 779, V) e o responsável tributário (art. 779, VI).

d'implication dans le contentieux lui-même et le degré de contrôle que le contrat de financement lui octroiera, puisse être considéré comme devenant partie à la convention d'arbitrage" (Le financement de l'arbitrage par les tiers, p. 400).

424 Salvo, evidentemente, acordo das partes e aceitação pelos árbitros. No entanto, se as partes estiverem de acordo, o problema jamais se coloca, somente sendo relevante tratá-lo quando houver divergência entre os envolvidos em relação a esse ponto.

425 O termo "política" é utilizado no sentido de "*policy*".

Percebe-se que, uma vez identificada a posição do financiador no processo, não é possível enquadrá-lo em qualquer das hipóteses listadas. Não tendo sido parte do processo de conhecimento, não figura no título. Igualmente, não será sucessor do devedor, seja a título universal, seja a título singular. Quanto a este último, reitere-se que o financiador (quando o financiamento é feito pelas formas indicadas neste estudo) não se torna titular da relação jurídica de direito material, não podendo, portanto, ser considerado sucessor. Ainda, o financiador não assume qualquer obrigação perante o credor, muito menos a de quitar a dívida. Sua relação é exclusivamente com o financiado, limitada ao pagamento dos custos do processo. Por esse mesmo motivo também não poderá ser equiparado ao financiador para fins de legitimação. Com efeito, o fiador obriga-se a quitar o débito caso tal não seja feito pelo devedor principal, situação esta que não se assemelha à do financiamento de litígios por terceiros, na qual o financiador se obriga apenas perante o financiado e somente para o pagamento dos custos processuais. O financiador é, portanto, parte ilegítima para figurar no polo passivo da execução ou cumprimento de sentença.[426]

Quanto à perspectiva do direito material, dois pontos devem ser analisados: (i) relatividade dos contratos e (ii) responsabilidade civil. A relatividade possui a dupla função de proteger a esfera jurídica de terceiros, impedindo que esta seja afetada por atos de outrem, bem como serve às partes, limitando a estas o auferimento dos benefícios decorrentes da relação. Nesse sentido, o contrato de financiamento liga somente financiador e financiado, não beneficiando ou prejudicando terceiros. É incabível, portanto, à parte adversa na lide valer-se da existência dessa relação (da qual não é parte) para estender responsabilizar o financiador (que, aliás, não assumiu qualquer obrigação relacionada à quitação da dívida objeto da lide).

[426] Relevante notar a distinção feita por Teori Zavascki entre *parte processual* e *parte legítima* para figurar na execução (classificação esta que não se confunde com a defendida neste estudo entre *parte processual* e *parte material*), segundo a qual é parte processual aquele que figura no processo e parte legítima aquele que a lei processual determina. Pode, assim, ocorrer de a parte processual não ser parte legítima, pois não se enquadra em nenhuma das hipóteses do art. 779 do CPC/2015. Nesse caso, contudo, deverá arguir sua ilegitimidade em impugnação ao cumprimento de sentença, e não embargos de terceiro (*Comentários ao Código de Processo Civil*: artigos 771 ao 796. São Paulo: RT, 2016. p. 69-70 e 85-86).

Sob a segunda perspectiva, deve-se analisar se a atuação do financiador pode gerar a obrigação de pagar em razão da responsabilidade civil, visto que foi ele quem, ao munir o financiado de fundos para litigar, "deu causa" ao prejuízo da parte adversa. Essa questão fica mais evidente ao se tratar da responsabilização do financiador pelos custos de sucumbência, a qual, em razão de sua especificidade, será vista em item separado adiante (item 4.3.3.4). Não obstante, pode-se desde logo apontar, de modo geral, que o financiador não poderia ser alcançado pela responsabilidade em razão da ausência de nexo de causalidade direto e imediato entre sua conduta e o dano (art. 403, CC). Com efeito, o financiador não atua como parte no litígio, o que é feito, volitiva e independentemente, pelo financiado, real parte do processo. A conduta causadora do dano é necessariamente anterior ao financiamento, não podendo, portanto, atingir o financiador. Ainda, quanto à sucumbência, o ajuizamento da demanda e a sua condução pelo financiado rompe eventual nexo causal que ligasse o financiador à parte adversa, criando um nexo próprio para a sucumbência. Em outras palavras, o financiamento pode eventualmente ser *condição*, mas não *causa* do dano. Assim, também por essa perspectiva, é inviável buscar responsabilizar o financiador pelas dívidas do financiado reconhecidas pela sentença.

Por fim, sob uma perspectiva política, podem-se analisar quais os efeitos de se buscar responsabilizar o financiador, extrapolando os limites do próprio financiamento. Tal viés é comum da análise econômica do direito, originária do direito norte-americano, em que decisões judiciais não raras vezes possuem um fundamento econômico para a resolução da lide, ainda que este não seja expressamente mencionado.[427] A tomada de posição sobre o assunto, portanto, deve passar pelos efeitos da decisão sobre a sociedade ou, mais especificamente, os incentivos que serão criados. Nesse sentido, eventual reconhecimento de que o financiador pode ser incluído no polo passivo da execução e responsabilizar-se pela dívida geraria um grande desestímulo à sua utilização e, potencialmente, impediria por completo seu desenvolvimento no direito brasileiro.

Já foi reconhecido que o financiamento por terceiros é um instrumento útil ao processo, sendo uma das alternativas para um "acesso mais

[427] POSNER, Richard A. *Economic Analysis of Law*. 8. ed. New York: Aspen Publishers, 2011. p. 31.

equilibrado ao processo".[428] No entanto, é difícil imaginar que terceiros estariam interessados nessa forma de investimento caso haja um risco significativo de serem obrigados a pagar valores que extrapolam o quanto originalmente contratado com o financiado. Tal risco tem grande impacto no equilíbrio econômico da relação entre financiador e financiado, podendo tornar inviável sua realização e, possivelmente, levar à inexistência dessa ferramenta (potencialmente bastante benéfica) no direito brasileiro.

Em suma, não parece ser possível – tampouco desejável – que o financiador seja incluído no polo passivo da execução.

4.3.3.2. (Im)possibilidade de o Financiador dar Seguimento ao Processo e Mover Execução Autonomamente

Grande parte do raciocínio exposto no item anterior pode ser aplicada à solução dessa questão.

O novo Código de Processo Civil, seguindo a sistemática já existente no Código de 1973 (arts. 566 e 567, CPC/1973), também prevê um rol de legitimados para promover a execução. Como regra geral, a lei dá ao credor, portador de título executivo, o direito de promover a execução forçada (art. 778, *caput*, CPC/2015). Podem também mover a execução ou suceder o exequente o Ministério Público (art. 778, § 1.º, I), o espólio, herdeiros e sucessor *causa mortis* (art. 778, § 1.º, II); o cessionário (art. 778, § 1º, III) e o sub-rogatário (art. 778, § 1.º, IV).

Note-se, primeiramente, que, não sendo parte na lide, o financiador não figura no título executivo. Assim, já nessa primeira hipótese, não poderá mover a ação de execução autonomamente. No tocante às hipóteses de sucessão processual (incisos do § 1.º), as duas primeiras são incabíveis no financiamento de litígios por terceiros, não necessitando maiores explicações.

Quanto à cessão, a lei processual atribui legitimidade ao "cessionário, quando o direito resultante do título executivo lhe for transferido por ato entre vivos", redação esta que repete aquela já contida no art. 567, II, do CPC/1973, sob a égide do qual Amilcar de Castro já comentava que, "em se tratando de legitimação das partes no processo de execução, não

[428] ABREU, Rafael Sirangelo de. *Igualdade e processo*: posições processuais equilibradas e unidade do direito, p. 174-175.

se deve deixar de insistir nas diferenças entre o direito privado e o direito processual. Nunca se deve esquecer que o crédito não se confunde com a ação do credor".[429] Partindo-se das premissas expostas neste estudo, a cessão do crédito não transfere a obrigação subjacente, mas tão somente o direito ao recebimento do crédito. Assim, entendendo-se que a cessão não concede ao financiador a legitimidade para atuar como parte no processo de conhecimento, tampouco o fará no tocante à execução.

Quanto à sub-rogação, é esta também hipótese inaplicável ao financiamento de litígios por terceiros, mas merecedora de maiores explicações. A sub-rogação, prevista nos arts. 346 a 351 do Código Civil, é forma de substituição do credor de determinada obrigação, na qual um terceiro, e não o devedor original, efetua o pagamento de determinada dívida.[430] Assemelha-se à cessão de crédito, mas com ela não se confunde, visto que a sub-rogação tem como fundamento o pagamento, e não a declaração de vontade (é verdade que a vontade de transferir o crédito pode estar na base da sub-rogação, mas não é seu fundamento, podendo inclusive ocorrer sem anuência ou mesmo contra sua vontade).[431] Na hipótese do financiamento de terceiros, o financiador somente poderia se valer do inciso IV do art. 778 do CPC/2015 caso pagasse ele próprio, ao financiado, o valor da dívida deste com a parte adversa. Nesse caso, o financiador se sub-rogaria nos direitos do financiado e poderia executar autonomamente ou suceder o financiado na execução ou cumprimento de sentença.

A prática não é incomum, sendo bastante desenvolvido, no Brasil, o mercado de aquisição de precatórios. Não obstante, não se trata de hipótese de financiamento por terceiros, visto que o credor originário retira-se por completo da relação processual e o risco é repassado integralmente ao terceiro sub-rogatário. Não há, assim, verdadeiro financiamento por terceiro.

A única hipótese em que o financiador poderia mover autonomamente a execução parece ser no caso de haver substituição processual voluntária. Conforme exposto (item 4.3.1.1), ao menos a partir da entrada em vigor no novo Código de Processo Civil, é cabível a legitimidade extraordinária

[429] CASTRO, Amilcar de. *Comentários ao Código de Processo Civil*. 2. ed. São Paulo: RT, 1976. v. 8, p. 8.

[430] VENOSA, Sílvio de Salvo. *Direito civil*: teoria geral das obrigações e teoria geral dos contratos, p. 239

[431] PEREIRA, Caio Mário da Silva. *Instituições de direito civil*, v. 2, p. 212.

convencional no direito brasileiro.[432] Nesse sentido, é possível que o credor original (financiado) transfira ao financiador a legitimidade para conduzir a execução, mas, nesse caso, estará agindo como substituto processual do financiado. Não obstante, cabem as ressalvas anteriormente feitas de que, na prática, essa situação será bastante inusitada.

4.3.3.3 (Im)possibilidade de Responsabilizar o Financiador pela Sucumbência

Um dos maiores pontos de embate tratando-se de financiamento de litígios por terceiros é a responsabilidade do financiador pelos custos da sucumbência caso o financiado não obtenha êxito na demanda, apontado como um dos maiores riscos do financiamento de demandas.[433] Imagine-se a situação em que o autor, sem fundos para custear sua demanda, usa do financiamento por terceiros e, ao final, vem a sucumbir. O réu viu-se forçado a arcar com custos para sua defesa em juízo, os quais devem ser reembolsados pelo autor (que reconhecidamente não era detentor do direito material que embasou a demanda), mas este não possui recursos. Poderá ser o financiador obrigado a arcar com tais custos perante a parte adversa?

O *leading case* sobre a questão – que, por sua importância, será analisado de forma mais detalhada – decorre do direito inglês, um dos países com mercado de *third-party funding*, o que é naturalmente acompanhado por maior produção doutrinária e jurisprudencial. O caso *Arkin v. Bochard Lines Ltd*,[434] descrito pelos próprios magistrados da *Court of Appeal* como "um processo desastroso",[435] levou ao estabelecimento da regra geral, naquele sistema jurídico, de que o financiador é responsável pela sucumbência. O Sr. Arkin detinha uma sociedade que operava transportes de cargas em navios, denominada BCL Shipping Line. Suas práticas foram questionadas por duas conferências de transportadores por violação a normas do direito comunitário europeu e, pouco tempo depois, a BCL Shipping Line tornou-se insolvente e entrou em liquidação. O Sr. Arkin obteve assistência

[432] Havendo vozes que defendiam tal possibilidade ainda sob a vigência do Código de 1973, notadamente o citado ensaio de BENEDUZI, Renato Resende. Legitimidade extraordinária convencional.

[433] VELJANOVSKI, Cento. Third-party litigation funding in Europe, p. 418.

[434] [2005] 1 WLR 3055.

[435] "The court is concerned with the considerable fall-out of a disastrous piece of litigation" (§ 1).

judiciária gratuita (*legal aid*) para ajuizar uma ação contra os demais transportadores que, a seu ver, causaram a liquidação. Por motivos não revelados, tal assistência foi retirada pouco depois do início da demanda, o que o levou à contratação de um advogado por meio de honorários de êxito (*contingency fees*). Arkin também celebrou acordo com um financiador denominado Managers and Processors of Claims (MPC – um dos primeiros *funders* profissionais na Inglaterra, não mais atuante hoje em dia) para o custeio da prova técnica, bem como os custos de organização dos documentos para a prova, sendo que MPC receberia uma parcela da condenação caso Arkin viesse a obter uma decisão favorável.

Arkin teve sua demanda julgada integralmente improcedente, com uma consequente condenação em custos de sucumbência que somavam aproximadamente £6 milhões. Como o autor não tinha fundos para arcar com tais custos, os réus requereram que o financiador fosse condenado a pagar tais valores. Em primeira instância, a decisão foi negativa, entendendo-se que era indesejável que litigantes sem condições financeiras fossem privados do acesso às cortes por razões pecuniárias, ao mesmo tempo em que a condenação de terceiros financiadores nos custos da demanda criaria um desincentivo e inviabilizaria essa solução para os altos custos de se litigar.[436] Além disso, seguindo os precedentes *Factortame*[437] e *Hamilton*,[438]

[436] "71. It is indeed highly desirable that impecunious claimants who have reasonably sustainable claims should be enabled to bring them to trial by means of non-party funding. It is further highly desirable in the interests of providing access for such claimants to the courts that non-party funders, such as MPC should be encouraged to provide funding, subject always to their being unable to interfere in the due administration of justice, particularly in order to forward their own interest in their stake in the amount recovered. If all professional funders were by definition to be subject to non-party costs orders, there would be no such funders to provide access to the courts to those who could not otherwise afford it."

[437] Discutido no item 2.1.2.

[438] *Hamilton v. Al-Fayed (n. 2)* [2003] QB 1175.

Esse litígio foi decorrente de um caso que ganhou a mídia inglesa na década de 1990, denominado "cash-for-questions affair". Mohamed Al-Fayed, proprietário da loja de departamento de luxo Harrods, em Londres, teria alegadamente informado ao jornal *The Guardian* que um conhecido lobista (Ian Greer) teria pago dois parlamentares (Neil Hamilton e Tim Smith) para reorganizar as pautas de votação do Parlamento favorecendo questões que eram de seu interesse. Hamilton então, tendo obtido recursos por meio de doações de 484 indivíduos (as quais seriam retornadas apenas em caso de sucesso), moveu uma ação requerendo danos por difamação (*libel action*), vindo a sucumbir e tendo sido condenado a pagar £ 1.467.576 em custos. O tribunal determinou que a identidade dos maiores doadores (cujas contribuições o magistrado entendeu que haveria uma questão política (*public policy*) de se privilegiar o financiamento de litígios como modo de acesso à justiça. Os réus apelaram sob o argumento de que o teste para examinar se determinado financiamento é *champertous* (como foi o caso de *Factortame* e *Hamilton* invocados na decisão) não é o mesmo que deve ser aplicado à análise da responsabilidade do financiador pelos custos.

Cabe aqui uma brevíssima digressão para explicar o regime de custos do direito inglês. O art. 51(1) do *Supreme Court Act 1981* prevê amplos poderes ao magistrado para determinar qual a extensão dos custos que devem ser reembolsados, bem como quem deve com eles arcar,[439] previsão esta repetida pelo art. 44.2(1) das *Civil Procedure Rules* de 1998.[440] O art. 44.2(2) (a) desse mesmo diploma estabelece que, caso a corte decida condenar alguma das partes ou terceiros (o que não incomum, em procedimento denominado "order for costs against non-parties") em custos de sucumbência, a regra geral será de que o sucumbente deverá pagar ao vencedor, sendo certo, contudo, que tal regra pode ser desrespeitada em determinados casos (art. 44.2(2)(b)),[441] levando em consideração especialmente

ultrapassavam £ 5.000 cada) fossem reveladas, enquanto o Sr. Al-Fayed buscou, com base no art. 51 do *Supreme Court Act*, responsabilizá-los pelo pagamento dos custos de sucumbência. A *Queen's Bench Division* da *High Court* entendeu que os doadores eram "financiadores puros" (*pure funders*) tendo feito suas contribuições como um ato de caridade e simpatia, vindo, portanto, a negar a ordem requerida por Al-Fayed. É especialmente relevante o seguinte trecho da decisão: "If in these cases solicitors (or, indeed, barristers) are not to be liable for the other side's costs if their client's claim fails, why should the pure funder be? [...] The starting point, as it seems to me, is to recognize that, where there is tension against the principle that a party who is successful in defending a claim made against him ought to be required to bear the costs of his defense and the principle that a claimant should not be denied access to justice to the courts on the grounds of impecuniosity, that tension has to be resolved in favour of the second of those principles" (§§ 45 e 63).

[439] 51.-(1) Subject to the provisions of this or any other Act civil division of and to rules of court, the costs of and incidental to all proceedings in the civil division of the Court of Appeal and in the High Court, including the administration of estates and trusts, shall be in the discretion of the court, and the court shall have full power to determine by whom and to what extent the costs are to be paid.

[440] 44.2. (1) The court has discretion as to – (a) whether costs are payable by one party to another; (b) the amount of those costs; and (c) when they are to be paid.

[441] 44.2 (2) If the court decides to make an order about costs – (a) the general rule is that the unsuccessful party will be ordered to pay the costs of the successful party; but (b) the court may make a different order.

a conduta das partes (art. 44.2(4)(a)).[442] Ao considerar a conduta das partes, deve o magistrado, em cumprimento ao art. 44.2(5), atentar-se (a) se a parte seguiu as diretrizes do tribunal (*Practice Directives*); (b) se questões por ela levantadas e discutidas eram razoáveis; (c) a maneira com que a parte arguiu seu caso ou defesa; e (d) se a parte vencedora exagerou seu pleito.[443] Assim, apesar de manter a discricionariedade do magistrado e a regra geral de que "costs-follow-the-event", as *Civil Procedure Rules* (decorrentes da Reforma de Lord Woolf)[444] trouxeram alterações significativas, sendo que aquela apontada como mais relevante é exatamente a ampliação do dever do magistrado no momento de exercício de seu poder discricionário de estabelecer a extensão e o responsável pelos custos.[445]

Retomando ao caso Arkin, a Court of Appeal reviu a jurisprudência inglesa sobre o tema e distinguiu três categorias de financiadores: (a) financiadores "puros"; (b) financiadores que não apenas fornecem fundos, mas também controlam substancialmente o litígio (i.e., um acordo *champertous*); e (c) financiadores que contribuem com recursos, mas não exercem controle.

A primeira categoria foi definida pela *High Court* no já citado caso *Hamilton*,[446] como "uma pessoa que provê fundos para cobrir os custos do processo em casos nos quais ele próprio não possui não possui qualquer interesse econômico no litígio (exceto o eventual reembolso pelos custos adiantados)".[447] Nesse caso, a contribuição financeira do terceiro não é

[442] 44.2 (4) In deciding what order (if any) to make about costs, the court will have regard to all the circumstances, including – (a) the conduct of all the parties.

[443] 44.2 (5) The conduct of the parties includes – (a) conduct before, as well as during, the proceedings and in particular the extent to which the parties followed the Practice Direction – Pre-Action Conduct or any relevant pre-action protocol; (b) whether it was reasonable for a party to raise, pursue or contest a particular allegation or issue; (c) the manner in which a party has pursued or defended its case or a particular allegation or issue; and (d) whether a claimant who has succeeded in the claim, in whole or in part, exaggerated its claim.

[444] Vide nota de rodapé 53.

[445] ZANDER, Michael. *Cases and Materials on the English Legal System*, p. 557.

[446] Vide nota de rodapé 497.

[447] Tradução livre de: "a person who provides funds to meet the litigation costos of a claimant in circumnstances in which he, himself, has no collateral interest in the outcome of the claim – other than as a source of reimbursement of the funds which he has provided" (*Hamilton v. Al-Fayed (n. 2)* [2003] QB 1175, § 71). Ver ainda o parágrafo 40 da decisão em *Hamilton*: "those with no personal interest in the litigation, who do not stand to benefit from it, are not funding it as a matter of business, and in no way seek to control its course".

feita como uma questão de negócio e não influencia de qualquer forma a condução do processo. O financiador apenas fornece o dinheiro e, em caso de sucesso, é reembolsado pela exata quantia gasta, sem qualquer lucro.

A segunda categoria inclui financiadores que fornecem o capital necessário para o pagamento dos custos da demanda na esperança de obter um retorno de capital. Além disso, exerce significativo controle sobre o processo, o que, como visto (item 2.1.2), configura *champerty*, figura esta que, apesar de ter sido abolida como crime, permanece como questão de ordem pública (*public policy*). Nesse caso, entendeu a *Court of Appeal*, em outro precedente (*Dymocks v. Todd*),[448] que o financiamento não está sendo feito para garantir acesso à justiça ao financiado, mas sim como instrumento para desvirtuar o processo e permitir que o financiador use o processo para seus próprios fins.[449] Nesse caso, o financiador deve ser responsabilizado integralmente pelos custos de sucumbência.

[448] *Dymocks Franchise Systems (NSW) Pty Ltd v. Todd* [2004] UKPC 39.
O litígio envolvia uma rede de livrarias australiana (Dymocks), que rescindiu o contrato com algumas de suas franquias na Nova Zelândia. No primeiro grau (*High Court*), foi dado ganho de causa a Dymocks, mas a *Court of Appeal* da Nova Zelândia reverteu o julgamento, entendendo que não havia base para a rescisão do contrato, condenando Dymocks ao pagamento de indenização. Um recurso foi manejado ao *Privy Council* na Inglaterra, que reverteu novamente a decisão, mas utilizando fundamento diverso, entendendo que os franqueados haviam dado causa à rescisão ao "repudiar" o acordo, sinalizando que deixariam de cumprir suas obrigações, uma vez que já haviam, de fato, deixado de pagar taxas de franquia.
No que interessa para este estudo, os franqueados foram financiados por uma empresa da família da Sra. Todd, dona das franquias, denominada Associated Industrial Finance Pty Ltd. Uma vez que a Sra. Todd tinha condições financeiras para arcar pessoalmente com os custos da sucumbência, Dymocks fez um requerimento ao *Privy Council* para que a empresa da família fosse condenada ao pagamento de tais custos. A corte, após fazer uma revisão de precedentes do Reino Unido, Austrália e Nova Zelândia, extraiu algumas regras, como a de que o financiador que extrapola sua posição de terceiro e exerce controle substancial sobre a demanda torna-se a "verdadeira parte" (*real party*), sendo responsável integralmente pela sucumbência. Com base nisso, e entendendo que a empresa não apenas financiou o litígio, mas exerceu influência indispensável à defesa do financiado no processo, a corte condenou Associated Industrial Finance a arcar com os custos ("In the light of these authorities their Lordships would hold that, generally speaking, where a non-party promotes and funds proceedings by an insolvent company solely or substantially for his own financial benefit, he should be liable for the costs if his claim or defence or appeal fails" – § 29). Vide também parágrafo 25, em que são expostas as regras extraídas da análise dos precedentes ingleses, australianos e neozelandeses.

[449] "Where, however, the non-party not merely funds the proceedings but substantially also controls or at any rate is to benefit from them, justice will ordinarilly require that, if the

A terceira categoria – criada pela decisão e na qual se enquadrava efetivamente o caso analisado[450] – trata do financiador profissional que fornece fundos para possibilitar o ajuizamento da demanda, mas não exerce controle sobre o processo. Distingue-se da primeira categoria ("financiador puro") porque utiliza o financiamento como negócio, esperando obter não apenas o ressarcimento do valor adiantado, mas também lucro. Diferencia-se da segunda categoria (na qual o financiador se torna a "verdadeira parte"), pois não vai além de seu papel, mantendo-se como terceiro com um interesse econômico, mas sem intervir ou influenciar a demanda. A corte entendeu que, nesse caso, a ponderação entre acesso à justiça e o retorno da parte vencida à situação econômica anterior à demanda (tendo em vista que foi a parte vencida que, baseada em pleito que mostrou-se infundado, fez com que ela despendesse recursos) não deveria simplesmente pender para a primeira, como no caso do "financiador puro". Tampouco deveria pender para o último, responsabilizando-se o financiador pela integralidade dos custos, visto que tal implicaria um desincentivo à realização de financiamento por terceiros e, consequentemente, aumentar-se-ia o problema de acesso à justiça.[451] Essa categoria é, portanto, um meio-termo ponderado entre os dois extremos, buscando-se privilegiar tanto o uso do financiamento por terceiros como instrumento de acesso à justiça quanto o reembolso da parte vencedora pelos custos em que não teria incorrido não fosse a atuação da parte vencida (que se reconheceu posteriormente infundada).

proceedings fail, he will pay the successful party's costs. The non-party in these cases is not much facilitating access to justice by the party funded as himself gaining access to justice for his own purposes. He himself is 'the real party' to the litigation" (*Dymocks Franchise Systems (NSW) Pty Ltd v. Todd* [2004] UKPC 39, § 25).

[450] A corte determinou que o financiador não exerceu qualquer controle sobre a demanda: "The judge found that MPC took no part in the taking of decisions as to the conduct of Mr. Arkin's case. Although MPC were kept well informed at all times, they did not attempt to control the litigation" (§ 14).

[451] "If a professional funder, who is contemplating funding a discrete part of an impecunious claimant's expenses, such as the cost of expert evidence, is to be potentially liable for the entirety of the defendant's costs should the claim fail, no professional funder will be likely to be prepared to provide the necessary funding. The exposure will be too great to render funding on a contingency basis of recovery a viable commercial transaction. Access to justice will be denied. We consider, however, that there is a solution that is practicable, just and that caters for some of the policy considerations that we have considered above" (Arkin v Bochard [2005] 1 WLR 3055, § 39).

A solução dada pela *Court of Appeal* inglesa foi, portanto, responsabilizar o financiador pelos custos de sucumbência até a extensão do quanto ele investiu (denominado "Arkin cap"). Ou seja, o risco do financiador é objetivamente aferível no momento da celebração do acordo de financiamento, equivalendo ao dobro do quanto foi investido (visto que perderá o investimento e ainda deverá pagar o mesmo valor à parte adversa como custos de sucumbência). A corte reconheceu que tal regra, que aumenta o risco do financiador, provavelmente levará também a um aumento no percentual que o financiador exigiria no caso de sucesso, diminuindo-se, portanto, a parcela que o litigante efetivamente conseguiria recuperar para si. Apesar disso, pareceu à corte que seria mais justo diminuir o retorno do financiado do que deixar a parte adversa em uma posição de não poder recuperar os custos que teve com sua defesa (e não teria gasto caso o financiado não tivesse trazido pretensão que se mostrou infundada), no caso de o financiado vir a sucumbir.[452]

Essa decisão foi duramente criticada por Lord Rupert Jackson, em seu relatório sobre os custos de se litigar na Inglaterra (*Review of Civil Litigation Costs*), que resultou em alterações legislativas para aprimorar o acesso à justiça.[453] Entendeu ele que seria injusto que um financiador de litígios, que poderá receber uma parcela significativamente da condenação em caso de sucesso, possa escapar do pagamento dos custos da parte contrária caso o financiado venha a sucumbir.[454] Sua recomendação foi para que, por alteração legislativa ou jurisprudencial, fosse adotada a regra geral de

[452] "Our approach is designed to cater for the commercial funder who is financing part of the costs of the litigation in a manner which facilitates access to justice and which is not otherwise objectionable. Such funding will leave the claimant as the party primarily interested in the result of the litigation and the party in control of the conduct of the litigation. We consider that a professional funder, who finances part of a claimant's costs of litigation, should be potentially liable for the costs of the opposing party to the extent of the funding provided. The effect of this will, of course, be that, if the funding is provided on a contingency basis of recovery, the funder will require, as the price of the funding, a greater share of the recovery should the claim succeed. In the individual case, the net recovery of a successful claimant will be diminished. While this is unfortunate, it seems to us that it is a cost that the impecunious claimant can reasonably be expected to bear. Overall justice will be better served than leaving defendants in a position where they have no right to recover any costs from a professional funder whose intervention has permitted the continuation of a claim which has ultimately proved to be without merit" (§§ 40-41).

[453] Explicados no item 2.1.2.

[454] JACKSON, Rupert. *Review of Civil Litigation Costs*: Final Report, p. 123, § 4.6.

que o financiador deveria arcar com os custos de sucumbência, cabendo ao magistrado, valendo-se de seu poder discricionário, decidir no caso concreto qual a extensão do pagamento.[455]

A conclusão que se extrai dessa análise é a de que, na Inglaterra, atualmente, o financiador (exceto no caso de financiador "puro", i.e., não profissional, que não é o caso aqui estudado) será responsável pelo pagamento de custos de sucumbência até o limite do quanto investiu. Essa limitação é desconsiderada nos casos em que o financiador exerce efetivo controle sobre o processo, hipótese em que é responsável pelo pagamento da integralidade dos custos.

Em outros países de tradição *common law*, o entendimento tem sido de que o terceiro financiador deve ser responsabilizado apenas nos casos em que cometer algum abuso no processo. Nesse sentido, a *High Court* da Austrália, no caso *Jeffery & Katauskas Pty Ltd v. SST Consulting Pty Ltd*,[456] decidiu que não poderia ordenar que um terceiro pagasse os custos de sucumbência pelo simples fato de ter financiado uma das partes, admitindo que somente poderia fazê-lo "if the funding arrangement amounted to an abuse of the court's process". Nessa demanda, alguns credores (entre os quais SST Consulting) haviam acordado (por meio de um *deed of company agreement*), entre outros pontos, financiar, até o limite de AUD 150.000, o litígio da empresa (Rickard Constructions Pty Ltd) contra uma companhia (Jeffery & Katauskas) relativa à falha na construção de um pavimento. Os credores continuaram financiando o litígio mesmo após os custos terem superado o valor previsto e, ao final, o financiado veio a sucumbir, sendo condenado ao pagamento de AUD 450.000 em custos. Jeffery & Katauskas (a parte adversa) valeram-se de previsão legal bastante similar àquela existente no direito inglês (art. 98 do *Civil Procedure Act* de 2005),[457] segundo a qual a corte possui poder discricionário para decidir a extensão dos custos, bem como o responsável pelo seu pagamento, para requerer que os credores que financiaram o litígio fossem responsabilizados pela sucumbência. A *High Court* australiana não deu provimento ao pedido,

[455] Idem, p. 123, § 4.7.

[456] [2009] HCA 43.

[457] 98. Courts powers as to costs. (1) Subject to rules of court and to this or any other Act: (a) costs are in the discretion of the court, and (b) the court has full power to determine by whom, to whom and to what extent costs are to be paid, and (c) the court may order that costs are to be awarded on the ordinary basis or on an indemnity basis.

compreendendo que terceiros somente poderiam ser responsabilizados pela sucumbência em casos excepcionais, em caso de *contempt of court* ou abuso do processo.

Decisão similar foi dada sob a égide do direito norte-americano, no caso *Abu-Ghazaleh v. Chaul*.[458] O caso envolvia uma demanda indenizatória movida pelos acionistas de uma empresa (Grupo Empresarial Agrícola Mexicano) contra o CEO de uma empresa (Mohammed Abu-Ghazaleh, do IAT Group) que havia alegadamente atuado para que as ações do Grupo Mexicano fossem adquiridas a um preço muito abaixo de seu valor real, gerando um prejuízo estimado de milhões de dólares americanos. A demanda dos acionistas foi financiada por um terceiro (CSI Financial), que receberia 18,33% do quanto fosse eventualmente recuperado. O financiador, contudo, exerceu grande controle sobre o litígio, aprovando peças, selecionando advogados, buscando provas, aprovando custas e, por fim, reservando-se direito de veto nas propostas de acordo. A *Court of Appeal* da Flórida concluiu que o financiador deveria ser considerado parte do litígio de acordo com a norma estatal, que conceitua "parte" como qualquer sujeito que participe do litígio, conduza-o, com ele se relacione, seja ele nomeado ou não no processo.[459] Portanto, condenou-o a pagar os custos de sucumbência.

No tocante às decisões de cortes domésticas estrangeiras, o princípio básico que se extrai sobre o tema é que, quanto mais controle os financiadores exerçam sobre o caso e quanto mais se beneficiem com o resultado, mais estarão expostos ao risco de ser responsabilizados pelo pagamento das custas de sucumbência. Ademais, a Inglaterra, em particular, possui uma regra geral de que o financiador (profissional) será sempre responsável pela sucumbência, limitado ao valor investido.

Esse tema ainda não foi enfrentado pela doutrina ou jurisprudência brasileiras. Contudo, o direito brasileiro não parece comportar essa mesma solução.

A legislaçao processual brasileira não atribui ao magistrado a discricionariedade vista alhures. Com efeito, o art. 82, § 2.º, do CPC/2015 prevê

[458] 36 So.3d 691 (Fla. Dist. Ct. Ap. 2009).

[459] "This Court has previously stated that a 'party' is defined under Florida law as any person who participates in litigation regardless of whether or not [the party is] actually named in the pleadings. The word party includes one concerned with, conducting, or taking part in any matter or proceeding, whether he is named or not."

expressamente que "a sentença condenará o vencido a pagar ao vencedor as despesas que antecipou". As despesas que podem ser ressarcidas estão igualmente previstas no Código, dispondo que "as despesas abrangem as custas dos atos do processo, a indenização de viagem, a remuneração do assistente técnico e a diária de testemunha" (art. 84). O CPC/2015 estabelece, por fim, que "a sentença condenará o vencido a pagar honorários ao advogado do vencedor" (art. 85), cuja extensão é igualmente prevista entre 10% e 20% do proveito econômico (art. 85, § 2.º). O juiz brasileiro está, portanto, adstrito à aplicação da norma processual, que define tanto a extensão da sucumbência quanto o sujeito responsável pelo pagamento. A condenação do financiador somente será possível, portanto, se este for parte no processo.

Como se viu, a posição do financiador no processo dependerá da figura de direito material adotada para o financiamento. Sendo utilizada uma das figuras indicadas neste estudo como mais adequada, o financiador não será considerado parte, tampouco poderá ser instado a intervir coercitivamente. É possível sua intervenção apenas como assistente simples ou *amicus curiae*, hipóteses em que, não deduzindo o financiador pretensão ou tendo contra ele pretensão deduzida, não há como cogitar de sua condenação ao pagamento de qualquer quantia.

Conclui-se, portanto, que o direito brasileiro não possibilita a condenação do financiador nos custos de sucumbência em demandas perante o Judiciário estatal. Cabe analisar, em seguida, se a mesma solução será dada tratando-se de arbitragem.

No tocante à arbitragem, há ainda um óbice adicional. A jurisdição do tribunal arbitral decorre da vontade das partes de submeter determinado litígio a essa solução privada de conflitos,[460] renunciando, para tanto, o direito de resolver a controvérsia no Judiciário.[461] A convenção de arbitra-

[460] Poderia ser dado um argumento contrário a esse, afirmando-se que o poder dos árbitros é proveniente da *lex arbitrii*, que reconhece como final a decisão do Tribunal Arbitral. Não obstante, a *lex arbitrii* aplicável decorre da vontade das partes, que escolheram a lei aplicável, seja expressamente, seja optando pelo lugar da sede.

[461] A "renúncia" à jurisdição estatal foi debatida pelo Supremo Tribunal Federal na discussão sobre a constitucionalidade da arbitragem. Naquela ocasião, foi reconhecido que a submissão do litígio à arbitragem não ofenderia o direito de acesso à justiça previsto no art. 5.º, XXXV, da Constituição Federal exatamente porque a "renúncia" não era genérica (i.e., não se renunciava ao direito fundamental de acesso às cortes), mas sim específica para determinada lide, a qual trata de direitos disponíveis. Nesse sentido, o voto de Nelson Jobim: "Não há renúncia

gem é suprimida e complementada pelo termo de arbitragem (art. 19, § 1.º, da Lei de Arbitragem),[462] instrumento pelo qual as partes outorgam poderes aos árbitros para resolver, de modo definitivo, a controvérsia entre eles existentes, nos exatos limites previstos naquele instrumento. É o termo de arbitragem, portanto, que determina os limites subjetivos e objetivos do processo arbitral, de modo que o tribunal somente possui poder para decidir aquelas questões e relativamente àquelas pessoas (ou seus sucessores, por expressa previsão legal – art. 31, Lei de Arbitragem).

Se o financiador, ainda que se admita ser ele parte da convenção de arbitragem, for terceiro no processo, o Tribunal Arbitral não terá jurisdição sobre ele e, por conseguinte, não poderá condená-lo a suportar a sucumbência.[463-464] Nesses casos, a melhor saída seria que a parte vitoriosa

abstrata à jurisdição. Há, isto sim, convenção de arbitragem sobre litígios futuros e eventuais, circunscritos à específica relação contratual, rigorosamente determináveis. Há renúncia relativa à jurisdição. Circunscreve-se a renúncia aos litígios que decorram do pacto contratual, nos limites fixados pela cláusula. Não há que se ler na regra constitucional (art. 5.º, XVV), que tem como destinatário o legislador, a proibição das partes renunciarem à ação judicial quanto a litígios determináveis, decorrentes de contrato específico" (STF, Tribunal Pleno, AgRg SEC 5.206, j. 22.11.2000).

462 Nesse sentido, Carlos Alberto Carmona, apontando que: "Caracteriza-se tal documento [*terms of reference*] como um adendo à cláusula ou ao compromisso, passando a integrar a convenção arbitral" (*Arbitragem e processo*, p. 280-281). Ver também a jurisprudência do STJ: "5. A 'ata de missão' ou 'termo de arbitragem' não se confunde com a convenção arbitral. Trata-se de instrumento processual próprio, pelo qual se delimita a controvérsia posta e a missão dos árbitros. 6. Diante da liberdade ampla vigente no procedimento arbitral, a manifestação das partes e dos árbitros na Ata de Missão possibilita a revisão e adequação das regras que serão utilizadas no desenrolar do processo, ainda que resulte em alterações quanto ao anteriormente convencionado, desde que respeitada a igualdade entre as partes e o contraditório" (STJ, 3.ª Turma, REsp 1.398.763'/PR, Rel. Min. Nancy Andrighi, j. 12.11.2013, *DJe* 20.11.2013).

463 GOELER, Jonas von. *Third-party funding in international arbitration and its impact on procedure.* Alphen aan den Rijn: Wolter Kluwer International, 2016. p. 419-420, defendendo que: "[...] inclusion [of the funder] could be sought under different legal aspects, such as implied consent to arbitrate, the group of companies doctrine, estoppel and alter ego, or jurisdictional approaches. Yet, no matter which legal aspects are considered, the funder must ultimately have had some involvement in the subject matter of the dispute between the signatories. This was not the case in the abovementioned court cases, and will hardly ever be. Involvement in the arbitral proceedings – in the form of economic interest and control – is not enough to establish jurisdiction over a third-party funder, no matter how significant the funder's involvement might be".

464 No mesmo sentido, Philippe Pinsolle, expondo sobre o tratamento no direito francês: "La question de savoir dans quelle mesure ce tiers pourrait être condamné aux frais de l'arbitrage

obtivesse, antes do término da arbitragem, uma ordem de *security for costs*[465] ou, então, após seu término, ajuizar uma ação de indenização contra o financiador nas Cortes Estatais – se este for terceiro absoluto – ou em nova arbitragem – se terceiro imperfeito, se assim permitir o ordenamento aplicável.

Quanto à demanda, esta seria fundada em responsabilidade civil extracontratual, visto que o autor não é parte do contrato entre financiador e financiado. O êxito em tal demanda dependerá das previsões do ordenamento relevante para o caso. No citado congresso realizado pelo *International Business Law Journal* em Paris, em 2012, analisou-se essa possibilidade sob a perspectiva do direito francês, chegando-se à conclusão de que seria bastante improvável que a parte vitoriosa na arbitragem alcançasse sucesso nessa demanda. De fato, para obter tal condenação seria necessário um nexo de causalidade entre o comportamento do financiador e os danos alegados, bem como um elemento de culpa, que só estariam presentes em casos bastante extremos, como se a demanda fosse evidentemente frívola.[466]

Evidentemente que, ainda que o financiador venha a ser responsável perante a parte adversa pelos custos de sucumbência, seu contrato com o financiado pode estabelecer a obrigação de este último reembolsar tal despesa (ou mesmo prever que caberá ao financiador pagará os custos de sucumbência). Esta, no entanto, não é a questão aqui discutida, que

semble dès lors résolue par avance par l'absence de compétence du tribunal arbitral à page l'égard de ce tiers. Cela ne signifie pas pour autant, à notre avis, que le tiers ne puisse pas devenir partie à cette convention d'arbitrage par d'autres voies, par exemple dans l'hypothèse où la convention de financement opèrerait une cession des droits de la partie initiale au profit de la partie qui finance" (Le financement de l'arbitrage par les tiers, p. 401).

[465] Essa inclusive é a sugestão da Comissão da CCI encarregada de elaborar o relatório sobre as decisões relativas a custos (ICC Commission Report Decisions on Costs in International Arbitration, ICC Dispute Resolution Bulletin 2015, Issue 2, item 90): "If there is evidence of a funding arrangement that is likely to impact on the non-funded party's ability to recover costs, that party might decide to apply early in the proceedings for interim or conservatory measures to safeguard its position on costs, including but not limited to seeking security for those costs or some form of guarantee or insurance. Such measures may be appropriate to protect the non-funded party and put both parties on an equal footing in respect of any recovery of costs".

[466] Jonas von Goeler, tratando do tema no direito francês (*Third-party funding in international arbitration and its impact on procedure*, p. 423).

visou estabelecer se a parte adversa poderia requerer, e se o juiz ou árbitro poderiam determinar, que o financiador pagasse diretamente à parte.

4.3.3.4 Despesas com Financiamento como Custos a serem Ressarcidos pelo Sucumbente

Imagine-se que um litigante ajuizou uma demanda pleiteando a condenação da parte contrária ao pagamento de R$ 10.000. Para tanto, realizou um acordo de financiamento mediante o qual o terceiro financiador (ou mesmo o advogado) ficará com 30% do montante recuperado. Sendo integralmente procedente a demanda e tendo o réu pago os R$ 10.000, o autor receberá, em verdade, somente R$ 7.000, visto que estes R$ 3.000 serão revertidos ao financiador. Surge, assim, o questionamento sobre se a remuneração do financiador deveria integrar as verbas de sucumbência, caso em que o réu seria condenado, em verdade, ao pagamento de R$ 13.000, sendo R$ 10.000 ao autor e R$ 3.000 ao financiador.

Tal questionamento foi colocado em evidência por recente decisão da *High Court* da Inglaterra, *Essar Oilfield Services Ltd. v. Narscot Rig Management Pvt Ltd.*,[467] na qual a corte manteve uma decisão arbitral que havia condenado o sucumbente a ressarcir a parte adversa pela parcela que esta teve que repassar ao financiador.

O acordo de investimento, firmado entre Narscot e Woodsford Litigation Funding, previa a obrigação do primeiro em, caso obtivesse sucesso na arbitragem, pagar ao financiador 300% dos custos que este teria adiantado ou 35% do quanto recuperado, o que fosse maior. Uma vez julgado procedente o pedido de Narscot, este requereu ao árbitro único a condenação de Essar de ressarcir tais valores, o que foi concedido, considerando-se as regras da CCI (escolhidas pelas partes) e da lei inglesa de arbitragem (*English Arbitration Act 1996*), em uma sentença parcial sobre a distribuição dos custos.

[467] [2016] EXHC 2361 (Comm).

Essar Oilfield buscou anular tal sentença perante a justiça estatal inglesa, alegando violações às seções 59(1)(c),[468] 61(1)[469] e 68(2)(b)[470] do *English Arbitration Act*. A questão principal analisada pela corte foi se a expressão "outros custos" prevista na seção 59(1)(c) a respeito das despesas de arbitragem incluiria também os custos com *third-party funding*, tendo sido a resposta positiva pela existência de evidências de que Norscot não teria conseguido financiar a arbitragem por si só. Com efeito, a corte entendeu que a falta de condições financeiras da Norscot foi uma decorrência dos próprios atos da Essar Oilfield durante a relação comercial, de modo que a única maneira de seguir com a arbitragem foi a realização do acordo de financiamento.[471]

468 "S. 59 Costs of the arbitration.
(1) References in this Part to the costs of the arbitration are to:
(a) the arbitrators' fees and expenses,
(b) the fees and expenses of any arbitral institution concerned, and
(c) the legal or other costs of the parties.
(2) Any such reference includes the costs of or incidental to any proceedings to determine the amount of the recoverable costs of the arbitration (see section 63)."

469 "S. 61 Award of costs.
(1) The tribunal may make an award allocating the costs of the arbitration as between the parties, subject to any agreement of the parties.
(2) Unless the parties otherwise agree, the tribunal shall award costs on the general principle that costs should follow the event except where it appears to the tribunal that in the circumstances this is not appropriate in relation to the whole or part of the costs."

470 "S. 68 Challenging the award: serious irregularity.
(2) Serious irregularity means an irregularity of one or more of the following kinds which the court considers has caused or will cause substantial injustice to the applicant: [...]
(b) the tribunal exceeding its powers."

471 Interessante verificar que o fundamento do árbitro para incluir o financiamento entre os custos recuperáveis foi exatamente o fato de que o investimento de um terceiro foi indispensável para igualar a condição das partes e permitir a realização da própria arbitragem: "The magnitude of the arbitration resulted in a substantial amount for the claimant's costs in the region of US$3 million. Essar was undoubtedly aware that Norscot's costs could not be financed from its own resources [...] and it was forced into 'litigation funding' [...] It was blindingly obvious to [Essar] that the claimant was at a distinct financial disadvantage [...] and would find it difficult if not impossible to pursue its claims by relying on its own resources. The respondent probably hoped that this financial imbalance would force the claimant to abandon its claims. The tribunal has a discretion to include in 'other costs' the costs of litigation funding [...] and it reflected market rates and the terms of such a facility. The claimant was forced to enter into such an arrangement if it was to secure justice. It succeeded substantially in all its claims" (parágrafos 90 e 97 da sentença arbitral, citada pela *High Court*).

A corte concluiu, ao final, que:

> Por uma questão de justiça, seria curioso e certamente lamentável que o árbitro não pudesse, com base na seção 59(1)(c), incluir os custos do financiamento como "outros custos" considerando que eles foram causados direta e imediatamente pela parte sucumbente.[472]

A decisão, redigida nesses termos, considerando-se em especial sua fundamentação, leva ao questionamento da sua aplicabilidade em casos nos quais a parte pudesse ter custeado por si só o procedimento, tendo optado ainda assim pelo uso de financiamento por terceiros. Com efeito, a fundamentação foi largamente baseada no fato de que a parte sucumbente havia dado causa não apenas à arbitragem, mas à própria situação financeira da parte adversa, que não teve outro meio de *acesso à justiça* a não ser recorrer ao financiamento por um terceiro. Se esses dois elementos – causalidade e acesso à justiça – não estivessem presentes, poder-se-ia chegar à idêntica decisão?

A análise sobre o acerto desse entendimento deve ser feita com base nas peculiaridades do direito inglês. Como exposto, o sistema judiciário da Inglaterra prevê que a corte possui discricionariedade para condenar o vencido a reembolsar todos os custos incidentais ao processo (art. 51(1) do *Supreme Court Act 1981*), previsão similarmente inserida no *English Arbitration Act 1996* (s. 59(2)).[473] Ademais, as *Civil Procedure Rules 1998* definem *costs* expressa e abrangentemente, incluindo "fees, charges, disbursements, expenses, remuneration, reimbursement [...]" (S. 43.2). Além disso, como regra geral, a corte deve condenar o vencido nos custos razoáveis

Relevante também o expresso afastamento de *champerty* e *maintenance* pelo árbitro: "The [arbitrator] has no hesitation in deciding that the combined effect of the provisions in the Act and the rules give it a wide discretion as to what costs it can Award to the winning party. The discretion includes the power to include in 'other costs' the cost of litigation funding. Arguments based on 'maintenance' and 'champerty' are outdated and can be safely ignored" (parágrafo 86 da sentença arbitral, citada pela decisão da *High Court*).

472 Tradução livre do original "As a matter of justice, it would seem very odd and certainly unfortunate if the arbitrator was not entitled under s.59(1) (c) to include the costs of obtaining third party funding as part of "other costs" where they were so directly and immediately caused by the losing party" (Essar Oilfield Services Ltd v. Narscot Rig Management Pvt Ltd, [2016] EXHC 2361 (Comm), § 69).

473 Vide nota de rodapé 527.

despendidos pela parte contrária (ss. 44.3; 44.4 e 44.5). Por fim, após certa discussão no final da década de 1990, o governo inglês propôs, e tal alteração foi aceita pelo *Bar Council*[474] e pela *Law Society*,[475] que honorários de êxito e gastos com seguros judiciais (*ATE insurances*)[476] se tornassem reembolsáveis pela parte vencida (nesse sentido, o *Access to Justice Act 1999* incluiu a s. 58A(6) na *Courts and Legal Services Act 1990*).[477] Assim, partindo-se das premissas do próprio sistema inglês – que atribui ao magistrado grande discricionariedade para determinar a extensão dos custos, sendo certo que a parte vencida é comumente condenada a reembolsar gastos com advogados e contratação de seguro –, a inclusão da parcela do financiador nos custos de sucumbência não parece ser um passo tão improvável.[478-479]

Importante notar que a Inglaterra não está isolada nesse entendimento. Com efeito, na arbitragem ICSID n.º ARB/05/2015 (Waguih Elie George Siag e Clorinda Vecchi v. República Árabe do Egito), havia sido noticiado pela mídia que o autor firmara contrato de honorários exclusivamente de êxito, cabendo ao escritório de advocacia também a responsabilidade pelo pagamento de honorários de perito e dos árbitros. Não obstante, requereu o reembolso dos custos com seus advogados, no montante de US$ 6.071.978,08, correspondente aos honorários normais de escritórios internacionais, e que estaria obrigado a pagar tal valor caso fosse vitorioso em sua demanda.[480]

474 Órgão representativo dos advogados (*barristers*) na Inglaterra e no País de Gales.

475 Órgão representativo dos advogados (*solicitors*) na Inglaterra e no País de Gales.

476 Seguros que cobrem o risco de o litigante ter que pagar as custas da parte contrária.

477 "Conditional fee and litigation funding agreements 27. (1) For section 58 of the Courts and Legal Services Act 1990 Conditional fee substitute [...] 58A. [...] (6) A costs order made in any proceedings may, subject in the case of court proceedings to rules of court, include provision requiring the payment of any fees payable under a conditional fee agreement which provides for a success fee." Sobre o histórico dessa alteração, ver ZANDER, Michael. *Cases and Materials on the English Legal System*, p. 633-635.

478 Nesse sentido, em seu comentário ao *English Arbitration Act 1996*, Bruce Harris, Rowan Planterose e Jonathan Tecks apontam que: "The definition [of costs], of course, encompasses the normal legal costs of the parties, the costs of their experts, and other similar costs" (*The Arbitration Act 1996*: a commentary. 9. ed. Oxford: Wiley Blackwell, 2014. p. 292).

479 O que não quer dizer, evidentemente, que essa seja a solução mais adequada.

480 "[...] the Claimants requested the Tribunal to award them all costs and expenses associated with this arbitration, including attorney's fees. [...] The total of Claimants' claim for its costs and expenses was USD 8,411,491.72. Of that amount, the value of time incurred by the Claimants' counsel from the inception of this matter until 31 March 2008, at their normal billing

O Tribunal, baseando-se em decisões pretéritas de casos ICSID,[481] apesar de reconhecer que a interpretação não é unânime, entendeu que os custos previstos no art. 61 da Convenção do ICSID englobam também gastos com advogados, condenando o Egito ao reembolso de US$ 6 milhões. Poderia ser arguido que há uma diferença fundamental entre o caso Narscot e este, notadamente que no primeiro o financiamento foi feito por um financiador profissional e, no último, pelo próprio advogado. Entretanto, o núcleo para a condenação em ambos os casos é o mesmo, i.e., a previsão de reembolso dos "custos razoáveis" necessários à defesa do direito em juízo, os quais, caso não fossem repassados à parte contrária, teriam que ser abatidos do valor da condenação paga ao vencedor. Nesse sentido, se o financiamento pelo terceiro (seja ele advogado ou investidor) tiver sido necessário para permitir o acesso do litigante ao juízo, então ele deverá ser reembolsado pela parte contrária.[482]

Resta a dúvida, contudo, se o resultado seria diferente caso o financiamento por terceiros não fosse necessário, ou seja, se o financiado tivesse condições financeiras de litigar sem o auxílio de um investidor. Outra

rates, was said to be USD 6,071,978.08. Because of the Claimants' financial circumstances, they had asked, and the Claimants' counsel had agreed, that the Claimants will pay attorney's fees only on a successful recovery in this matter. It was argued that since the Claimants were contractually obligated to pay such fees, they should be entitled to an award of fees equal to the value of the time worked by their counsel" (§§ 603-604).

[481] Especificamente, Plama Consortium Limited v. Republica da Bulgaria e ADC Affiliate Ltd et al. v. Rapública da Hungria.

[482] Crítico desse entendimento, citando exatamente o caso Siag v. Egito, Philippe Pinsolle entende que, se os honorários advocatícios puramente de êxito não devem ser reembolsados pela parte contrária, visto que a inclusão dos honorários (não tidos) infla artificialmente a remuneração ("L'appréciation du caractère raisonnable des frais est ainsi rendue particulièrement périlleuse lorsque les frais n'ont pas été facturés au client, mais représentent un montant notionnel calculé sur la base d'heures passées qui elles-mêmes sont assez théoriques. C'est la raison pour laquelle, lorsqu'un tribunal arbitral suspecte qu'il existe un arrangement de type 'contingency fee', il doit à notre avis interroger la partie concernée à ce sujet afin de se faire une meilleure idée de la fiabilité que peut représenter le temps passé sur l'affaire comme un indice du montant des coûts des parties. Il existe toutefois une objection plus fondamentale liée au fait qu'en allouant ces frais d'avocats notionnels, un tribunal arbitral ne fait qu'augmenter le montant de la condamnation et, par voie de conséquence, le montant qu'est appelé à recouvrer l'avocat. En allouant des frais de procédure correspondant à la valeur notionnelle du temps passé par les avocats, alors qu'aucun montant n'a été réellement facturé au client, un tribunal arbitral augmente mécaniquement l'assiette sur laquelle sera calculé le montant de la rémunération des avocats") (Le financement de l'arbitrage par les tiers, p. 412-413).

questão seria, ainda, se tal entendimento (o reembolso da parcela paga ao financiador) seria benéfico ou prejudicial ao sistema judiciário. Fugindo das questões especulativas, o que interessa para o presente estudo é definir se idêntico raciocínio seria cabível no Brasil.

No tocante ao Judiciário estatal, o art. 82 do CPC/2015, apesar de algumas modificações, nada alterou em relação ao art. 19 do CPC/1973 no que tange à condenação do vencido a pagar ao vencedor as despesas que antecipou.[483] Nesse particular, a lei processual distingue a obrigação do vencido de reembolsar os custos adiantados (que se contrapõe ao ônus do vencedor de adiantá-los), as despesas extrajudiciais em que o vencedor *razoavelmente* tiver incorrido[484] e os honorários sucumbenciais. Entre os primeiros estão abarcados os custos endoprocessuais, as "custas dos atos do processo, a indenização de viagem, diária de testemunha e remuneração de assistente técnico".[485] No que concerne às despesas extrajudiciais, a discussão mais recente tem ocorrido em torno do reembolso dos honorários advocatícios contratuais.

Sobre esse assunto, relembre-se antiga discussão da doutrina brasileira sobre a titularidade dos honorários de sucumbência. Na vigência do CPC/1939, que não continha regra a respeito, prevalecia o entendimento de que os honorários pertenciam à *parte,* tendo como escopo indenizá-la pelo montante gasto com a contratação do advogado.[486] Tal entendimento foi superado pela edição do Estatuto da Advocacia em 1963 (Lei

[483] AMARAL, Guilherme Rizzo. *Comentários às alterações do novo CPC*, p. 145: "o atual CPC traz regra expressa prevendo que o vencido será condenado a pagar as despesas cujo pagamento tenha sido antecipado pelo vencedor. Neste particular, em nada é modificada a sistemática do CPC revogado".

[484] O que Yussef Said Cahali chama de *despesas repetíveis e não repetíveis* (*Honorários advocatícios*. 4. ed. São Paulo: RT, 2011. p. 285-288).

[485] STJ, 4.ª Turma, REsp 955.134/SC, Rel. Min. Luis Felipe Salomão, j. 16.08.2012.

[486] Vide estudo elaborado por Cassio Scarpinella Bueno a pedido da Associação dos Advogados de São Paulo para instruir Proposta de Súmula Vinculante n.º 10, apresentada pela Confederação Nacional das Profissões Liberais, buscando fixar a interpretação do art. 24 do Estatuto da OAB no sentido de "declarar a natureza alimentar de todos os títulos e em todas as hipóteses ali previstas" (A natureza alimentar dos honorários advocatícios sucumbenciais. Disponível em: <http://www.scarpinellabueno.com/images/textos-pdf/003.pdf>). A proposta foi recusada por ilegitimidade da entidade que tomou a iniciativa de instaurá-la, contudo, posteriormente, proposta similar foi apresentada pelo Conselho Federal da OAB, culminando na Súmula Vinculante n.º 47 ("Os honorários advocatícios incluídos na condenação ou destacados do montante principal devido ao credor consubstanciam verba de natureza

n.º 4.215/1963), cujo art. 99 atribuía ao *advogado* a titularidade de tais honorários. A posterior edição do CPC/1973 realimentou a discussão, visto que o art. 20 previa que "a sentença condenará o vencido a pagar ao vencedor as despesas que antecipou e os honorários advocatícios", levando à interpretação de que os honorários sucumbenciais pertenceriam ao *vencedor*, i.e., à *parte*. A controvérsia chegou ao fim com o Estatuto da Ordem dos Advogados do Brasil, que atribuiu definitivamente ao advogado os honorários de sucumbência (art. 22).

Não obstante, o Código Civil de 2002 previu expressamente a possibilidade de a parte ser indenizada pelos honorários de advogado (arts. 389, 395 e 404). Sendo os honorários sucumbenciais pela parte contrária, a única interpretação possível é que tais dispositivos se referem aos honorários contratuais, estes sim pagos pela própria parte e, portanto, passíveis de serem reembolsados. A questão, portanto, não é definir *se* os honorários contratuais devem ser inseridos nas despesas extraprocessuais, mas sim *quanto* deve ser reembolsado, servindo, para tanto, analogicamente, os parâmetros previstos no art. 85, CPC/2015.[487]

Feita essa exposição, a questão aqui colocada é determinar se a remuneração do financiador deve ser reembolsada pela parte sucumbente. Podem-se imaginar duas formas de incluí-la no valor a ser pago. A primeira é classificá-la como despesa extraprocessual. Sob esse fundamento, a remuneração do financiador se assemelharia à remuneração do advogado, entendendo-a como um gasto necessário para o devido "acesso à justiça" (ou à "ordem jurídica justa"), ao qual deu causa a parte vencida, devendo, portanto, reembolsar o vencedor em um *quantum* razoável. A segunda seria classificá-la como perdas e danos, as quais abrangem "além do que [a parte] efetivamente perdeu, o que razoavelmente deixou de lucrar" (art. 404).

Note-se, primeiramente, que em ambos os casos a condenação da parte adversa a ressarcir a remuneração do financiador dependeria

alimentar cuja satisfação ocorrerá com a expedição de precatório ou requisição de pequeno valor, observada ordem especial restrita aos créditos dessa natureza").

[487] BENEDUZI, Renato Resende. *Comentários ao Código de Processo Civil*, p. 117, apontando ainda que, à eventual crítica de que essa dupla condenação seria excessivamente gravosa, deve-se responder que "o processo não deve valer a pena – também financeiramente – para quem não tem razão", servindo tal condenação, de um lado, em um desestímulo à litigiosidade e a demandas frívolas e, de outro, um estímulo à utilização de modos alternativos de solução de controvérsias.

necessariamente da revelação da existência do financiamento. Ademais, caso se entenda a remuneração como perdas e danos, deveria haver pedido expresso nesse sentido, o que não ocorre se se considerar a remuneração do financiador como despesa, incluída como pedido implícito (art. 322, § 1.º, CPC/2015).

O entendimento da remuneração do financiador como reembolsável, seja por integrar as despesas extraprocessuais razoáveis, seja por integrar as perdas e danos, parece se sustentar em uma interpretação puramente literal das normas.[488] No entanto, até em razão da novidade do tema, não se encontra, nas discussões que levaram à edição tanto do Código de Processo Civil quanto do Código Civil, qualquer referência ao financiamento de terceiros, o que afastaria, em uma primeira análise, argumentos referentes à "vontade do legislador". Apesar disso, pode-se vislumbrar a construção de um argumento de que o "escopo da norma"[489] de indenização por perdas e danos e distribuição dos custos do processo (regra da sucumbência e causalidade) seria de fazer com que a parte que sofreu o dano estivesse, ao final da demanda, em uma situação equivalente àquela que estaria se o ato ilícito que levou à instauração do processo não tivesse sido cometido. Trata-se da clássica lição de Chiovenda de que "a atuação da lei não deve representar uma diminuição patrimonial para a parte a cujo favor se efetiva".[490] Nesse sentido, atribuir ao vencido a obrigação de ressarcir

[488] Na classificação de argumentos jurídicos exposta por Humberto Ávila, equivaleria a um argumento institucional imanente linguístico, o que, em sua proposta, detém preferência na utilização (por partirem da própria lei, desde que esta seja inteligível), apesar de reconhecer que a hierarquização dos argumentos não pode ser estanque, admitindo-se, contudo, que deve haver demonstração de "razões suficientes para a superação da força justificativa desses argumentos". O doutrinador diferencia os argumentos em dois grandes blocos: *institucionais* (que têm como ponto de referência o ordenamento jurídico) e *não institucionais* (argumentos práticos, decorrentes de elementos exteriores ao direito positivado). Entre os institucionais, diferenciam-se os *imanentes* (decorrentes diretamente do texto de lei, subdividindo-se ainda em *linguísticos* ou *sistemáticos*) e *transcendentes* (ligados a textos normativos anteriores e ao significado que o legislador buscou atribuir a tais normas, subdividindo-se em *históricos* e *genéticos*, respectivamente). Há outras subdivisões, mas estas já são suficientes para os fins do presente estudo (v. AVILA, Humberto Bergmann. Argumentação jurídica e a imunidade do livro eletrônico. *Revista de Direito Tributário*, São Paulo, v. 79, p. 163-183, 2001).

[489] Argumento institucional transcendente genético teleológico.

[490] CHIOVENDA, Giuseppe. *Instituições de direito processual civil*. Tradução de J. Guimarães Menegale e notas de Enrico Tullio Liebman. São Paulo: Saraiva, 1965. v. 3, p. 207. No Brasil, Cândido Rangel Dinamarco aponta que a regra de que o vencido deve pagar os custos do

integralmente o valor à parte vencedora e ainda pagar, independentemente da condenação, a remuneração do financiador estaria alinhado com o objetivo das normas. Tal construção fica ainda mais evidente tratando-se de demandas envolvendo direito do consumidor, no qual vige a regra da reparação integral (art. 6.º, VI, CDC).

Em sentido contrário, poder-se-ia construir um argumento econômico (no sentido atribuído pela análise econômica do direito, argumento não institucional), de que condenar o vencido a reembolsar a remuneração do financiador traria prejuízos ao sistema judiciário e ao próprio desenvolvimento do financiamento por terceiros como instrumento útil de acesso à justiça.[491] Com efeito, poder-se-ia argumentar que tal prática levaria a um aumento no número de demandas, visto que o risco do autor financiado seria reduzido, quiçá deixaria de existir. De fato, o autor não teria nenhuma "contrapartida" com o uso do financiamento, visto que não pagaria os custos da demanda e seguiria recebendo a condenação integralmente. Por seu turno, o financiador suportaria integralmente o risco, o que levaria, por sua vez, ao aumento na parcela de sua remuneração. Essa prática, enfim, poderia gerar um aumento no número de demandas ajuizadas e a uma percepção negativa do financiamento por terceiros, resultando restrições

processo é "apoiada na premissa de que a vitória processual de quem tem razão deixaria de ser integral quando ele tivesse de suportar gastos para vencer. Quem tem direito a um bem material, a determinada quantidade pecuniária, a uma situação jurídica nova etc., tem o direito de receber integralmente o que lhe é devido; mas, se tiver de gastar com o processo e não vier a ser reembolsado, ele receberá aquilo a que tinha direito *menos* o que houver gasto [...] O processo deve propiciar a quem tem razão a mesma situação econômica que ele obteria se as obrigações alheias houvessem sido cumpridas voluntariamente ou se seus direitos houvessem sido respeitados sem a instauração de processo algum. A condenação pelo custo processual é, pois, *consequência necess*ária da necessidade do processo" (DINAMARCO, Cândido Rangel. *Instituições de direito processual civil*, p. 647-648).

491 Argumento similar foi levantado na Inglaterra quando se discutiu a inclusão dos *success fees* e *insurance premiums* entre as despesas reembolsáveis, ao final da década de 1990. Nesse sentido, Michael Zander aponta: "Making insurance premiums recoverable had the siadvantage that defendants with the strongest cases would end up paying the highest amount as the success fee would be highest in such cases. If the success fee were recoverable, solicitors would have an incentive to charge an excessive uplift even on claims with a low risk. There would be a danger of lawyer-driven litigation as lawyers would have an incentive to pursue claims regardless of wether damages claimed were small or trivial. It might be so attractive to lawyers that litigation might be encouraged even between wealthy or corporate litigant who might otherwise settle without going to court" (*Cases and Materials on the English Legal System*, p. 633).

para seu uso e, talvez, sua completa proibição, prejudicando, ao fim e ao cabo, o próprio sistema, que deixará de poder utilizar tal solução.

Pode-se dizer, contudo, que a escolha do financiador continuaria a ser feita com base na análise do mérito das demandas, i.e., o financiador seguiria selecionando os casos em que tivesse efetiva chance razoável de êxito. Ainda, o aumento do ônus financeiro da parte vencida poderia levar a um desestímulo à prática do ato lesivo. Ainda não há dados empíricos que permitam a conclusão para um ou outro lado, ou seja, se os efeitos seriam positivos (desestimulando a prática lesiva pelos altos custos de litigar) ou negativos (aumentando o número de demandas e o próprio custo de se litigar, já bastante elevado).[492]

No tocante à arbitragem, a Lei n.º 9.307/1996 trata da questão em seu art. 27, prevendo que "a sentença arbitral decidirá sobre a responsabilidade das partes acerca das custas e despesas com a arbitragem [...] respeitadas as disposições da convenção de arbitragem, se houver". Previsões similares podem ser encontradas nos regulamentos da CCBC (art. 10.4.1) e da Amcham (art. 17.5). Os regulamentos da CCI (art. 37.1) e FGV (art. 39, § 2.º), por sua vez, parecem ser mais abrangentes, prevendo expressamente que a sentença fixará a responsabilidade pelas "despesas razoáveis incorridas pelas partes".

A literatura brasileira trata pouco sobre o tema, destacando-se o comentário de Carlos Alberto Carmona, de que as dificuldades e limitações enfrentadas pelo juiz togado em relação ao reembolso de todas as despesas comprovadas pelas partes não são igualmente enfrentadas pelos tribunais arbitrais, cabendo ao árbitro determinar exatamente quais os custos que serão objeto de reembolso (respeitada, evidentemente, a vontade das partes eventualmente expressada na convenção de arbitragem).[493]

[492] "Litigar é algo custoso, para as partes envolvidas e também para o Estado, responsável pela prestação deste serviço público que é a administração da justiça" (BENEDUZI, Renato Resende. *Comentários ao Código de Processo Civil*, p. 112).

[493] CARMONA, Carlos Alberto. *Arbitragem e processo*, p. 373-374. Em sentido similar aponta Pedro Batista Martins que "é de ser tomado o termo em sua magnitude e entendidas as custas e as despesas como todos os dispêndios envolvidos na realização da arbitragem, tais como as taxas da instituição arbitral, os honorários e gastos dos árbitros, os honorários e gastos dos assistentes ou representantes das partes, os custos com perícia e pareceres técnicos e todas as demais despesas relacionadas ao processo arbitral. Portanto, custas e despesas com a arbitragem devem ser consideradas *lato sensu* e com objetivos comuns, isto é, a totalidade dos recursos aportados para suprir os gastos com o processo arbitral" (MARTINS, Pedro Batista.

Portanto, a legislação brasileira referente ao processo arbitral não resolve, por si só, o problema, cabendo os mesmos apontamentos feitos sobre o processo estatal, i.e., é possível vislumbrar a construção de um argumento segundo o qual a remuneração do financiador deve ser incluída nas despesas reembolsadas pelo vencido, em especial em razão da norma norteadora da sucumbência, segundo a qual "[...] o processo deve propiciar a quem tem razão a mesma situação econômica que ele obteria se as obrigações alheias houvessem sido cumpridas voluntariamente ou se seus direitos houvessem sido respeitados sem a instauração de processo algum."[494]

Em contrapartida, ainda não há doutrina ou jurisprudência nacionais a embasar tal entendimento, além do que, em uma análise econômica do direito, a inclusão da remuneração nas despesas reembolsáveis pode ser, ao final, prejudicial ao sistema de solução de controvérsias.

4.4 Conclusões Parciais

A processualística brasileira costuma conceituar "parte" por meio de uma definição pura, desvinculada do direito material. Nesse sentido, entende-se parte como os sujeitos do contraditório instituído perante o juiz, titulares de faculdades, ônus, poderes e deveres. É relevante, contudo, considerar a distinção entre parte *substancial* (titular do direito material) e parte *processual* (sujeito da ação), a qual promove uma melhor precisão dos conceitos. As duas categorias geralmente serão concentradas em um único sujeito, mas não sempre. Essa diferenciação adquire particular relevância ao se tratar de arbitragem, na qual é possível identificar as partes vinculadas à convenção de arbitragem (ou seja, à relação contratual-base) e as partes do processo arbitral.

Terceiros, por outro lado, possuem uma conceituação negativa, sendo terceiro todo aquele que não é parte. Ganha relevância, no estudo das intervenções de terceiro, a análise das *situações legitimantes*, que autorizam

Apontamentos sobre a lei de arbitragem. Rio de Janeiro: Forense, 2008. p. 291-292). Fazendo uma análise da doutrina brasileira acerca do tema, vide também: FICHTNER, José Antonio; MANNHEIMER, Sergio Nelson; MONTEIRO, André Luis. A distribuição do custo do processo na sentença arbitral. *Novos temas de arbitragem*. Rio de Janeiro: FGV, 2014. em especial p. 260-270.

[494] DINAMARCO, Cândido Rangel. *Instituições de Instituições de direito processual civil*, p. 648.

sujeitos alheios à lide *inter alios* integrarem-se, coata ou voluntariamente, ao litígio, podendo, a depender do caso, deduzir ou não pretensão, bem como ter contra ele pretensão deduzida. Tratando-se de arbitragem, é possível identificar duas categorias de terceiros: *imperfeitos* (não são parte do processo arbitral, mas são parte da convenção de arbitragem) e *absolutos* (não são parte da arbitragem nem da convenção). Na opinião deste autor, o direito brasileiro admite a intervenção coata ou voluntária de terceiros imperfeitos e a intervenção voluntária do terceiro absoluto, quando sua ausência puder tornar sem utilidade a decisão proferida pelos árbitros (como no caso do litisconsorte necessário).

Considerando-se como financiamento de litígios qualquer auxílio econômico dado à parte que litigar e cujo retorno esteja vinculado ao sucesso da demanda, diversas serão as figuras de direito material que podem ser usadas, destacando-se, entre elas, a cessão de crédito e a sociedade em conta de participação como aquelas que mais se amoldam às características e objetivos do financiamento por terceiros. A posição do financiador no processo dependerá da figura de direito material utilizado, e, nas figuras indicadas neste estudo como mais adequadas, o financiador não se torna titular da relação jurídica de direito material, não sendo possível integrá-lo como parte. Sua posição particular não permite intervenções coatas, admitindo-se sua participação apenas como assistente simples ou *amicus curiae,* casos em que não está sujeito à coisa julgada material.

A posição do financiador terá consequências práticas, em especial, a possibilidade de ser integrado ao polo passivo na execução, a possibilidade de mover ação autonomamente e o risco de ser responsabilizado pelos custos de sucumbência. Adotando-se as figuras de direito material identificadas neste estudo, chega-se à conclusão de que o financiador não pode ser executado, tampouco exequente, salvo caso de substituição processual voluntária. Quanto à responsabilidade pela sucumbência, viu-se que a tendência nos países onde a prática do financiamento por terceiros é mais desenvolvida é atribuir tais custos ao financiador apenas quando este exercer um controle substancial sobre a demanda. Nesse ponto, a Inglaterra possui uma posição particular e sólida no sentido de considerar o financiador como responsável pelos custos de sucumbência até o limite do valor investido, mas tal é um reflexo das particularidades do sistema jurídico inglês, que atribui grande discricionariedade ao magistrado na definição da extensão do ressarcimento e do sujeito responsável, podendo este ser inclusive um terceiro. Tal posição não se adéqua ao direito brasileiro, que não confere discricionariedade semelhante ao magistrado, estando os critérios – tanto da extensão quanto da definição do sujeito responsável – previstos expressamente na legislação processual.

Por fim, enfrentou-se a questão sobre se os gastos com o financiador devem ser ressarcidos pela parte contrária, decorrente de recente e polêmico precedente inglês. É possível imaginar, no direito brasileiro, que a resposta poderia ser tanto positiva quanto negativa. A resposta positiva é alcançada seguindo-se a ideia de que a norma norteadora da sucumbência é propiciar que a parte que tem razão não tenha uma perda econômica, mantendo-se, ao final da demanda, na mesma situação em que estaria se não houvesse sido demandada. Pela negativa, imagina-se que os efeitos de tal tomada de posição podem ser prejudiciais ao sistema, podendo gerar um aumento no número de demandas e uma percepção negativa sobre o financiamento por terceiros, o que, potencialmente, pode levar à sua proibição ou regulamentação estrita, prejudicando seu desenvolvimento e o uso como instrumento de acesso à justiça.

5. Financiamento de Litígios e Imparcialidade

A ideia da imparcialidade é bastante cara à administração da justiça. Contudo, poucos foram os doutrinadores que buscaram analisar o fenômeno dentro da ciência processual. Em geral, aponta-se a imparcialidade como condição para o exercício da função jurisdicional,[495] como uma qualidade inerente do julgador,[496] passando-se, em seguida, à análise das hipóteses específicas de sua aplicação.

Curiosamente, é possível encontrar maiores tentativas de obtenção de um conceito claro em estudos sobre sua aplicação na arbitragem, nos quais geralmente se busca diferenciar "imparcialidade" e "independência". Embora não seja possível identificar um consenso sobre a conceituação, parece haver certa convergência para a ideia de que a imparcialidade possui

[495] BARBOSA MOREIRA, José Carlos. Reflexões sobre a imparcialidade do juiz. *Temas de direito processual*. Sétima série. São Paulo: Saraiva, 2001. p. 19.
A afirmação não é exclusiva do direito brasileiro. Vide CLAY, Thomas. L'indépendance et l'impartialité de l'arbitre et les règles du procès équitable. *L'Impartialité du juge et de l'arbitre*: Etude de droit comparé. Bruxelas: Bruyant, 2006. p. 199, apontando ser essa a definição da jurisprudência francesa.

[496] A afirmação é de Mauro Cappelletti, em seu estudo sobre o papel das ideologias no direito processual. Entende o autor que "Ciertamente la cualidade suprema del juez es la imparcialidad", tratando logo em seguida que, apesar disso, as motivações reais para o magistrado julgar de determinada maneira são muitas vezes decorrentes de seu *sentimento* (simpatia ou antipatia por uma parte, interesse ou desinteresse por determinada questão ou argumentação jurídica, sua preferência por um tipo evolutivo, histórico, sociológico de interpretação das leis etc.) mais do que pela simples aplicação de um silogismo categórico (silogismo este que o autor, seguindo Calamandrei, entende que empobreceria a ciência jurídica) (CAPPELLETTI, Mauro. Ideologías en el derecho procesal. *Proceso, ideologias, sociedade*. Traducción de Santiago Sentís Melengo e Tomás A. Banzhaf. Buenos Aires: Ediciones Jurídicas Europa-América, 1974. p. 3-4 e nota de rodapé 1).

cunho subjetivo, correspondente a um estado de mente,[497] uma inclinação ou tendenciosidade em relação às partes[498] ou à matéria em disputa.[499] Já a independência teria cunho mais objetivo, entendido como a existência de uma ligação entre o julgador e as partes[500] ou um interesse financeiro no resultado da demanda.[501]

Admite-se que a imparcialidade é (assim como a independência) um conceito flexível,[502] sendo mais relevante, de fato, identificar as hipóteses concretas de sua aplicação, bem como as respectivas consequências. Especificamente quanto ao direito brasileiro, podem-se incluir os aspectos subjetivo e objetivo sob o mesmo título de "imparcialidade".[503-504]

Ressalte-se, ainda, que, para os fins deste estudo, não há necessidade de fazer uma separação metodológica entre a imparcialidade do juiz e do árbitro, visto que a Lei Brasileira de Arbitragem, ao tratar dessa questão, faz remissão expressa ao Código de Processo Civil (art. 14, Lei n.º 9.307/1996).[505]

[497] Nesse sentido, GAILLARD, Emmanuel; SAVAGE, John. *Fouchard Gaillard and Goldman on International Commercial Arbitration*, p. 563;

[498] ELIAS, Carlos Eduardo Stefen. *Imparcialidade dos árbitros*, p. 20.

[499] BLACKABY, Nigel; PARTASIDES, Constantine; REDFERN, Alan; HUNTER, Martin. *Redfern and Hunter on International Arbitration*. 7. ed. New York: Oxford University Press, 2009. p. 267-268, § 4.77.

[500] SERAGLINI, Christophe; ORTSCHEIDT, Jérôme. *Droit de l'arbitrage interne et international*. Paris: Montchrestien, 2013. p. 237, § 223.

[501] MOSES, Margaret L. *The Principles and Practice of International Commercial Arbitration*. 2. ed. New York: Cambridge University Press, 2012. p. 135-136.

[502] CLAY, Thomas. *L'Arbitre*, p. 234-235, afirmando que a independência é uma noção flexível – *notion souple* – e defendendo ter ela a mesma natureza, seja para o juiz seja para o árbitro.

[503] BENEDUZI, Renato Resende. *Comentários ao Código de Processo Civil*, p. 306: "Mas a Constituição não exige do juiz apenas seu desinteresse *subjetivo* sobre quem ou não vai ganhar a demanda, mas lhe exige ainda que conduza o processo de modo *objetivamente* desinteressado. O juiz natural, em outras palavras, não é apenas aquele que não *quer* em seu íntimo que uma das partes vença, mas aquele que ao conduzir o processo se *comporta* como se não o quisesse e cuja imparcialidade não *possa* objetiva e razoavelmente ser colocada em dúvida".

[504] Neste estudo, o termo "imparcialidade" será usado como representativo de ambos os aspectos, objetivo e subjetivo.

[505] Sendo importante ressaltar, contudo, que, diversamente do que ocorre na justiça estatal, os efeitos da existência de impedimento ou suspeição serão idênticos, levando à anulabilidade da sentença arbitral, com fulcro no art. 32, II, da Lei n.º 9.307/1996. Sobre o ponto, ver: CARMONA, Carlos Alberto. *Arbitragem e processo*, p. 251-252).

5.1 Imparcialidade no Direito Brasileiro

Apesar de não tratar expressamente sobre o tema, costuma-se apontar a Constituição Federal como a origem legislativa da imparcialidade, extraindo sua existência como modo de garantir a igualdade e o devido processo legal (art. 5.º, *caput* e LIV, CF).[506] O Código de Processo Civil previu hipóteses taxativas sobre presunções absolutas (impedimento) e relativas (suspeição) de parcialidade do julgador (arts. 134 e 135, CPC/1973; arts. 124 e 125, CPC/2015), divisão que decorre mais de uma opção política

[506] Aponta José Carlos Barbosa Moreira que o dever de "assegurar às partes igualdade de tratamento", previsto no art. 125, I, do CPC/1973 e repetido pelo art. 139, I, do CPC/2015, é um reflexo do princípio constitucional de igualdade (*Reflexões sobre a imparcialidade do juiz*, p. 19). Na doutrina mais recente, Renato Beneduzi identifica a origem da imparcialidade no direito constitucional ao juiz natural (decorrente da garantia do devido processo legal), o qual "significa que as partes têm o direito de ser julgadas por um juiz simultaneamente competente e imparcial" (*Comentários ao Código de Processo Civil*, p. 306).
A visão brasileira não é isolada, sendo comum em outros ordenamentos o reconhecimento de que a imparcialidade do magistrado é um direito constitucional ainda que não esteja expressamente previsto na Constituição. Na Alemanha: "La Loi Fondamentale du 23 mai 1949 (Grundgesetz) ne contient pas de garantie expresse de la neutralité du juge. Toutefois, la Cour Constitutionnelle a reconnu le caractère constitutionnel de l'impartialité du juge. Elle a déduit cette garantie de l'article 101, §1er, 2ème alinéa de la Loi Fondamentale, une disposition garantisant le juge légal compétent" (HESS, Burkhard. L'impartialité du juge en droit allemand. In: COMPERNOLLE, Jacques van (Dir.). *L'impartialité du juge et de l'arbitre*: Étude de droit comparé. Bruxelas: Bruylant, 2006. p. 158); na Itália: "Ainsi le principe d'indépendance du juge trouvait déjà sa base dans l'art. 101, 2.ª alinéa de la Constituition ('les juges sont assujettis seulement à la loi'), dans l'art. 104 ('la magistrature constitue un ordre autonome et indépendant de tout autre pouvoir') et dans les autres normes (jusqu'à l'art. 110) destinées à assurer, par le biais de pouvoirs du C.S.M. [Consiglio Superiore della Magistratura] comme de la règle de l'inamovibilité des magistrats (art. 107), la garantie de leur statut. Le principe de l'égalite (art. 3) ainsi que les normes selon lesquelles 'tout pevent agir en justice pour la protection de leurs droits et intérêts légitimes' et 'la défense est un droit inviolable en tout état de cause et en tout degré du procès' (art. 24, 1er et 2èmealinéa) étaitent considérés d'ailleurs comme l'expression, à la fois, des garanties de l'impartialité du juge, du contradictoire et de l'égalité des parties. La jurisprudence, très riche, de la Cour Constitutionelle avait exploité surtout les art. 3 et 24 dans ses interventions" (TARZIA, Giuseppe. L'impartialité du juge et le procès equitable à la lumière de la constitution italienne. In: COMPERNOLLE, Jacques van (Dir.). *L'impartialité du juge et de l'arbitre*: Étude de droit comparé. Bruxelas: Bruylant, 2006. p. 106).

do legislador do que de um discrímen lógico,[507-508] atribuindo-se ao impedimento um tratamento mais rigoroso. Nesse sentido, veja-se que o art. 146, § 5.º, do CPC/2015 prevê a condenação do magistrado em custas nos casos de ser reconhecido o impedimento ou *manifesta suspeição*. Além disso, decisões proferidas por juiz impedido são passíveis de ação rescisória (cf. art. 485, II, CPC/1973; art. 966, II, CPC/2015), o que não ocorre com a suspeição. Ainda, a lei processual prevê como ilegítima a alegação de suspeição quando arguida por parte que tenha "praticado ato que signifique manifesta aceitação" (art. 144, § 2.º, II, CPC/2015). Assim, quando o litigante tiver conhecimento da causa de suspeição e, durante o prazo para arguição, tomar parte em ato processual (*v.g.*, sessão de julgamento) sem, contudo, levantar a suspeição,[509] não poderá fazê-lo posteriormente, ainda que dentro do prazo legal para tanto, diversamente do que ocorre com o impedimento.[510]

Os casos de afastamento do juiz estatal por impedimento ou suspeição são exaustivos,[511-512] não se admitindo a criação de hipóteses novas de

[507] "A distinção entre as hipóteses de impedimento e de suspeição, assim, resulta simplesmente de opção de política legislativa e não é informada por um critério lógico" (MEDINA, José Miguel Garcia. *Direito processual civil moderno.* São Paulo: RT, 2015. p. 277).

[508] Em sentido contrário, Pontes de Miranda entende que o discrímen entre essas figuras é o grau de certeza sobre a influência da parte sobre o juiz (ou vice-versa): "[...] ser impedido não é o mesmo que ser suspeito. Quem está sob suspeição está em situação de dúvida quanto ao seu bom procedimento. Quem está impedido está fora de dúvida, pela enorme probabilidade de ter influência maléfica para a sua função" (*Comentários ao Código de Processo Civil.* Rio de Janeiro: Forense, 1973. t. II, p. 399).

[509] Não se trata aqui de preclusão temporal. Como bem exposto por Renato Beneduzi, se a parte participar de sessão de julgamento sem levantar a suspeição, não poderá fazê-lo posteriormente, ainda que dentro do prazo do art. 146, o que violaria a expressa previsão de boa-fé disposta no art. 5.º do CPC/2015 (*Comentários ao Código de Processo Civil*, p. 318).

[510] "[...] 3. O impedimento é matéria de ordem pública, concebido pelo Código de Processo Civil como fenômeno inibidor do poder jurisdicional, em que se presume de forma absoluta a parcialidade do magistrado. 4. O impedimento tem natureza de objeção, pois pode ser conhecido de ofício pelo Tribunal, e a sua arguição pode ser feita a qualquer tempo e grau de jurisdição, independentemente de exceção. [...]" (STJ, 2.ª Turma, AgRg no REsp 947.840/SC, Rel. Min. Humberto Martins, j. 06.04.2010, *DJe* 16.04.2010).

[511] "[...] 3. O rol do art. 135 do CPC é taxativo. Necessária ao provimento da exceção de suspeição a presença de uma das situações dele constantes" (STJ, 4.ª Turma, AgRg no AREsp 1422408/AM, Rel. Min. Maria Isabel Galloti, j. 05.02.2013).

[512] O sistema processual francês adotou a mesma técnica, prevendo um rol taxativo de hipóteses que possam gerar o afastamento do magistrado, sob a justificativa de que "en procédant

condutas que, apesar de reprováveis (por exemplo, o pronunciamento público do magistrado a respeito de caso por ele conduzido),[513] não podem configurar situações de impedimento ou suspeição, não podendo levar ao afastamento do magistrado ou a consequente nulidade dos atos por ele praticados (art. 146, § 7.º, CPC/2015). Apesar disso, forçoso admitir que há uma maior flexibilidade quanto à suspeição, visto que o legislador previu hipóteses abertas, com conceitos indeterminados (como "amizade íntima", "inimizade" e "interesse no julgamento" – incisos I e IV do art. 145, CPC/2015).[514]

par énumération, en fixant lui-même une liste fermée des situations autorisant le justiciable à éprouver un soupçon de partialité, le législateur entend maitriser la matière, éviter les débordements auxquels pourraient donner cours l'accueil indifférencié de toute espèce de contestation portant sur l'impartialité du juge. Par là-même, il coupe court aux manoeuvres dilatoires ou vexatoires, *à la mise en cause intermpestive et désobligeante de la délicatesse et de la probité du magistrat*" (NORMAND, Jacques. L'impartialité du juge en droit judiciaire privee français. In: COMPERNOLLE, Jacques van (Dir.). *L'impartialité du juge et de l'arbitre*: Étude de droit comparé. Bruxelas: Bruylant, 2006. p. 65). As hipóteses são também similares: possuir interesse na causa; ser credor, devedor, herdeiro presuntivo ou donatário; parentesco; haver processo contra uma das partes; ter sido juiz, árbitro ou ter aconselhado uma das partes na mesma causa; ser administrador dos bens de uma das partes; haver uma ligação de subordinação entre o juiz e uma das partes; se há amizade ou inimizade notória entre o juiz e uma das partes (art. 111-6, *Code de l'organisation judiciaire*).

Em oposição, o sistema alemão prevê algumas hipóteses (§ 41, ZPO), mas mantém a possibilidade de se impugnar um magistrado por qualquer causa em que haja suspeita de parcialidade ("Ein Richter kann sowohl in den Fällen, in denen er von der Ausübung des Richteramts kraft Gesetzes ausgeschlossen ist, als auch wegen Besorgnis der Befangenheit abgelehnt werden" – § 42(1), ZPO).

513 Essa hipótese é vedada pela Lei Orgânica da Magistratura Nacional (art. 36, III, LC n.º 35/1979), mas não corresponde a nenhuma das situações de impedimento ou suspeição e, portanto, não pode gerar o afastamento do magistrado.

514 Bastante ilustrativo do conceito de "inimizade" (à época do CPC/1973, "inimizade capital", prevista no art. 135) e interesse na causa, um recurso julgado pelo STJ tratou da suspeição de magistrado designado para julgar diversas demandas contra determinada empresa contra a qual possuía, ele próprio, uma demanda: "Com efeito, ao mover ação em situação idêntica ou análoga à dos autores de numerosas ações contra a mesma acionada, patenteia o Magistrado que, movendo a ação, acredita ter a espécie de direito contra a acionada, o que significa dizer, que ao começar a processar os feitos, já tem ele posição clara e assumida no sentido do reconhecimento do direito de uma das partes (porque igual ao seu, na sua ação) e da falta de direito da parte contrária (porque, na sua ação, também afirmou essa mesma falta de direito da mesma parte contrária). [...] Quanto ao segundo dispositivo (inciso V do art. 135), é claro que quem move ação contra alguém é, ao menos moralmente, interessado em ver o sucesso de outrem, que também mova ação, na mesma situação, contra o mesmo acionado. Ademais,

É bastante relevante para o presente estudo o art. 144, V, do CPC/2015, o qual prevê que o magistrado está impedido de julgar determinada causa "quando for sócio ou membro de direção ou de administração de pessoa jurídica parte no processo". Esse dispositivo possui significativa diferença em relação à regra correspondente no Código de Processo Civil de 1973, notadamente a inclusão da previsão de "sócio" na hipótese de impedimento. Com efeito, o art. 134, VI, do CPC/1973 previa que o magistrado estaria impedido de julgar determinada demanda quando integrasse o "órgão de direção ou de administração de pessoa jurídica parte na causa". A hipótese, portanto, era remota, visto que a Lei Orgânica da Magistratura Nacional proíbe o juiz estatal de "exercer cargo de direção ou técnico de sociedade civil, associação ou fundação, de qualquer natureza ou finalidade" (art. 36, II, LC n.º 35/1979). Ocorre que igual proibição não existe para que ele seja acionista ou quotista de sociedade comercial (art. 36, I, LC n.º 35/1979). Logo, a alteração legislativa veio corrigir tal discrepância, entendendo que o magistrado não pode julgar demanda envolvendo pessoa jurídica da qual é sócio, visto que, nesse caso, possui interesse econômico direto na ação.

Outro aspecto significativo do art. 144, V, CPC/2015 é a previsão de que o impedimento ocorre quando o magistrado for sócio de pessoa jurídica *parte* no processo. Portanto, caso o juiz seja acionista ou quotista de empresa que invista em litígios – e considerando-se esta como *terceiro* e não *parte* –, estaria impedido de julgar o caso?

Tal questionamento será respondido no item 6.3. Por ora, importa examinar o *standard* de análise da imparcialidade. Em outras palavras, é necessário haver *evidência de parcialidade* ou simples *aparência de parcialidade* para que se possam aplicar os dispositivos da legislação processual?

ao mover a ação de indenização por dano moral contra a acionada, configurou-se, para o Magistrado, a causa de suspeição de que trata o inciso I do mesmo art. 135, do CPC. [...] Basta o desejar intenso e concreto do mal – no caso, desejar a perda da ação – em compensação do sofrimento que a ação da parte causou a quem move ação de indenização por dano moral, para que se configure a inimizade capital, de que fala o Código no artigo mencionado" (STJ, 2.ª Seção, REsp 1165623/RS, Rel. Min. Vasco della Giustina (Desembargador convocado), j. 14.04.2010, *DJe* 17.08.2010).

5.1.1 Critérios Gerais (Standards) de Parcialidade

O direito inglês é a fonte mais fértil para a análise dos diferentes testes para aferição de parcialidade. Com efeito, como será exposto a seguir, foi possível observar uma paulatina evolução do tema na jurisprudência inglesa e, em cada nova superação do precedente anterior, uma maior precisão dos conceitos e regras.

O *leading case* sobre a matéria é o caso *Sussex Justices*,[515] julgado pela King's Bench em 1923. Nele, um motociclista (McCarthy) envolveu-se em um acidente de trânsito e foi posteriormente processado criminalmente por direção perigosa. Depois de ter sido condenado, o réu tomou conhecimento de que o assistente dos juízes (*clerk*) era membro do mesmo escritório que o estava processando em esfera cível. Registrou-se, ademais, que tal assistente retirou-se com os julgadores quando estes foram deliberar. O réu, então, buscou anular a sentença na instância superior (King's Bench), alegando a falta de parcialidade. Apesar de os julgadores terem declarado que haviam decidido o caso sem consultar o assistente, a sentença foi anulada pela Corte, tendo, na ocasião, sido emitido voto que se tornou célebre: "It is not merely of some importante but it is of fundamental importance that just should not only be done, but should manifestly and undoubtely be seen to be done".

Utilizaram-se, nesse caso, o *standard* e a *aparência de parcialidade*, qualificados no teste que ficou conhecido como "reasonable apprehension of bias test" (ou "Sussex Justices test"), o qual envolve duas operações básicas: (a) analisar a questão sob o ponto de vista de um observador razoável (*reasonable observer*) estranho ao processo; e (b) partindo-se desse ponto de vista, analisar se há uma suspeita razoável (*reasonable suspicion* ou *reasonable apprehension*).[516]

Esse foi o teste aplicado largamente no direito inglês ao longo da maior parte do século XX, até o precedente *R v. Gough*,[517] decidido pela *House of Lords* em 1993. O caso envolvia uma acusação de roubo, na qual, após a condenação, descobriu-se que uma das juradas era vizinha do irmão do réu,

[515] The King v. Sussex Justices, ex parte McCarthy [1924] 1 KB 256.

[516] LUTRELL, Samuel Ross. *Bias Challenge in International Arbitration*: the need for a "real danges" test. 2008. Thesis (Doctorate – PhD) – Murdoch University, Australia, p. 40-41.

[517] Regina v. Gough (Robert) [1993] 884 2 WLR.

que originalmente também era acusado, tendo sido excluído da demanda antes do julgamento (a jurada declarou não ter conhecimento desse fato). Fazendo uma análise dos precedentes ingleses sobre a questão, a *House of Lords* verificou que, além do teste da *suspeita razoável*, seria possível aplicar um segundo teste, que se convencionou denominar de *real perigo de parcialidade* (*real danger of bias*), aplicando-se este último ao caso (entendeu-se que o fato de a jurada desconhecer sua qualidade de vizinha implicava que não houve real perigo de parcialidade). O exame continuou sendo feito em duas etapas, mas diversas daquelas apontadas no caso *Sussex*. São elas: (a) identificar os fatos que poderiam ser entendidos como prejudiciais sob o ponto de vista da própria Corte; e (b) analisar se tais fatos criaram um real perigo de parcialidade.

Assim, abandonou-se a utilização do *observador razoável*, compreendendo-se que a própria Corte personifica tal homem razoável.[518] Além disso, alterou-se o *standard*, passando-se da *aparência* para o *real perigo*, no sentido de analisar se o julgador poderia efetivamente ser influenciado pelos fatos potencialmente causadores de parcialidade. Mais relevante ainda, viu-se a substituição de um teste mais subjetivo (*apreensão*) para um teste objetivo, focado mais nas evidências do que na percepção de um indivíduo.

Um terceiro teste foi admitido pelas cortes inglesas no caso *Porter v. Magill*,[519] julgado pela *House of Lords* em 2001. O caso envolveu uma política do *Westminster City Council* de vender imóveis da administração pública em partes da cidade, cujos proprietários eram mais tendenciosos a eleger membros do Partido Conservador, no que ficou conhecido como *homes for votes scandal*. Um auditor analisou as vendas, determinando que os imóveis teriam sido vendidos abaixo do preço de mercado, o que levou à condenação da líder do *Westminster City Council* (Shirley Porter) ao pagamento de £ 31 milhões à cidade. Porter buscou anular a decisão, alegando que o auditor, ainda antes da conclusão da perícia, havia dado uma coletiva de imprensa reprimindo a conduta da conselheira. Ao julgar esse caso, a *House of Lords* analisou se havia uma *real possibilidade de parcialidade* (*real possibility of bias*), em teste que une a primeira etapa de *Sussex* e a segunda etapa de *Gough*,

[518] "I think it is unnecessary, in formulating the appropriate test, to require that the court should look at the matter through the eyes of a reasonable man, because the court in cases such as these personifies the reasonable man."
[519] [2001] UKHL 67.

ou seja: (a) analisar os fatos sob o ponto de vista de um *observador razoável*; e (b) verificar se tais fatos tinham uma possibilidade real de influenciar o julgador, comprometendo sua parcialidade.[520]

Esse novo teste não vem sem polêmicas, focadas na real diferença entre o *real perigo* e a *real possibilidade*,[521] bem como se há distinção entre os testes de *suspeita razoável* e *real possibilidade*.[522] Parece haver, contudo, uma maior dose de subjetividade no teste *Sussex* do que no *standard* decorrente do caso *Porter v. Magill*.

É importante notar, ainda, que os *standards* extraídos desses casos, apesar de tratarem de demandas perante juízes togados, são aplicados também aos árbitros, em sentenças sujeitas à lei de arbitragem inglesa.[523]

Uma discussão sobre os *standards* de parcialidade também pode ser observada na jurisprudência francesa, no que diz respeito à arbitragem. No célebre caso *Tecso v. Neoelectra*,[524] a *Cour de Cassation* francesa foi instada a se manifestar sobre a decisão da *Cour d'Appel* de Paris que havia anulado uma sentença arbitral pela existência de uma *dúvida razoável* sobre a parcialidade do árbitro. O caso envolvia um contrato de fornecimento e construção de uma tubulação para transporte de gás, vapor e água em uma usina elétrica (detida pela companhia Neoelectra). Após diversos problemas, Neoelectra rescindiu unilateralmente o contrato, o que levou ao fornecedor (Tecso) a instituir uma arbitragem pleiteando indenização. O Tribunal Arbitral, composto por três árbitros, julgou em favor de Tecso, condenando Neoelectra a pagar o restante do valor do contrato, bem como lucros cessantes. Neoelectra ajuizou uma demanda anulatória

[520] "The question is whether the fair-minded and informed observer, having considered the facts, would conclude that there was a real possibility that the tribunal was biased" (§ 103).

[521] Sobre o ponto, ver ELIAS, Carlos Eduardo Stefen. *Imparcialidade dos árbitros*, p. 44, apontando haver entendimento de que, nesse novo teste, devem ser identificadas todas as circunstâncias que sugeririam que o julgador não agiu com imparcialidade e, com base nisso, analisar a possibilidade – e não mais o perigo – de parcialidade, enquanto outros entendem ser essa uma diferença simplesmente semântica.

[522] Sobre essa discussão, ver LUTRELL, Samuel Ross. *Bias Challenge in International Arbitration*, p. 44, entendendo que os testes levam a consequências distintas, sendo o primeiro mais subjetivo e o segundo mais objetivo.

[523] Vide casos *Norbrook Laboratories Ltd v. Tank* [2006] EWHC 1055 (Comm); Laker Airways Inc v. FLS Aerospace Ltd [1999] 2 Lloyd's Rep 45; e AT&T v. Saudi Cable [2000] All ER (Comm) 625.

[524] Civ. 1re, 10 de outubro de 2012, n. 11-20.299.

alegando que um dos árbitros era parcial, visto que anos antes havia sido consultor (*of counsel*) do escritório Freshfields Bruckhaus Deringer, e que um dos advogados desse escritório era membro do Conselho da Tecso. Em sua defesa, Tecso argumentou que o referido advogado era conselheiro a título pessoal, e não como representante do Freshfields e, além disso, havia se juntado ao escritório somente após a saída do árbitro, não havendo aí qualquer ligação a justificar a parcialidade.

A *Cour d'Appel* de Paris julgou procedente o pleito anulatório, entendendo que o fato de o árbitro, após seu desligamento, haver sido contratado em três ocasiões para emitir pareceres ao escritório Freshfields, bem como de não ter revelado tal informação, criava uma dúvida razoável sobre sua parcialidade. O *standard* usado nessa decisão, portanto, assemelha-se àquele da *suspeita razoável* (*reasonable apprehension*) decorrente do caso *Sussex*.

Tal decisão, entretanto, foi revertida pela *Cour de Cassation*, considerando que a simples narração de fatos, sem a efetiva demonstração de como estes poderiam efetivamente afetar a parcialidade do árbitro, não justifica a anulação da sentença por falta de imparcialidade.[525] Esse entendimento, assim, aproxima-se mais à ideia de *real perigo de parcialidade* ou *real possibilidade de parcialidade*, na qual são adotados critérios mais objetivos para aferição de como os fatos narrados poderiam efetivamente influenciar o julgador.

Voltando-se para o direito brasileiro, a questão dos *standards* de parcialidade não foi estudada, de forma sistematizada, pela doutrina. Não obstante, a discussão ocorrida no direito inglês pode ser bastante útil, não se mostrando, de forma alguma, incompatível com o sistema de *common law* (vide a decisão francesa citada *supra*). Parece ser a posição dominante da doutrina brasileira, que, ainda que de forma menos aprofundada, indica como suficiente o *perigo de parcialidade* para o afastamento do magistrado.[526] Tal posicionamento parece correto. Com efeito, a legislação proces-

[525] "qu'en se déterminant par ces seuls motifs sans expliquer en quoi ces éléments étaient de nature à provoquer dans l'esprit des parties un doute raisonnable quant à l'impartialité de [l'arbitre] et à son indépendance, la Cour d'appel n'a pas mis la Cour de cassation en mesure d'exercer son contrôle sur la décision."

[526] DINAMARCO, Cândido Rangel. *Instituições de direito processual civil*. São Paulo: Malheiros, 2016. v. 1, p. 584; BENEDUZI, Renato Resende. *Comentários ao Código de Processo Civil*, p. 306-307, que aponta: "Não basta à mulher de César ser honesta, é preciso que ela também pareça

sual traz hipóteses específicas de fatos que, uma vez verificados no caso concreto, levam automaticamente ao afastamento do julgador sem que seja necessário fazer qualquer juízo de valor acerca da real possibilidade de tais fatos influenciarem o magistrado. Com mais razão ainda deve ser esse o *standard* para casos de suspeição, relativamente aos quais, diferente dos casos de impedimento, não há possibilidade de ação rescisória (vide art. 966, II, CPC/2015, que traz apenas a incompetência absoluta e o impedimento como causas).

5.2 Dever de Revelação

A análise e a impugnação da imparcialidade do julgador podem se dar em dois momentos: antes ou depois da decisão. Se o magistrado ou árbitro potencialmente parcial ainda não houver proferido decisão, o remédio cabível será o seu afastamento, substituindo-o por outro julgador. Caso já tenha dado a decisão, a hipótese será de ação rescisória ou anulatória.

Tratando-se de demanda perante o Judiciário estatal, o procedimento para arguição da imparcialidade antes da decisão era o de apresentação de exceção (art. 304, CPC/1973). O novo Código de Processo Civil simplificou esse procedimento, possibilitando que a arguição seja feita por simples petição nos próprios autos (art. 146, CPC/2015). Cuidando-se de arbitragem, o procedimento é a impugnação do árbitro, remédio oportunizado às partes no momento da indicação dos árbitros (tanto os coárbitros, indicados pelas partes, quanto o presidente do tribunal, indicado pelos coárbitros), em prazo determinado na convenção de arbitragem ou nas regras da instituição escolhida. Como o dever de imparcialidade é contínuo, devendo ser mantido ao longo de toda a arbitragem, é igualmente oportunizado às partes impugnar os árbitros a qualquer momento, caso descubram fatos novos que se enquadrem nas hipóteses de impedimento e suspeição (aos quais a Lei de Arbitragem faz remissão expressa – art. 14).

ser honesta. Por isso, ao tratar das hipóteses de impedimento e suspeição, a lei tutela a aparência de imparcialidade, não a rigor a efetiva e concreta imparcialidade. Independentemente se parcial ou não em seu íntimo, deste modo, o juiz impedido ou suspeito não deve julgar a demanda em razão da mera impressão de parcialidade que sua relação com uma parte ou seu advogado pode razoavelmente suscitar".

Depois de proferida a sentença, o remédio cabível, caso a demanda tenha sido processo perante o Judiciário estatal, será o ajuizamento de ação rescisória. Sabe-se que as hipóteses de cabimento dessa ação são exaustivas, previstas expressamente pela legislação processual civil. O art. 966, II, do CPC/2015 estabelece, como já o fazia o art. 485, II, do CPC/1973, a possibilidade de rescisão da sentença que tenha sido proferida por juiz impedido. Conforme exposto, o legislador criou uma distinção (a nosso ver, mais política que lógica) entre casos de suspeição e impedimento, atribuindo a estes últimos um regramento mais rígido (por exemplo, a possibilidade de sua arguição a qualquer tempo e grau de jurisdição). Assim, optou-se conscientemente por proporcionar a ação rescisória somente nos casos de impedimento, não sendo possível utilizá-los em caso de suspeição,[527] em relação aos quais resta tão somente o remédio da arguição de parcialidade (art. 146, CPC/2015), a ele disponível até o trânsito em julgado da decisão (visto que a única restrição temporal prevista na lei é o prazo de 15 dias contados a partir do conhecimento do fato – art. 146, *caput*, CPC/2015 – reconhecendo-se que, uma vez instaurado o incidente, o tribunal decretará a nulidade dos atos praticados pelo juiz parcial – art. 146, § 7.º, CPC/15). Importante mencionar, contudo, que, mesmo em caso de impedimento, a rescisão da sentença só é possível caso o autor da ação rescisória tenha tomado conhecimento do fato após o trânsito em julgado, em privilégio à boa-fé, de modo a evitar que a parte possa manter essa causa de nulidade "na manga", adotando-a somente no caso de vir a sucumbir.[528]

No tocante à arbitragem, o remédio cabível, após o proferimento da sentença, é o ajuizamento de ação anulatória. Apesar de a Lei de Arbitragem, ao tratar da imparcialidade, valer-se dos conceitos de impedimento e suspeição previstos na legislação processual civil, a eles não são atribuídas as mesmas distinções existentes nas demandas processadas pelo Judiciário estatal. Com efeito, diversamente do que ocorre com a ação rescisória, o art. 32, II, da Lei de Arbitragem não diferencia os casos de

[527] Tratando sobre o CPC/1973, PONTES DE MIRANDA, Francisco. *Comentários ao Código de Processo Civil*. Rio de Janeiro: Forense, 1975. t. VI, p. 274; e sobre o CPC/2015, MARINONI, Luiz Guilherme; MITIDIERO, Daniel. *Comentários ao Código de Processo Civil*: artigos 926 ao 975. São Paulo: RT, 2016. p. 333.

[528] BENEDUZI, Renato Resende. *Comentários ao Código de Processo Civil*, p. 326-327.

impedimento e suspeição, sendo anulável a sentença arbitral em qualquer uma das hipóteses.[529]

Ao tratar do tema da imparcialidade do árbitro, a doutrina geralmente distingue métodos *preventivos* e *repressivos* de garantir o cumprimento de tal dever.[530] As medidas repressivas são exatamente as listadas *supra* (impugnação do árbitro ou, se já proferida sentença, ajuizamento de ação anulatória). A medida preventiva, por seu turno, é a revelação, pelo próprio árbitro, das circunstâncias que poderiam gerar potenciais conflitos de interesse a justificar seu afastamento.

O dever de revelação é uma decorrência lógica do dever de imparcialidade. Diversamente do que ocorre no Judiciário estatal – em que é vedada a existência de juízo de exceção (art. 5.º, XXXVII, CF c/c o art. 1.º, CPC/2015), garantindo-se à parte que ela não poderá ser julgada por tribunal constituído após os fatos que originaram a pretensão – na arbitragem, o Tribunal Arbitral necessariamente será constituído somente depois de a controvérsia estar instaurada. Ademais, assegura-se às partes, como regra geral, a possibilidade de escolher os árbitros que julgarão a demanda, sendo essa característica vista como uma das maiores vantagens das arbitragens. Diz-se como regra geral porque é possível que o Tribunal seja nomeado por um terceiro (autoridade nomeadora), que recebe essa atribuição em razão do acordo das partes na convenção de arbitragem, ou então por determinação legal (vide a arbitragem societária italiana, explicada *supra*, item 4.3.1.3.2).

Sendo os árbitros escolhidos pelas partes, aumenta-se consideravelmente o risco de parcialidade (lembre-se que, há algumas décadas, já se chegou a chamar os coárbitros de "árbitro da parte"), justificando-se a criação de mecanismos diferenciados de controle. É exatamente esse o escopo do dever de revelação.

O principal problema referente à revelação relaciona-se à sua extensão, i.e., quais os fatos que devem efetivamente ser revelados?

A extensão do dever de revelação é, salvo poucas exceções, tema tratado de maneira pouco aprofundada pela doutrina e jurisprudência brasileiras, que geralmente apontam que o árbitro deve revelar relações entre o

[529] CARMONA, Carlos Alberto. *Arbitragem e processo*, p. 251-252.

[530] CLAY, Thomas. *L'Arbitre*, p. 316-318, tratando dos meios "preventivos" e "corretivos" – *moyens préventifs* e *moyens curatifs*.

possível árbitro com as partes, advogados e representantes que potencialmente se enquadrem nos itens elencados nos arts. 144 e 145 do Código de Processo Civil,[531] bem como outras situações que possam gerar dúvida objetiva nas partes quanto à capacidade do árbitro de julgar com a imparcialidade e independência que dele é esperada.[532]

Alhures, é possível identificar dois posicionamentos. Há aqueles que defendem que a apreciação de quais fatos revelar deve pernanecer subjetiva, cabendo ao árbitro verificar as circunstâncias possíveis de causar dúvidas sobre sua parcialidade; em contrapartida, estão aqueles que entendem necessária a criação de critérios mais objetivos, mediante a criação de um questionário aos árbitros ou, então, a revelação de todas as relações pretéritas existentes entre o árbitro e as partes, sem distinção de notoriedade, antiguidade ou qualidade.[533]

O art. 14, § 1.º, da Lei Brasileira de Arbitragem prevê que o árbitro deve revelar "qualquer fato que denote dúvida justificada quanto à sua imparcialidade ou independência", seguindo, portanto, a primeira corrente elencada *supra*. Se, por um lado, essa solução é excessivamente subjetiva, dando integralmente ao árbitro o poder de analisar os fatos que entende pertinentes revelar, por outro, impede que uma parte possa utilizar uma revelação mais intensa para protelar a arbitragem (a denominada "tática de guerrilha"), impugnando árbitros sem que haja efetiva causa relevante para tanto.

5.3 Efeitos do Financiamento sobre a Imparcialidade e Dever de Revelação

Partindo-se da premissa de que o árbitro deve revelar apenas as relações que, em seu entender, são capazes de criar uma "dúvida justificada" nas

[531] BERALDO, Leonardo de Faria. *Curso de arbitragem*: nos termos da Lei n.º 9.307/96, p. 252 (tratando dos equivalentes arts. 134 e 135 do CPC/73).

[532] CARMONA, Carlos Alberto. *Arbitragem e processo*, p. 254. No mesmo sentido, CAHALI, Francisco José. *Curso de arbitragem*, p. 192.

[533] Sobre todas as correntes, ver Thomas Clay, adotando o doutrinador a posição de que, o mais adequado, para retirar a subjetividade da análise do que deve ser revelado, é revelar todas as relações existentes (*L'Arbitre*, p. 321-329).

partes, o questionamento que se segue, relevante para este estudo, é: devem também ser reveladas as relações entre árbitro e financiador?

No início deste capítulo, tratou-se brevemente sobre a hipótese mais corriqueira no sentido de o magistrado ser acionista ou quotista do financiador. Haveria, nesse caso, impedimento, suspeição ou não seria aplicável nenhum dos dois? O art. 144, V, CPC/2015 prevê que será impedido o juiz que "for sócio ou membro de direção ou de administração de pessoa jurídica *parte no processo*". A Lei Orgânica da Magistratura veda ao magistrado participar da direção ou administração de empresa (art. 36, III, LC n.º 35/1979), restrição esta que, ressalte-se, não há, como regra geral (sendo possível imaginar vedações decorrentes de circunstâncias particulares), para os árbitros. Contudo, não há qualquer vedação quanto ao juiz (ou árbitro) ser sócio.

Ocorre que o dispositivo prevê expressamente que o impedimento só existirá quando o julgador for sócio de uma das *partes*, e, como visto, o financiador é terceiro, levando-se à conclusão de que o julgador acionista ou quotista do financiador do processo não está impedido. Em contrapartida, nessas circunstâncias, é aplicável a hipótese de suspeição do art. 145, IV, CPC/2015, segundo a qual não poderá julgar o caso o magistrado (ou árbitro) "interessado no julgamento do processo em favor de qualquer das partes". Ora, o julgador sócio do financiador tem evidente interesse de que a parte financiada vença a disputa, visto que, com isso, terá um ganho econômico. Assim, o julgador sócio do financiador será suspeito e, portanto, não poderá atuar na causa. Relembre-se, no entanto, o tratamento mais brando dado à suspeição em litígios processados pelo Judiciário estatal.

É evidente, portanto, que relações do julgador com o financiador podem gerar seu afastamento, levando à conclusão de que devem ser reveladas pelo árbitro. Nesse sentido, entende Marcelo Ferro, apontando, em estudo sobre os impactos do *third-party funding* na independência dos árbitros, que o dever de revelação deve alcançar o interesse de terceiros que sejam diretamente afetados pela sentença, de modo que "o tema central deixa de ser a *identidade* da parte, mas a *titularidade dos interesses em jogo*".[534] Apoiando mais a esse entendimento, a CCI emitiu, em fevereiro de 2016, um guia denominado "Note to Parties and Arbitral Tribunals on the Conduct of the Arbitration

[534] FERRO, Marcelo. O financiamento de arbitragens por terceiro e a independência do árbitro, p. 628.

under the ICC Rules", contendo diversas diretrizes de conduta. Ao tratar do dever de revelação, tal guia recomenda que o árbitro deve considerar não apenas suas relações com as partes e seus advogados, mas também com qualquer sujeito que tenha um interesse econômico na disputa.[535]

Não obstante, para que o faça, é necessário que tenha conhecimento de que a demanda é financiada.[536] Impõe-se, portanto, a pergunta: existe um dever de revelar a existência do financiamento?

Tal questionamento é recente e ainda não foi largamente enfrentado. Uma das tentativas de extrair premissas básicas para a análise da questão foi feita por um Tribunal Arbitral constituído sob a égide do ICSID, tratando da demanda *Muhammet Çap; Sehil Insaat Endustri ve Ticaret Ltd. Sti v. Turcomenistão*.[537] O Turcomenistão pediu que os requerentes informassem (i) se estavam sendo financiados por um terceiro; (ii) os termos de tal financiamento; e (ii.) se foram contratados honorários de êxito (*contingency fees*) com o advogado ou com o financiador. Em abril de 2014, o Tribunal emitiu uma Ordem Processual entendendo deter poderes inerentes para emitir ordens da natureza requerida pelo Turcomenistão, com o escopo de preservar direitos das partes e a integridade do processo,[538] enumerando os seguintes fatores como relevantes para justificar a revelação do acordo de financiamento:

a. para evitar conflito de interesses entre árbitro e o financiador;
b. para transparência e identificação da real parte do processo;
c. para o Tribunal poder decidir de modo justo sobre a alocação de custos ao final da arbitragem;

[535] "Relationships between arbitrators, as well as relationships with any entity having a direct economic interest in the dispute or an obligation to indemnify a party for the award, should also be considered in the circumstances of each case" (Item III.A, § 24).

[536] Ressalte-se que, dado o sigilo que geralmente é aplicável à arbitragem (sobre o tema, ver item 6.4, *infra*), os acionistas e quotistas não possuem conhecimento sobre as demandas que estão sendo financiadas. É possível que sequer os membros do Comitê de Investimentos (que decidem efetivamente quais as demandas que serão financiadas) saibam de detalhes do caso, tendo acesso apenas às informações essenciais (custos, valor esperado do lucro, chances de sucesso etc.) para que possam analisar a viabilidade do investimento.

[537] Caso ICSID n. ARB/12/6.

[538] "The Tribunal considers that it has inherent powers to make orders of the nature requested where necessary to preserve the rights of the parties and the integrity of the process" (Caso ICSID n. ARB/12/6, Procedural Order n. 2, 11 de abril de 2014, § 9).

d. se houver pedido de *security for costs;* e

e. para garantir que informações confidenciais que sejam reveladas ao longo do procedimento não sejam repassadas a terceiros com motivos ulteriores.[539]

O Tribunal, a princípio, negou a concessão de uma ordem para que os requerentes revelassem eventual acordo de financiamento, pela ausência de relevância, visto que não havia indícios da existência de tal financiamento, de conflito de interesses ou de declaração de informações sigilosas a terceiros. Não obstante, um ano depois o governo do Turcomenistão refez o pedido, informando que (i.) os autores haviam substituído seus advogados e agora estariam sendo representados pelo mesmo escritório que conduzia ação anulatória contra o Turcomenistão em outro caso do ICSID envolvendo partes relacionadas; (ii.) estava considerando fazer um pedido de *security for costs;* e (c.) era importante determinar se os requerentes seguiam sendo os reais titulares dos direitos discutidos na arbitragem.[540] O Tribunal reanalisou a questão à luz dessas novas circunstâncias e decidiu que os requerentes deveriam efetivamente revelar se estavam sendo financiados por terceiros e, em caso positivo, também o nome do financiador e termos do acordo de financiamento.[541]

[539] No original: a. To avoid a conflict of interest for the arbitrator as a result of the third party funder; b. For transparency and to identify the true party to the case; c. For the Tribunal to fairly decide how costs should be allocated at the end of any arbitration; d. If there is an application for security for costs if requested; and e. To ensure that confidential information which may come out during the arbitral proceedings is not disclosed to parties with ulterior motives (*Idem*, §10).

[540] Caso ICSID n. ARB/12/6, Procedural Order n. 3, 12 de junho de 2015, § 2

[541] Quanto à revelação dos termos do acordo de financiamento, na arbitragem de investimento envolvendo Manuel Garcia Armas (e outros) e a Repblica da Venezuela, processada pela Corte Permanente de Arbitragem (Caso CPA nº 2016-08), o Tribunal, presidido por José Emilio Nunes Pinto, também decidiu que o dever dos árbitros de resguardar a integridade do procedimento autorizaria a concessão de uma ordem para revelação dos termos do contrato de financiamento (a existência do financiamento já havia sido revelado pelos requerentes em correspondências trocadas com o requerido). Contudo, o Tribunal determinou que o contrato fosse revelado apenas aos árbitros, para que estes avaliassem a existência de fatores que pudessem comprometer a arbitragem. Após essa análise, o Tribunal decidiu permitir o acesso também ao requerido (tais determinações foram inseridas nas Ordem Processuais nºs 4 e 5, de 9 de dezembro de 2016 e 21 de fevereiro de 2017, respectivamente. Contudo, foi divulgado ao público apenas a Ordem Processual nº 9, de 20 de junho de 2018, fazendo referência às anteriores).

O Tribunal, presidido por Julian Lew e tendo como co-árbitros Bernard Hanotiau e Laurence Boisson, utilizou como fundamentos: (a.) garantir a integridade do procedimento, considerando os efeitos que o envolvimento do financiador pode ter na imparcialidade dos árbitros; (b.) o fato de que os requerentes, em sua resposta ao pedido de revelação, não negaram a existência do financiamento, apesar de terem negado a alienação do objeto litigioso; e (c.) principalmente, a intenção da parte adversa de pedir *security for costs* e a potencial incapacidade financeira dos requerentes para arcar com os custos do processo, em especial considerando que partes relacionadas a eles deixaram de pagar os custos na outra arbitragem ICSID mencionada pelo governo do Turcomenistão.[542]

Os critérios enumerados, apesar de não possuírem caráter vinculante[543] para além da arbitragem em que foi proferida, mostram-se úteis para o estudo do tema. De especial relevância é a identificação de um eventual conflito de interesses entre financiador e árbitros como possível fundamento a justificar sua revelação.

A IBA (*International Bar Association*), considerando – dentre diversas outras questões[544] – o crescente uso de financiamentos por terceiros em arbitragens internacionais, editou uma versão revisada de suas Diretrizes relativas a Conflitos de Interesses em Arbitragens Internacionais, inserindo, nas notas explanatórias à regra ("*general standard*") 6(b) fez referência a financiadores (bem como seguradores), apontando que, em razão de deterem um interesse econômico direto no litígio e potencial influência

[542] *Idem*. §§ 8-12.

[543] Em se tratando de arbitragem sob o âmbito do ICSID, os Tribunais Arbitrais têm mostrado deferência para decisões tomadas em processos anteriores, com o objetivo de alcançar uma interpretação e aplicação uniforme das regras. Contudo, não há como se extrair dessa deferência uma efetiva vinculação dos árbitros às decisões pretéritas como se "precedente" fosse.

[544] As regras foram resultado dos estudos e discussões feitas pelo Subcomitê em Conflitos de Interesses, nomeado pelo Comitê de Arbitragem da IBA. Sobre as questões discutidas para revisão das regras, ver os apontamentos feitos por Eduardo Zuleta e Paul Friedland, co-gestores do Comitê de Arbitragem inseridos na apresentaçõa das regras de 2014: "The Subcommittee has carefully considered a number of issues that have received attention in international arbitration practice since 2004, such as the effects of so-called 'advance waivers', whether the fact of acting concurrently as counsel and arbitrator in unrelated cases raising similar legal issues warrants disclosure, 'issue' conflicts, the independence and impartiality of arbitral or administrative secretaries and third- party funding. The revised Guidelines reflect the Subcommittee's conclusions on these issues" (IBA Guidelines on Conflicts of Interest in International Arbitration 2014, p. ii).

sobre a parte, podem ser equiparados às próprias partes para fins de apuração da existência de imparcialidade e independência.[545]

Diretriz similar também foi editada pela Corte Internacional de Arbitragem da CCI, nas Nota às Partes e Tribunais Arbitrais sobre a Condução da Arbitragem conforme o Regulamento da CCI, de 10 de maio de 2016. Apesar de não fazer referência expressa a financiadores, o parágrafo 24 da Nota aponta que deverão ser considerados, para fins de revelação e imparcialidade, as relações dos árbitros com qualquer entidade que detenha interesse econômico direto no resultado da arbitragem.[546]

Seguindo essa tendência, o Centro de Arbitragem e Mediação da Câmara de Comércio Brasil-Canadá emitiu, em 2016, a Diretriz n.º 18, recomendando às partes que revelassem a existência do financiamento na primeira oportunidade possível, indicando a qualificação completa do financiador.[547] Vê-se que essa diretriz possui escopo bastante mais limitado do que a aplicável às cortes australianas, visto que (a) não determina a apresentação do contrato de financiamento, mas apenas o nome do financiador; e (b) não cria uma regra cogente, mas somente *recomenda* a revelação.

Ainda sobre o tema, o já citado relatório da ICCA, em conjunto com a Queen Mary, sobre o financiamento por terceiros em arbitragens internacionais (*Report of the ICCA-Queen Mary Task Force on Third-Party Funding in International Arbitration*),[548] indica que, apesar de o tema ter sido objeto de grandes divergências entre os membros da força-tarefa, foi possível se chegar a um consenso quanto ao potencial de conflito que a participação

545 "[...] Third-party funders and insurers in relation to the dispute may have a direct economic interest in the award, and as such may be considered to be the equivalent of the party. For these purposes, the terms 'third-party funder' and 'insurer' refer to any person or entity that is contributing funds, or other material support to the prosecution or defence of the case and that has a direct economic interest in, or a duty to indemnify a party for, the award to be rendered in the arbitration".

546 "[ ] Também deverão ser levadas em conta, considerando as circunstâncias específicas de cada caso, as relações entre árbitros e as relações com pessoa jurídica que tenha interesse econômico direto no litígio ou uma obrigação de ressarcir uma parte após a sentença arbitral".

547 Artigo 4.º A fim de evitar possíveis conflitos de interesse, o CAM-CCBC recomenda às partes que informem a existência de financiamento de terceiro ao CAM-CCBC na primeira oportunidade possível. Na referida informação deverá constar a qualificação completa do financiador.

548 Disponível em < https://www.arbitration-icca.org/media/10/40280243154551/ icca_reports_4_tpf_final_for_print_5_april.pdf>

do financiador traz para o processo. Ademais, para que o árbitro possa analisar potencial conflito e cumprir efetivamente seu dever de revelação, é necessário que saiba da existência do financiamento.

Com isso, o relatório estabeleceu como "princípio" que a parte deve revelar, por iniciativa própria e na primeira ocasião possível, a existência do financiamento e o nome do financiador.[549] O relatório estabelece ademais que os árbitros deveriam ter o poder para determinar às partes que revelem a existência do financiamento[550] e, por fim, que não há necessidade de revelar outras informações além do nome do financiador (o que, por si só, já permite a análise sobre conflito), salvo se o caso apresentar circunstâncias específicas que justifiquem a revelação de outras informações,[551] como o valor investido e demais termos do contrato.

Apesar da importância do relatório para o estudo e desenvolvimento das discussões sobre financiamento de terceiros, suas proposições não geram qualquer vinculação.

Assim – ainda que cediço o fato de que o envolvimento do financiador, mesmo não sendo parte do processo, pode gerar conflitos a viciar a sentença por falta de imparcialidade – não haverá *obrigação efetiva* de revelar a existência, tampouco o conteúdo do financiamento, a menos que haja regra prevendo tal obrigação.

No direito brasileiro, a doutrina favorável à revelação encontra no dever de boa-fé objetiva (art. 422), aplicável em razão da natureza contratual da convenção de arbitragem, o fundamento para obrigar a parte a informar a existência do financiamento.[552] Tal posicionamento não parece correto. Com efeito, a boa-fé objetiva assume tríplice função no direito brasileiro,

[549] Chapter 4. Principles. "A.1. A party and/or its representative should, on their own initiative, disclose the existence of a third-party funding arrangement and the identity of the funder to the arbitrators and the arbitral institution or appointing authority (if any), either as parto f a first appearance or submission, or as soon as practicable after funding is provided or na arrangement to provide funding for the arbitration is entered into."

[550] "A.2. Arbitrators and arbitral institutions have the authority to expressly request that the parties and their representatives disclose whether they are receiving support from a third-party funder and, if so, the identity of the funder."

[551] Vide *Report of the ICCA-Queen Mary Task Force on Third-Party Funding in International Arbitration*, p. 83.

[552] FERRO, Marcelo. O financiamento de arbitragens por terceiro e a independência do árbitro, p. 631; BERALDO, Leonardo de Faria. *Curso de arbitragem*: nos termos da Lei n.º 9.307/96, p. 152-153.

sendo (i) *standard* comportamental (teoria dos atos próprios e suas figuras, *venire contra factum proprium, tu quoque, supressio e surrectio*); (ii) cânone de interpretação de contratos; e (iii) fonte de direitos e deveres.[553] Ocorre que a convenção de arbitragem não se confunde com o processo arbitral. A convenção, de natureza eminente contratual, representa o encontro de vontades das partes no sentido de renunciar à jurisdição estatal para um determinado (ou determinável) litígio. Contudo, uma vez que a arbitragem esteja devida e legitimamente instaurada, as partes atribuem aos árbitros (com a permissão da Lei de Arbitragem) verdadeiro poder jurisdicional sobre a controvérsia, saindo-se do campo do direito material e entrando na esfera do direito processual. Afinal, apesar de possuir origem contratual, o escopo da arbitragem é o desenvolvimento de um processo e o alcance de uma decisão final sobre a disputa, a qual é dotada dos mesmos efeitos de uma sentença proferida por um juiz togado. Assim, parece equivocado aplicar o art. 422 do Código Civil para justificar a criação de um dever da parte de revelar o financiamento.

Portanto, inexiste regra, no direito brasileiro, que obrigue a parte revelar a existência do financiamento, tampouco seu conteúdo.[554] No entanto, é do interesse tanto da parte quanto do financiador revelar o financiamento se creem que haveria motivos de pôr em dúvida a imparcialidade do árbitro. Caso contrário, haverá um risco de a sentença ser anulada, o que, evidentemente, contraria os interesses da parte e do financiador.

Pode-se apontar que, em geral, os financiadores preferem não indicar a existência do acordo de financiamento ou seus contornos, a menos que as normas aplicáveis determinem sua revelação ou sua presença possa gerar questões de imparcialidade e suspeição do julgador.[555] Para esse efeito, os

[553] MARTINS-COSTA, Judith. *A boa-fé no direito privado*: critérios para a sua aplicação. São Paulo: Marcial Pons, 2015. p. 40.

[554] Essa também é a posição de Jonas von Goeler em relação à arbitragem internacional (*Third-party funding in international arbitration and its impact on procedure*, p. 126), defendendo que: "At present [2016], parties to an international commercial or investment arbitration are under no procedural duty to disclose the fact that they are being funded. No arbitral laws or rules currently require a party to disclose how it finances its claim or defense. A general duty or practice of funded parties to disclose the sources of their funds, for example, 'as a matter of fairness', is not recognized".

[555] SCHERER, Maxi; GOLDSMITH, Aren; FLECHET, Camille. Third party funding in international arbitration in Europe. Part 1. Funders' perspectives, p. 218: "As a general matter, funders require that their involvement not be revealed, unless the client is compelled to

contratos geralmente contêm uma cláusula de confidencialidade. Há que se afastar a percepção de que a não revelação do financiamento pela parte seria um indício de colusão, visto que o financiador (que está realizando o financiamento como negócio, aguardando, então, um retorno financeiro) não tem qualquer interesse de que a sentença não seja exequível, caso em que perderá por completo seu investimento.

Em contrapartida, a recusa do financiador ou da parte de revelar o acordo quando tal é requerido pela parte contrária e/ou determinado pelo julgador pode levar à perda de recursos financeiros e tempo em disputas paralelas sobre a obrigação ou não de tal revelação, o que certamente não é do interesse das partes.

Não obstante, enquanto ausente regulação específica sobre o tema que crie um dever efetivo de revelação do financiamento, este seguirá sendo feito apenas de forma voluntária, cabendo ao financiado e ao financiador analisar, no caso concreto, os benefícios e prejuízos de fornecerem tal informação aos julgadores.

5.4 Conclusões Parciais

Viu-se que o direito brasileiro previu hipóteses exaustivas de fatos que podem viciar a imparcialidade do julgador, distinguindo-os entre causas de impedimento e suspeição. O discrímen entre as duas figuras parece ser mais político do que lógico, dando-se às primeiras um tratamento mais rígido do que às últimas (permitindo-se sua arguição a qualquer tempo e grau de jurisdição, bem como a rescisão da sentença). Tratando-se de arbitragem, as mesmas causas são aplicáveis, tendo a lei feito remissão expressa ao Código de Processo Civil nesse particular. Entretanto, diversamente do que ocorre no processo estatal, na arbitragem não há qualquer distinção de efeitos para impedimento e suspeição, sendo que ambos podem gerar consequências idênticas, i.e., o afastamento do árbitro ou a anulação da sentença arbitral.

do so under applicable legal disclosure obligation or unless particular circumstances justify disclosure, such as a possible conflict of interest between an arbitrator hearing the dispute and the funder. The funders use confidentiality agreements to guard against the disclosure of funding arrangements. Nevertheless, voluntary disclosure is not categorically excluded".

Examinaram-se os *standards* de parcialidade, identificando-se três testes: (a) aparência de parcialidade;(b) real possibilidade de parcialidade; e (c) real perigo de parcialidade. No direito brasileiro, a posição dominante é a de que basta a *aparência de parcialidade* para justificar o afastamento do julgador e a nulidade de seus atos. Assim, é suficiente a comprovação da presença de algum dos fatos causadores de impedimento e suspeição, não havendo necessidade de avaliar se há, no caso concreto, perigo efetivo de tais fatos influenciarem no julgamento.

Analisou-se, ainda, que o nó górdio quando se trata do dever de revelação é a extensão do que deve ser revelado, sendo possível identificar duas posições sobre o tema: (i) cabe aos árbitros avaliar quais os fatos que, pela perspectiva da parte, podem ser relevantes, sendo essa uma corrente eminentemente mais subjetivista; e (ii) uma segunda corrente mais objetivista, entendendo que devem ser reveladas todas as relações pretéritas existentes entre o árbitro e as partes, bem como com os advogados, sem análise de valor sobre sua notoriedade, antiguidade ou qualidade. No direito brasileiro, a corrente adotada pela Lei n.º 9.307/1996 é a subjetiva, cabendo ao árbitro revelar os fatos que, em seu entender, podem gerar "dúvida justificável" nas partes sobre a sua imparcialidade.

Por fim, no tocante ao tema central deste estudo, o financiamento pode causar impactos na imparcialidade do julgador, podendo levar ao seu afastamento, à rescisão ou anulação da sentença. Não existe, contudo, no direito brasileiro nenhuma regra que obrigue as partes a revelar a existência do financiamento, tampouco seu conteúdo (a única disposição nesse sentido é uma recomendação da CAM-CCBC, mas que não possui natureza cogente). Assim, no estado atual de desenvolvimento do tema, a revelação do financiamento pela parte somente pode ser feita de forma voluntária, cabendo ao financiado e ao financiador analisar, no caso concreto, os potenciais benefícios e prejuízos na prestação de tal informação.

6. Financiamento de Litígios e Confidencialidade

Pode o sigilo servir de obstáculo à realização do financiamento por terceiros?

Foi dito acima que o financiamento de litígios por terceiros é um investimento realizado por um sujeito alheio à relação entre financiado e parte adversa, em busca de um retorno econômico. Como investimento, deve passar por uma criteriosa análise para que o investidor decida se vai ou não efetuar o financiamento.

De fato, o financiador geralmente realizará uma *due diligence* sobre o caso para avaliar a viabilidade do investimento. Cada financiador terá uma forma particular de análise, mas é possível traçar algumas linhas mestras que deverão ser seguidas. Primeiramente, o cliente deverá passar documentos centrais do processo (tratando-se de arbitragem, será essencial analisar ao menos o contrato que possui a cláusula compromissória), verificando, inicialmente, se o caso possui bom mérito e se o lucro esperado compensa o valor que será investido. Passando-se essa primeira análise e concluindo-se que há motivos para seguir, o financiador iniciará um exame minucioso do caso, dos fatos ocorridos e das provas que podem ser produzidas, utilizando consultores jurídicos próprios (internos ou externos) para constatar as chances de êxito. Somente depois de finda essa análise –geralmente em torno de três meses[556] – é que o financiador concluirá se possui interesse no investimento ou não. E, em caso positivo, terá início a negociação dos termos do contrato de financiamento, com especial importância para os valores envolvidos (i.e., o quanto o financiador está disposto a investir e qual a parcela que o financiado está disposto a repassar).

Não é incomum, em especial em arbitragens ou casos contratuais complexos, que os documentos a que o financiador tem acesso para sua *due diligence* sejam confidenciais. Ademais, o financiador, no mais das vezes,

[556] ROWLES-DAVIS, Nick. *Third Party Litigation Funding*, p. 104-105.

vai querer acompanhar seu investimento, ou, em outras palavras, estar a par do desenvolvimento do processo. Como se dá tal acompanhamento no caso em que o processo, sendo estatal, estiver sob segredo de justiça, ou, sendo arbitragem, for confidencial?

6.1 Obrigação de Sigilo entre Financiado e Parte Adversa

Imagine-se que contratos, minutas, comunicações (verbais e escritas) e outros documentos que envolvam a relação jurídica entre o potencial financiado e sua parte adversa sejam confidenciais (por acordo das partes nesse sentido ou por sua própria natureza, como em segredos de negócio).

O financiador terá acesso a essas informações em sua análise sobre a viabilidade do investimento. Nesse caso, terá o financiado quebrado a obrigação de confidencialidade, em especial considerando ser possível que o financiador, ao final da análise, decida por não investir na demanda?

A solução mais óbvia e prática para esse problema é requerer que o financiador assine um termo de confidencialidade (*non-disclosure agreement*). Contudo, o efeito desse acordo é apenas obrigá-lo a não revelar a terceiros as informações que vier a receber. É uma relação contratual exclusivamente entre financiador e financiado, não envolvendo a parte adversa. Levando-se em conta a relatividade dos contratos, vê-se que essa relação (financiador-financiado) não tem qualquer efeito sobre a primeira (financiado-parte adversa) e, portanto, não exime o financiado da quebra de sigilo. No máximo, a depender dos termos do contrato, poderá o financiado ser ressarcido pelo financiador caso venha a ser condenado em demanda indenizatória por quebra de sigilo movida pela parte adversa.

Tem-se claro, portanto, que o repasse de documentos sigilosos ao financiador representa uma quebra da obrigação de confidencialidade por parte do financiado. Cumpre analisar, portanto, se tal quebra é justificada, de modo a exonerá-lo da responsabilidade pela indenização.

A resposta ao questionamento acima deve ser positiva, pois o financiamento por terceiros é um instrumento de acesso à justiça, configurando uma condição para que o financiado possa exercer seu direito constitucional previsto no art. 5.º, XXXV, CF.

Ora, analogicamente, a contratação de um advogado é uma condição para que possa exercer seu direito de acesso à justiça, e o patrono, da mesma forma que o financiador, terá acesso aos contratos, comunicações, minutas, memorandos de entendimentos, documentos e toda sorte de informação relativa à relação entre seu cliente e a parte adversa. No entanto, não há dúvida de que, nesse caso, mesmo que tais documentos e informações sejam sigilosos, o cliente não poderá ser responsabilizado civilmente em razão da quebra da obrigação de confidencialidade.

Idêntico raciocínio é aplicável ao financiamento. O financiamento é uma ferramenta para possibilitar o acesso à ordem jurídica justa. Portanto, a quebra do sigilo eventualmente existente entre financiado e parte adversa é justificada, eximindo-o de eventual responsabilidade por violação à obrigação de confidencialidade.

6.2 Obrigação de Sigilo entre Financiado e Advogado

As comunicações entre o advogado e seu cliente, bem como as informações às quais o patrono teve acesso em razão de sua atuação, são cobertas por sigilo profissional. Esse preceito está arraigado na cultura jurídica brasileira, apesar de não estar previsto expressamente em lei.

A legislação trata de hipóteses em que se privilegia o sigilo em detrimento de outros valores (arts. 388, II, e 448, II, CPC/2015, os quais preveem, respectivamente, que a parte e a testemunha "não são obrigadas a depor sobre fatos a cujo respeito, por estado ou profissão, deva guardar sigilo"), bem como sanções para sua violação (art. 154, CP, prevendo detenção de três meses a um ano ou multa; art. 34, VII, Estatuto da OAB, prevendo sanção de censura). O Código de Ética e Disciplina da OAB, por sua vez, traz a previsão de que "o sigilo profissional é inerente à profissão" (art. 25), não podendo o advogado depor sobre fatos a que teve acesso em razão de sua atuação (art. 26). Contudo, diversamente do Estatuto da OAB, estabelecido por lei federal, o Código de Ética é elaborado pelo Conselho Federal da OAB e, portanto, não possui *status* de lei, criando obrigações tão somente *interna corporis*.

De qualquer forma, dúvida não há de que as comunicações entre advogado e cliente são protegidas por sigilo profissional.[557] Pode-se, porém,

[557] A jurisprudência do STJ é pacífica neste ponto: "3. O sigilo das comunicações entre advogados e clientes é inviolável" (RHC 26.063/SP, Rel. Min. Maria Thereza de Assis Moura, 6.ª Turma, j. 20.09.2012, *DJe* 02.10.2012).

considerar que, ao repassarem tais informações a um terceiro (financiador), estão a parte e o advogado renunciando ao sigilo? Em outras palavras, as informações deixam de ser protegidas pelo sigilo profissional em razão do acesso do financiador a elas?

Nesse particular, o direito norte-americano mostra-se a fonte com maior desenvolvimento e, portanto, a mais adequada para o estudo do tema, sendo possível observar uma grande preocupação a respeito dos efeitos do financiamento por terceiros sobre o sigilo (*attorney-client privilege*). Não obstante, as posições parecem convergir para a ideia de que o sigilo é mantido, desde que financiador e financiado sigam compartilhando o mesmo interesse (*common interest*).[558] Dando seguimento ao tema, a *New York City Bar Association* expediu, em 2011, uma Opinião Formal sobre o financiamento de litígios por terceiros,[559] apontando, mas sem tomar posição, que o repasse de informações aos financiadores, tanto para realização da *due diligence* (antes do investimento) quanto para acompanhamento da demanda (após o investimento), apresenta um risco de configurar renúncia ao sigilo profissional.[560]

No tocante ao direito brasileiro, a vagueza do tema do sigilo entre advogado e cliente não permite, por si só, chegar a uma conclusão sobre se o

558 Nesse sentido, ver *Devon IT, Inc. v. IBM Corp.*, 2012 WL 474816 (entendendo que as comunicações com financiadores e acordos de financiamentos são protegidos por *work product* e *attorney-client privilege* em razão da *common interest exception*); *Mondis Tech., Ltd. v. LG Elecs., Inc.*, 2011 WL 1714304 (considerando que documentos compartilhados com potenciais financiadores são protegidos por sigilo – *privileged*); e *Leader Techs., Inc. v. Facebook, Inc.*, 719 F.Sup.2d 373, 376-77 (D. Del. 2010) (concluindo que o financiado e o financiador não tinham um interesse comum, o que fez com que *attorney-client privilege* não fossem aplicável).

559 Disponível em: <http://www.nycbar.org/member-and-career-services/committees/reports-listing/reports/detail/formal-opinion-2011-2-third-party-litigation-financing>.

560 "Non-recourse financing arrangements also may result in waiver of the attorney-client privilege or other protection from disclosure. This risk arises from provisions requiring a claimant or his or her lawyer to disclose documents and information to financing companies to enable them to evaluate the strength of the claims in the litigation to be financed. In addition, financing arrangements may require a lawyer to inform the financing company of developments in the case and/or allow periodic reviews of the case file. [...] This opinion does not address whether such communications between the client or lawyer and a financing company result in a waiver of the attorney-client privilege or other applicable protection. We note, however, that the argument has been made that the common interest privilege does not apply to such communications because the financing company's interest in the outcome of a litigation is commercial, rather than legal."

repasse de informações ao financiador leva à extensão do sigilo para esse terceiro ou uma renúncia a tal proteção. Entretanto, a Constituição Federal prevê ser inviolável o sigilo das comunicações telegráficas ou telefônicas, salvo por ordem judicial e para investigação ou instrução penal (art. 5.º, XII), o que leva à conclusão de que, ainda que se considerasse haver renúncia ao sigilo profissional, as comunicações permaneceriam confidenciais, mesmo que por fundamento diverso.

6.3 Confidencialidade do Processo Estatal (Publicidade Restrita/ Segredo de Justiça)

O art. 11 do CPC/2015 prevê a regra geral de que os processos, e suas respectivas decisões, são públicos. Em verdade, essa disposição é uma repetição da previsão constitucional de publicidade, disposta no art. 93, IX, CF. É a própria Constituição Federal, ademais, que determina que a publicidade dos atos processuais somente poderá ser restringida para defender a intimidade das partes ou se assim determinar o interesse social (art. 5.º, LX). O processo estatal é, portanto, como regra, público, sendo confidencial apenas em hipóteses específicas, previstas no art. 189, CPC/2015.

Fala-se, assim, na distinção entre publicidade *geral* (ou *externa*) e *restrita* (ou *interna*), sendo a primeira aquela em que toda e qualquer pessoa tem acesso ao conteúdo dos autos e a segunda em que o têm apenas as partes e seus advogados.[561] Ao se prever o segredo de justiça, está sendo coibida a publicidade *externa*, mantendo-se, contudo, a *interna*, a qual não pode ser restringida,[562] em respeito à regra fundamental do devido processo legal.

Não há que confundir o acesso aos autos com a possibilidade de se estar presente no momento da prática dos atos processuais.[563] Pode-se, então, fazer mais uma classificação, entre publicidade *imediata* (em que é facultado ao público em geral o acompanhamento dos atos processuais) e

[561] MARINONI, Luiz Guilherme; MITIDIERO, Daniel. *Comentários ao Código de Processo Civil*, p. 207-208.

[562] CUNHA, Leonardo Carneiro da. *Comentários ao Código de Processo Civil*: artigos 188 ao 293. São Paulo: RT, 2016. p. 47.

[563] Essa distinção será vista também em arbitragem, apesar de utilizar nomenclaturas diversas, a saber, confidencialidade e privacidade (sobre o ponto, vide item 6.4.1, *infra*).

mediata (na qual o público em geral, bem como as partes e seus advogados, somente têm acesso ao resultado do ato).[564]

As hipóteses em que a publicidade pode ser excepcionada estão previstas no art. 189, CPC/2015, notadamente (i) interesse público ou social; (ii) questões envolvendo casamento, guarda e alimentos; (iii) direito à intimidade; e (iv) demandas que versem sobre arbitragem, desde que seja provada a pactuação de confidencialidade. Vê-se que as três primeiras cumprem exatamente o comando constitucional do art. 5.º, LX, restringindo a publicidade por razões de intimidade (na qual se enquadram também as questões de casamento, guarda e alimentos) e interesse social. Já a última hipótese é uma inovação do novo Código de Processo Civil em relação ao Código Buzaid, soando, em uma primeira análise, destoar das demais, visto que nenhuma relação guarda com a proteção à intimidade e ao interesse social. No entanto, já se admitia, mesmo antes da entrada em vigor do novo Código, que o rol de hipóteses submetidas ao segredo de justiça não é taxativo,[565] do qual se extrai que tal inclusão é apenas um reflexo da postura pró-arbitragem que vem sendo adotada pelo direito brasileiro.

Assim, as demandas financiadas por terceiros processadas pelo Judiciário estatal serão, por via de regra, públicas. Nada impede, contudo, que, dadas as circunstâncias do caso, seja decretado segredo de justiça. Nesse caso, pode o financiador ter acesso aos autos e à realização dos atos processuais?

A questão será respondida no item 6.5, abaixo. Antes, porém, é necessário que se analisem os contornos que a confidencialidade adquire em demandas processadas perante um Tribunal arbitral.

564 MARINONI, Luiz Guilherme; MITIDIERO, Daniel. *Comentários ao Código de Processo Civil*, p. 208.

565 "Processo civil. Segredo de justiça. Art. 155 do CPC. Rol exemplificativo. Informações comerciais de caráter confidencial e estratégico. Possibilidade. O rol das hipóteses de segredo de justiça contido no art. 155 do CPC não é taxativo. Admite-se o processamento em segredo de justiça de ações cuja discussão envolva informações comerciais de caráter confidencial e estratégico. Agravo a que se nega provimento" (AgRg na MC 14.949/SP, Rel. Min. Nancy Andrighi, 3.ª Turma, j. 19.05.2009, *DJe* 18.06.2009).

6.4 Confidencialidade do Processo Arbitral

Costuma-se apontar como uma das grandes vantagens da arbitragem, se comparada com a justiça estatal, a possibilidade de se convencionar um procedimento inteiramente sigiloso.[566] Há vozes que afirmam inclusive ser a confidencialidade uma característica inerente à arbitragem.[567] Outros sustentam que, por razões históricas, seria razoável admitir uma vontade implícita das partes de, ao elegerem a arbitragem para resolver determinada controvérsia, visarem que o procedimento seja confidencial.[568] Outras argumentam que, se não um regime legal, a confidencialidade é a regra geral da práxis arbitral.[569]

Entretanto, apesar dessa preconcepção bastante difundida, verifica-se que poucos são os ordenamentos e regulamentos que se preocuparam com o tema.[570] Com efeito, um dos mais bem desenvolvidos estudos sobre o

[566] Gary Born afirma que a confidencialidade é um dos maiores *perceived benefits* da arbitragem (BORN, Gary. *International Commercial Arbitration*. Alfen aan den Rijn: Kluwer Law International, 2009. p. 58). Interessante, contudo, que as pesquisas empíricas realizadas no Brasil e no exterior revelam que a confidencialidade é uma das últimas características consideradas como "vantagens" pelos usuários da arbitragem (Pesquisa CBAr-Ipsos, *Arbitragem no Brasil*, 2013, a confidencialidade aparece em 7.º no rol de maiores vantagens eleitas pelos entrevistados; no estudo da Queen Mary University, *International Arbitration Survey: Choices in International Arbitration*, 2010, menos de 30% dos entrevistados informaram que a confidencialidade era um *deal breaker*).

[567] BRAGHETTA, Adriana. Notas sobre a confidencialidade na arbitragem. *Revista do Advogado*, n. 119, p. 7, 2013; PINTO, José Emilio Nunes. A confidencialidade na arbitragem. *Revista de Arbitragem e Mediação*, São Paulo: RT, v. 6, item 5, 2005. Na doutrina estrangeira, ver CLAY, Thomas. *L'Arbitre*, p. 595: "dans l'arbitrage, le principe de confidentialité est, au moins depuis la Grèce antique, placé au coeur de l'institution; c'est une de ses composantes naturelles, et une des raisons pour lesquelles les litigants le choisisent". Curiosamente, o mesmo autor, após desenvolver melhor suas ideias acerca do tema, assevera que, em relação ao árbitro, o sigilo tem origem primordialmente no contrato firmado entre as partes e o julgador no momento de sua nomeação (Idem, p. 599).

[568] TOSSENS, Jean-François. La confidentialité de l'arbitrage: valeur cardinale ou poncif? *Arbitrage et Confidentialité/Arbitrage en vertrouwelijkheid*. Bruxelas: Bruylant, 2014. p. 24.

[569] SMEUREANU, Ileana M. Confidentialiy in Commercial Arbitration. *International Arbitration Law Library*, Alphen aan den rijn: Kluwer Law International, v. 22, p. 24, 2011.

[570] Podem-se citar França (art. 1.464 do Código de Processo Civil); Nova Zelândia (art. 14-B da Lei de Arbitragem neozelandesa, com as emendas de 2007); Noruega (Seção 5 da Lei de Arbitragem norueguesa de 2004); Romênia (art. 557(c) do Código de Processo Civil romeno); Espanha (art. 24.2 da Lei de Arbitragem espanhola de 2003) e Peru (art. 51 da Lei de Arbitragem peruana de 2008). Exceto esses, tem-se a previsão em regulamentos de instituições arbitrais, notadamente na CCI (art. 6 do Estatuto da Corte), ICDR (art. 34), LCIA (art. 30),

assunto conclui que poucas são as matérias mais indefinidas e dúbias do que a confidencialidade na arbitragem.[571] E, mesmo quando a questão é expressamente enfrentada pela legislação ou regulamento, raramente a disposição resolverá todos os problemas afeitos à matéria (ao que se estende, a quem se estende e exceções em que a confidencialidade não precisa ser respeitada).

A confidencialidade é possivelmente um dos temas mais menosprezados pela doutrina arbitral,[572] provavelmente em razão dessa presunção, tomando-se comumente como certa a existência da confidencialidade nos procedimentos arbitrais – seja porque esta é tida como uma de suas grandes vantagens, seja porque na prática a grande maioria das arbitragens é efetivamente confidencial. Pouco se estudou, assim, a natureza da confidencialidade, sua real extensão (subjetiva e objetiva) e exceções.

O que se proporá nas próximas páginas é uma desmistificação do conceito, enfrentando problemas por vezes simples, por vezes mais complexos, mas que no geral carecem de maiores reflexões por parte dos usuários da arbitragem. Ao término, ter-se-á firmada a premissa que norteará o estudo sobre o impacto do financiamento na confidencialidade, que será feito em seguida.

6.4.1 Definição Terminológica. Confidencialidade e Privacidade

A arbitragem é um meio *privado* de solução de litígios, manifestação da autonomia privada das partes. Segundo tradicional posição, a confidencialidade seria consequência natural da privacidade do procedimento arbitral. É essa a posição das cortes inglesas, cujas decisões constituem uma rica fonte para o estudo da matéria (como será visto *infra,* subitem 6.4.3).

Cepani (art. 25), Wipo (art. 74) e, no Brasil, CCBC (art. 14), Ciesp/Fiesp (art. 8.8), Amcham (art. 15.1), Camarb (art. 12.1) e FGV (art. 61).

[571] "The notion of confidentiality is far from settled in international arbitration. Viewed from afar, there seems to exist a perception that arbitration is a confidential process, yet upon closer inspection, few legal concepts are more indefinite in nature, dubious in scope and unceratin in existente than confidentiality" (SMEUREANU, Ileana M. Confidentialiy in Commercial Arbitration, p. 185).

[572] A crítica também foi feita por Paolo Comoglio a respeito da doutrina italiana (COMOGLIO, Paolo; RONCARLO, Chiara. Linee guida per la publicazione in forma anonima dei lodi arbitrali: problemi e prospettive. *Arbitrato e Riservatezza. Linee guida per la publicazione in forma anonima dei lodi arbitrali.* Milão: cedam, 2011. p. 21).

Já se disse que é *privado* algo acessível a apenas um pequeno grupo de pessoas, e *confidencial* aquilo que não pode ser divulgado a terceiros.[573] Como se vê, os conceitos são bastante interligados, sendo fonte de confusões desnecessárias.

O conceito de *privacidade* refere-se ao fato de só ser permitida a participação das partes e dos árbitros no procedimento arbitral, e não de terceiros, seja em relação às audiências, seja no acesso aos autos, ou de qualquer outra forma. É a realização de arbitragem atrás de portas fechadas ("behind closed doors", "a huis clos"),[574] não permitindo a participação de pessoas estranhas ao procedimento.[575] A *confidencialidade*, por sua vez, diz respeito à obrigação dos envolvidos na arbitragem de não revelar informações concernentes ao procedimento a terceiros, bem como o direito das partes de ver mantidos em sigilo o conteúdo, a natureza, os documentos e as decisões do procedimento arbitral.[576]

O relatório sobre confidencialidade na arbitragem comercial internacional elaborado pelo *International Law Association* assim definiu os conceitos:

> O conceito de privacidade é tipicamente usado para se referir ao fato que apenas as partes, e não terceiros, podem participar de audiências ou outros atos do procedimento. Por outro lado, confidencialidade diz respeito à obrigação das partes de não revelar informações referents à arbitragem para terceiros.[577]

Pode-se concluir, assim, que a *privacidade* se dirige a terceiros, sendo consequência do direito das partes de limitar a presença de pessoas estranhas no processo arbitral. Por seu turno, a *confidencialidade* é dever imposto aos

[573] GAGLIARDI, Rafael Villar. Confidencialidade na arbitragem comercial internacional. *Revista de Arbitragem e Mediação*, v. 36, item 3, 2013.

[574] SMEUREANU, Ileana M. Confidentialiy in Commercial Arbitration, p. 15.

[575] LEMES, Selma Maria Ferreira. Arbitragem na concessão de serviços públicos – arbitrabilidade objetiva: confidencialidade ou publicidade processual? *Revista de Direito Bancário e do Mercado de Capitais*, São Paulo: RT, v. 21, item 4, 2003.

[576] BORN, Gary. *International Commercial Arbitration*, p. 2251.

[577] Tradução livre do original «The concept of privacy is typically used to refer to the fact that only the parties, and not third parties, may attend arbitral hearings or otherwise participate in the arbitration proceedings. In contrast, confidentiality is used to refer to the parties' asserted obligations not to disclose information concerning the arbitration to third parties" (INTERNATIONAL LAW ASSOCIATION. *Confidentiality in International Commercial Arbitration*. The Hague Conference, 2010. p. 4).

participantes da arbitragem (partes, árbitros, secretários, testemunhas) de guardar sigilo das informações que obtiveram em razão do procedimento.

A distinção tem relevância técnica e prática, servindo para uma melhor compreensão dos contornos, problemas e soluções afeitos ao tema.

6.4.2 Natureza Jurídica da Confidencialidade

A arbitragem é fruto da vontade das partes, abarcada e integrada pelas normas que entenderem mais convenientes para governá-la (regulamento, se houver, e *lex arbitri*). A confidencialidade, assim, ou é de natureza contratual (seja prevista expressamente na convenção de arbitragem, seja incorporada por referência pela escolha da regulação de determinada câmara arbitral) ou então legal, por previsão da *lex arbitri*. De uma ou outra forma, terá sido fruto da vontade das partes (que escolheram as leis que regem o procedimento, seja expressamente, seja pela escolha da sede).[578]

Por muito tempo se considerou que a confidencialidade era um traço característico, quiçá inerente, à arbitragem.[579] Não foi outro o resultado encontrado em pesquisa realizada pela Universidade Queen Mary com o escritório White & Case (*International Arbitration Survey: Choices in International Arbitration,* 2010), no qual se verificou que 50% dos usuários da arbitragem acreditam que o procedimento é confidencial mesmo ausente pacto expresso nesse sentido.[580-581]

[578] Vide art. V(1)(a) da Convenção de Nova Iorque sobre o Reconhecimento e Execução de Sentenças Arbitrais Estrangeiras de 1958, que determina ser aplicável a lei da sede, salvo vontade expressa das partes em sentido contrário.
Não se desconhece a discussão sobre a relevância da sede da arbitragem e efetiva existência de um conceito de "sede" no direito brasileiro. A discussão, apesar de interessante, foge ao tema proposto. Basta afirmar que, independentemente de discussões doutrinárias e de concepções monistas ou dualistas, é certo que em arbitragens domésticas realizadas no Brasil se aplica a Lei n.º 9.307/1996 (ao menos ausente vontade expressa das partes em sentido contrário), o que resolve o problema para os fins do presente estudo.

[579] PINTO, José Emilio Nunes. A confidencialidade na arbitragem, item 2.

[580] WHITE & CASE. Queen Mary University. *International Arbitration Survey*: Choices in International Arbitration, 2010, p. 29.

[581] Digno de nota que a mais recente pesquisa conjunta dessas instituições (*International Arbitration Survery : The Evolution of International Arbitration,* 2018) questionou os usuários da arbitragem se a confidencialidade deveria ser uma regra *opt-in* ou *opt-out,* i.e., se a regra geral deveria ser que não há confidencialidade, de modo que as partes que optem por ter uma arbitragem sigilosa devem fazer uma escolha expressa, ou o oposto, sendo a confidencialidade a

No entanto, essa concepção foi paulatinamente sendo contestada, sobretudo diante de dois casos de grande repercussão na mídia (*Esso* e *Bulbank*, analisados a seguir). A partir daí surgiram conferências,[582] *workshops*[583] e, no geral, estudos sobre o tema,[584] que até então não havia chamado maior atenção dos estudiosos da arbitragem.

6.4.3 Tentativa de Delimitação a Partir da Comparação Jurídica

Como afirmado, poucos são os ordenamentos que contêm previsões sobre a confidencialidade na arbitragem. Quanto a estes, a problemática não se coloca, dado que a existência de previsão legal supre eventual omissão das partes, aplicando-se supletivamente ao acordo.[585] Assim, a exposição do tema será focada no modo como as cortes trabalham com a questão quando a confidencialidade não está prevista em lei. Em outras palavras: ausente acordo das partes e inexistindo previsão legal, a arbitragem deve ser considerada sigilosa?

A experiência das cortes inglesas é bastante rica para o estudo do tema, tendo dado resposta afirmativa a esse questionamento em diversos precedentes, firmando a ideia de que essa é uma característica inerente aos procedimentos arbitrais.

A regra geral foi colocada no caso *Dolling-Baker v. Merrett*,[586] no qual a *Court of Appeal* afirmou que existe uma obrigação implícita imposta às partes de uma arbitragem de não revelar os documentos produzidos ao longo do processo para terceiros, o que deriva da própria natureza privada do instituto. Em um procedimento de *discovery*, o autor requereu diversos

regra geral e devendo as partes que quiserem excluir essa característica fazê-lo expressamente. A vasta maioria dos participantes (74%) entendeu que um sistema *opt-in* (sendo a confidencialidade a regra geral) era preferível (WHITE & CASE. Queen Mary University. *International Arbitration Survey*: The Evolution of International Arbitration, 2018, p. 28)

582 *Confidentiality in International Commercial Arbitration* (International Law Association, The Hague Conference, 2010); *Arbitrage et Confidentialité/Arbitrage en vertrouwelijkheid* (Cepani, Bruxelas, 20 de fevereiro de 2014).

583 *La confidentialité dans la procédure arbitrale* (Francarbi, Paris, 19 de abril de 2013).

584 MALATESTA, Alberto; SALI, Rinaldo (Coord.). *Arbitrato e Riservatezza*. Linee guida per la publicazione in forma anonima dei lodi arbitrali. Milano: Cedam, 2011.

585 Para evitar repetições, fazemos remissão à nota de rodapé n. 620 *supra*, para uma lista dos ordenamentos que contêm previsões sobre o tema.

586 *Dollink-Baker v. Merrett* [1990] 1 WLR 1205 (English Court of Appeal).

documentos em posse do réu, em especial *witness statements*, transcrições dos testemunhos e a sentença proferida em arbitragem na qual o réu se envolveu, mas da qual o autor não era parte. A corte inglesa entendeu que essa obrigação implícita impediria a apresentação dos documentos pelo réu, o que só seria possível com a permissão da parte adversa na arbitragem ou mediante ordem judicial.[587]

A regra geral foi confirmada no caso *Hassneh Insurance*,[588] no qual a *High Court* inglesa reforçou a ideia de que a natureza privada da arbitragem implica a confidencialidade dos documentos produzidos. O seguinte excerto é bastante ilustrativo nesse ponto: "A revelação desses documentos [notas ou transcrições de provas produzidas em audiência] a terceiros seria equivalente a abrir a porta da sala de audiência da arbitragem para esse terceiro".[589] A ideia, portanto, é de que de nada serviria a privacidade da arbitragem (característica essa que não se nega) se as provas, peças processuais e decisões não fossem acobertadas pelo sigilo.

Estabelecida a regra geral, o trabalho das cortes inglesas prosseguiu estabelecendo exceções. No próprio caso *Hassneh Insurance,* a corte fixou exceção baseada no *interesse de uma das partes* do processo, decidindo que seria permitido a esta divulgar a sentença arbitral para fazer valer direito de regresso contra terceiro, mas que não poderia fornecer cópias e transcrições dos testemunhos e outras provas que não fossem indispensáveis para atingir esse fim. Em outro julgado, decidiu-se que os *interesses da justiça* (na verificação dos fatos controversos e na busca pela verdade) justificavam

[587] « It must be perfectly apparent that, for example, the fact that a document is used in an arbitration does not confer on it any confidentiality or privilege which can be availed of in subsequent proceedings. If it is a relevant document, its relevance remains. But that the obligation exists in some form appears to me to be abundantly apparent. It is not a question of immunity or public interest. It is a question of an implied obligation arising out of the nature of arbitration itself. When a question arises as to production of documents or indeed discovery by list or affidavit, the court must, it appears to me, have regard to the existence of the implied obligation, whatever its precise limits may be. If it is satisfied that despite the implied obligation, disclosure and inspection is necessary for the fair disposal of the action, that consideration must prevail. But in reaching a conclusion, the court should consider, amongst other things, whether there are other and possibly less costly ways of obtaining the information which is sought which do not involve any breach of the implied undertaking."

[588] *Hassneh Insurance Co. of Israel v. Steuart J Mew* [1993] 2 Lloyd's Rep 243.

[589] "The disclosure to a third party of such documents [note or transcript of the evidence] would be almost equivalent to opening the door of the arbitration room to that third party."

a produção na arbitragem de testemunho inconsistente oferecido pelo mesmo perito em arbitragem anterior.[590] Ademais, também em casos em que há uma *obrigação legal* de fornecer informações (*e.g.*, para autoridades reguladoras ou investidores no mercado de capitais) ou em que prepondera o *interesse público* na divulgação, bem como, por óbvio, quando há autorização das partes nesse sentido, o dever de confidencialidade é superado.[591]

Uma última decisão das cortes inglesas[592] que merece maior destaque é o caso *Wilson v. Emmott & Partners.*[593] Neste, *Emmott*, processado por fraude, visou apresentar em processo judicial documentos produzidos na arbitragem em que era parte. Nesse caso, a *Court of Appeal* inglesa estabeleceu uma importante distinção entre *privacidade, sigilo dos documentos* e *confidencialidade da arbitragem.* A primeira consiste no desenvolvimento da arbitragem sem abertura ao público (ou "atrás de portas fechadas"); o segundo corresponde ao sigilo inerente aos documentos apresentados, como informações comerciais da empresa; e o terceiro, à obrigação genérica (e implícita, segundo a jurisprudência inglesa) de não se revelar os documentos produzidos em uma arbitragem.[594] Ao final, a decisão foi proferida com base

[590] *London & Leeds Estates Ltd. v. Paribas Ltd. (No. 2)* [1995] EG 134.

[591] Para uma exposição detalhada do direito inglês no que toca às exceções ao termo implícito de confidencialidade na arbitragem, ver *John Forster Emmott v. Michael Wilson & Partners Limited* [2008] EWCA Civ 184, § 93 et seq.

[592] Outras decisões trataram do tema e mereceriam ser citadas. Destacam-se: *Ali Shipping Corporation v. Shipyard Trogir* [1998] 2 All ER 136 (em que também foi dito que "the obligation of confidentiality [...] arises as an essential corollary of the privacy of arbitration proceedings"); *Associated Electric & Gas Insurance Services Ltd. v. European Reinsurance Company of Zurich* [2003] UKPC 11; *Department of Economic Policy & Development of City of Moscow & Anor v. Bankers Trust Company & Anor* [2004] EWCA Civ 314; *Glidepath BV & Ors v. Thompsons & Ors* [2005] EWHC 818 (comm); e *Tournier v. National Provincial and Union Bank of England* [1924] 1 KB 462 (CA), esta última não tratando especificamente de arbitragem, mas contendo exceções sobre sigilo bancário usadas como referência para verificar os limites da confidencialidade dos documentos trazidos em uma arbitragem.

[593] *John Forster Emmott v. Michael Wilson & Partners Limited* [2008] EWCA Civ 184.

[594] "Three legal concepts or categories have been in play in these cases. The first is privacy, in the sense that because arbitration is private that privacy would be violated by the publication or dissemination of documents deployed in the arbitration. The second is confidentiality in the sense where it is used to refer to inherent confidentiality in the information in documents, such as trade secrets or other confidential information generated or deployed in an arbitration. The third is confidentiality in the sense of an implied agreement that documents disclosed or generated in arbitration can only be used for the purposes of the arbitration. The distinction between the second and third cases may be illustrated by the case (not far

nos *interesses da justiça*, mas o *dictum* levanta a questão de que possivelmente não haveria quebra de confidencialidade pela utilização de determinados documentos produzidos na arbitragem em outros procedimentos, arbitrais ou judiciais, notadamente aqueles que são de conhecimento público (ou, pelo contrário, a existência de previsão expressa de que a arbitragem não é confidencial não autorizaria automaticamente a divulgação de todo e qualquer documento produzido no procedimento arbitral).

A ideia da confidencialidade como uma qualidade inerente à arbitragem também já havia sido difundida na França.

Em decisão de 1986, a *Cour d'Appel* de Paris já havia dito que "é da própria natureza do procedimento arbitral assegurar a maior discrição possível".[595] Em outra ocasião, em 1999, o *Tribunal de Commerce de Paris* havia julgado que, "sendo um procedimento privado de caráter confidencial, a via da arbitragem, aceita pelas partes, deve se afastar de toda publicidade".[596]

O entendimento, contudo, não era pacífico, gerando insegurança aos usuários da arbitragem. Em decisão de 2004, a *Cour d'Appel* de Paris negou uma indenização pleiteada com base na quebra da confidencialidade, sob o argumento de que o autor não havia provado a existência desse princípio na arbitragem.[597] A reforma legislativa promovida pelo *Décret n.º 2011-48*, de 13 de janeiro de 2011, trouxe consigo a previsão expressa de que a confidencialidade é a regra geral (art. 1.464, alínea 4, CPC francês). A disposição, no entanto, está inserida no capítulo de arbitragem doméstica e, diferente do que ocorre com diversas disposições, não há *renvoi* no capítulo de arbitragem internacional.

from this one) where the relevant documents in the arbitration (such as the Defence) do not contain anything in themselves which is confidential: nevertheless the parties are under an obligation not to use it for any purpose other than the arbitration, and that obligation is described in the authorities as an obligation of confidence."

[595] "il est en effett de la nature même de la procédure d'arbitrage d'assurer la meilleure discrétion pour le règlement des différends d'ordre privé" (Paris, 18 févr. 1986 (Aita), Rev. Arb. 1986.583 note G. Flécheux).

[596] "l'arbitrage, étant une procédure privé à caractère confidentiel, la voie de l'arbitrage, acceptée par les parties doit éviter toute publicité du litige que les oppose et de ses éventuelles conséquences et que sous réserve d'une obligation légale d'information, tout manquement de cette confidentialité par l'une des parties à la procédure d'arbitrage est fautive" (TC Paris, 22 févr. 1999, Rev. Arb. 2003.190).

[597] Paris, 22 janv. 2004. Rev. Arb. 2004.647, note E. Loquin.

A criação de um regime híbrido pode causar estranhamentos em um primeiro momento. No entanto, Yves Derains, com bastante propriedade, relembra que os motivos pelos quais as partes optam pela arbitragem doméstica não costumam ser os mesmos que levam os litigantes a eleger a arbitragem internacional como modo de resolver sua disputa. No primeiro caso, as partes buscam um processo mais célere, possivelmente menos custoso e, geralmente, confidencial; no segundo, as partes visam sobretudo um foro neutro, que os sistemas judiciários estatais não lhes conseguem oferecer.[598]

Ademais, mesmo com a ausência de disposição expressa sobre a arbitragem internacional, há autores que continuam sustentando ser a confidencialidade um atributo implícito e inerente à arbitragem francesa. Uma construção nesse sentido foi proposta por Eric Loquin ainda antes da reforma da lei, mas que se mantém hígida ao menos no que se refere à arbitragem internacional. O doutrinador baseou-se nos deveres laterais, expressos no art. 1.135 do Código Civil francês ("as convenções obrigam não somente àquilo que nelas está expresso, mas ainda a tudo aquilo que a equidade, os usos ou a lei deem à obrigação a partir de sua natureza"),[599] para asseverar que o dever de confidencialidade estaria inserido implicitamente na escolha pela via arbitral a partir dos usos, visto que esta é vista como uma das principais vantagens da opção pela arbitragem.[600] Afirmação similar, ainda que fundada em bases diversas, foi feita por Charles Jarrosson comentando a nova lei, no sentido de que a confidencialidade é um princípio geral inerente à arbitragem, sendo, contudo, menos imperativo na arbitragem internacional, em que poderá ceder diante de interesses públicos (colocados em jogo em arbitragens de investimento ou envolvendo direito internacional público).[601]

A concepção de que a confidencialidade é atributo essencial e implícito da arbitragem foi colocada à prova em dois *leading cases* advindos de países de tradições distintas, curiosamente proferidos em curto espaço de tempo.

598 DERAINS, Yves. Les nouveaux principes de procédure: confidentialité, célerité, loyauté. In: CLAY, Thomas (Coord.). *Le nouveaus droit français de l'arbitrage*. Paris: Lextenso, 2011. p. 101.

599 "Les conventions obligent non seulement à ce qui y est exprimé, mais encore à toutes les suites que l'équite, l'usage ou la loi donnent à l'obligation d'après sa nature."

600 LOQUIN, Eric. Les obligations de confidentialité dans l'arbitrage. *Rev. Arb.*, p. 336, 2010.

601 JARROSSON, Charles; PELLERIN, Jacques. Le droit français de l'arbitrage après le décret du 13 janvier 2011. *Rev. Arb.*, p. 60-61, 2011.

O primeiro deles é o caso *Esso*,[602] julgado pela *High Court* da Austrália em 1995; o segundo, denominado caso *Bulbank*,[603] julgado pela Suprema Corte da Suécia em 2000.

As empresas *Esso Autralia* e *BHP Petroleum* possuíam contratos de distribuição de gás natural com *Gas & Filed Corporation of Victoria* e *State Electricity Commision of Victoria*. Decorrido algum tempo, as primeiras propuseram um reajuste de preço pela energia fornecida que, recusado, deu origem a uma arbitragem. O Ministro de Energia e Recursos Minerais do Estado de Victoria, Sr. Plowman, ajuizou ação judicial em face de *Esso* e *BHP* para exibição de informações relativas aos contratos que estavam sendo discutidos no procedimento arbitral. As empresas se defenderam argumentando que haveria um dever de confidencialidade ínsito à arbitragem que os impediria de apresentar, perante o juiz togado e em processo público os contratos. A *High Court* australiana confirmou as decisões de 1.ª e 2.ª instância, afirmando que não há um dever implícito de confidencialidade na arbitragem, inexistindo qualquer óbice à apresentação dos documentos.

Semelhante decisão foi proferida pela Suprema Corte sueca em 2000. *AIT* iniciou arbitragem em face de *Bulbank* com base em um acordo de empréstimo existente entre este e um credor austríaco. *Bulbank* questionou a competência do Tribunal, afirmando que a convenção não propiciava vínculo entre ela e a *AIT*, e sim entre ela e o credor. O Tribunal proferiu sentença parcial sustentando sua competência, a qual foi publicada no periódico americano *Mealeys International Arbitration Report*. O Banco búlgaro argumentou perante os árbitros que a divulgação da decisão feria a confidencialidade da arbitragem. O Tribunal negou o pleito pela inexistência de previsão expressa na lei, na convenção ou no termo de arbitragem, de que o procedimento seria confidencial. Em seguida, *Bulbank* ajuizou ação perante um juiz togado visando anular a convenção por quebra de contrato, também não logrando sucesso. Chegando o caso à Suprema Corte, esta declarou que não obstante a arbitragem ser um procedimento privado, ele não era naturalmente confidencial.

602 *Esso Australia Resources Ltd. & BHP Petroleum (Bass Strait) Pty. Ltd. v. The Honourable Sidney James Plowman and Others*. F.C. n. 95/015 (1995) 128 ALR 391.

603 *AI Trade Finance Inc. v. Bulgarian Foreign Trade Bank Ltd (Bulbank)*, 27.10.2000, *Supreme Court of Sweeden*. Case n. T 1881-99.

Digno de nota que julgamento similar também já havia sido proferido nos Estados Unidos no caso *United States v. Panhandle*,[604] de 1998, apesar de que o caso não chegou à Suprema Corte do país. O governo americano ajuizou ação em face de *Panhandle* na qual requereu a exibição de documentos relacionados a uma arbitragem CCI em que era parte uma subsidiária da empresa. *Panhandle* levantou como argumento a previsão do art. 6 do Anexo I do Regulamento da Câmera.[605] A *United States District Court* decidiu que a disposição determinava o sigilo das deliberações da corte (bem como dispunha sobre a privacidade do procedimento), mas nada estabelecia sobre a confidencialidade dos documentos. Determinou, assim, a apresentação dos documentos, entendendo inexistir confidencialidade salvo previsão expressa nesse sentido.

Vistos brevemente os desenvolvimentos de alguns sistemas acerca da confidencialidade, voltemos a atenção para o direito pátrio.

6.4.4 Direito Brasileiro

Como afirmado, a confidencialidade é sempre fruto da vontade das partes, seja por pactuação expressa, pela incorporação por referência do regulamento de determinada Câmara ou ainda pela aplicação de *lex arbitri*. A Lei de Arbitragem Brasileira (Lei n.º 9.307/1996 – "LAB") nada dispunha acerca do tema, e a única previsão estava contida no art. 13, § 6.º, determinando que o árbitro, no desempenho de sua função, deve agir com discrição. A alteração legislativa ocorrida em 2015 (Lei n.º 13.129/2015) inseriu previsão sobre o tema, mas circunscrita tão somente às arbitragens envolvendo a administração pública (art. 2.º, § 3.º, LAB).

Diante desse quadro, a questão que se coloca é: ausente acordo das partes e inexistindo previsão legal, seria possível defender, com base no direito brasileiro, a existência de uma obrigação implícita de confidencialidade?

A doutrina brasileira majoritariamente entende que a arbitragem, por via de regra, não é confidencial, podendo vir a sê-lo somente se as partes assim pactuarem (por previsão na convenção de arbitragem, no termo de

[604] *United States v. Panhandle Eastern Corp.* 118 FRD 346.

[605] "The work of the Court is of a confidential nature which must be respected by everyone who participates in that work in whatever capacity. The Court lays down the rules regarding the persons who can attend the meetings of the Court and its Committees and who are entitled to have access to the materials submitted to the Court and its Secretariat."

arbitragem ou em decorrência de disposição do regulamento da Câmara que administra o procedimento).[606]

Posição particular é defendida por José Emilio Nunes Pinto[607] que, com argumento similar ao utilizado por Eric Loquin sobre o direito francês, diz ser possível concluir pelo reconhecimento do dever de confidencialidade como algo inerente ao procedimento arbitral no Brasil. O autor primeiramente sustenta que na arbitragem, havendo um clima de menor acirramento de ânimos, é natural que as partes busquem um tratamento mais discreto. A confidencialidade, então, visaria permitir que as controvérsias fossem resolvidas sem que a existência do conflito pudesse afetar a continuidade das relações contratuais. A afirmação carece de demonstração empírica, cuja verificação efetivamente seria de difícil constatação. Além disso, o cerne da confidencialidade parece ser não tanto a continuação e preservação das relações entre as partes, mas sim evitar que se tornem públicos dados secretos e relevantes das próprias partes e da relação específica ali discutida.[608]

O autor prossegue argumentando que o fundamento para a existência de um dever implícito de confidencialidade pode ser encontrado na boa-fé objetiva (art. 422, CC) e nos deveres laterais de lealdade e proteção. As relações obrigacionais nascem imbuídas da confiança que uma das partes deposita na outra. Assim, uma parte deve sempre agir considerando devidamente os interesses da parte adversa, de modo que cada parte deve adotar condutas de forma a evitar causar danos à parte oposta.

606 Nesse sentido: LEE, João Bosco. O princípio da confidencialidade na arbitragem comercial internacional. In: ______; VALENÇA FILHO, Clávio de Melo. *Estudos de arbitragem*. Curitiba: Juruá, 2009. p. 289290; CAHALI, Francisco José. *Curso de arbitragem*, p. 254-255; DINAMARCO, Cândido Rangel. *A arbitragem na teoria geral do processo*, p. 61; CARMONA, Carlos Alberto. *Arbitragem e processo*, p. 51; BERALDO, Leonardo de Faria. *Curso de arbitragem*: nos termos da Lei n.º 9.307/96, p. 137; FICHTNER, José Antonio; MANNHEIMER, Sergio Nelson; MONTEIRO, André Luis. A confidencialidade na arbitragem: regra geral e exceções. *Revista de Direito Privado*, São Paulo: RT, v. 49, item 5, 2012; GAGLIARDI, Rafael Villar. Confidencialidade na arbitragem comercial internacional, item 2.3; BAPTISTA, Luiz Olavo. BAPTISTA, Luiz Olavo. *Confidencialidade na arbitragem*. V Congresso do Centro de Arbitragem Comercial Internacional. São Paulo: Almedina, 2012. p. 201; LEMES, Selma Maria Ferreira. Arbitragem na concessão de serviços públicos – arbitrabilidade objetiva: confidencialidade ou publicidade processual?, item 4.

607 PINTO, José Emilio Nunes. A confidencialidade na arbitragem, item 5.

608 A mesma constatação foi feita por BERALDO, Leonardo de Faria. *Curso de arbitragem*: nos termos da Lei n.º 9.307/96, p. 136.

Por conseguinte, as informações e os documentos de titularidade de uma das partes que tenham sido apresentados em um procedimento arbitral devem ser mantidos em sigilo pela parte contrária, pois sua publicação potencialmente traria danos, desrespeitando-se assim os deveres laterais supracitados.[609]

Não nos parece acertada essa posição. Em primeiro lugar, porque se parte da premissa de que o sigilo será sempre algo benéfico, ignorando-se, assim, os conhecidos problemas com arbitragens simuladas ou utilizadas para frustrar direitos de terceiros. Ademais, lembre-se da precisa lição de Cahali de que no juízo arbitral envolvendo entidades públicas, ao contrário do que ocorre nas relações privadas, a confidencialidade, se não vedada, é ao menos indesejada.[610] Em segundo lugar, o argumento pressupõe que a simples revelação dos documentos e informações produzidos no procedimento arbitral têm potencial danoso, o que também não é correto. Não se ignora a possibilidade de os documentos serem em si sigilosos (*v.g.*, tratando de segredos comerciais), mas entre a gama de provas trazidas aos autos não é difícil de imaginar alguns documentos e informações que dano algum trariam à parte adversa caso fossem revelados.

Logo, pode-se concluir, com a posição largamente dominante da doutrina pátria, que a confidencialidade no direito brasileiro não decorre da lei, tampouco é inerente à arbitragem. A confidencialidade da arbitragem, no Brasil, possui natureza somente contratual. O sigilo, portanto, só existirá quando as partes assim expressamente o pactuarem (respeitadas, ainda que haja acordo das partes, algumas exceções, exploradas a seguir).

6.4.5 Contornos do Instituto

Estabelecida a natureza do instituto, necessária se faz a análise de sua extensão, i.e., a quem e ao que se estende o dever de confidencialidade. De fato, raro é, mesmo nos ordenamentos em que se prevê o sigilo como regra geral, que haja previsão sobre quem são os indivíduos que estão sujeitos à confidencialidade (partes, advogados, árbitros, secretários, testemunhas, *experts* etc.), bem como quais os aspectos da arbitragem que estão cobertos

[609] PINTO, José Emilio Nunes. A confidencialidade na arbitragem, item 5.
[610] CAHALI, Francisco José. *Curso de arbitragem*, p. 255.

pelo sigilo (simples existência do litígio, identificação das partes, nome dos árbitros, documentos produzidos, decisões).

6.4.5.1 Aspectos Subjetivos

6.4.5.1.1 Árbitros e Instituição

Dois são os argumentos que buscam estender ao árbitro um dever de confidencialidade no direito brasileiro. O primeiro deles é a previsão da "discrição" entre os deveres do árbitro; o segundo é consequência lógica e jurídica do contrato firmado entre este e as partes no momento de sua nomeação.

Como exposto, a única previsão afeita ao tema contida na Lei de Arbitragem Brasileira diz respeito ao árbitro, determinando que este, no exercício de sua função, deve agir com discrição (art. 13, § 6.º). Isso quer dizer que, para os árbitros, todas as informações são confidenciais, mesmo que as próprias partes não se submetam a igual obrigação (por ausência de pacto nesse sentido)?

Comentando este artigo, Carlos Alberto Carmona afirma que a intenção da lei não foi criar uma real obrigação de sigilo ao árbitro, e sim determinar que ele agisse, como diz o próprio texto, com discrição. Assevera o doutrinador: "Uma coisa é a sobriedade do árbitro, de quem se espera comportamento discreto; outra, bem diversa, é o sigilo".[611]

Não é essa, contudo, a interpretação pacífica do dispositivo. Grande parte da doutrina extrai desse dispositivo a ideia de que o árbitro tem uma real obrigação de confidencialidade. Entendem Fichtner, Mannheimer e Monteiro que a lei criou para os árbitros uma efetiva obrigação de confidencialidade de ampla extensão.[612] Em sentido semelhante, José Emilio Nunes Pinto sustenta que, ao determinar que os árbitros ajam com discrição, a lei impõe a eles um sigilo, vedando-lhes a revelação de seus atos, dos documentos produzidos, das informações trazidas pelas partes e da própria sentença,[613] o que, como visto, é a definição de *confidencialidade*.

[611] CARMONA, Carlos Alberto. *Arbitragem e processo*, p. 246.

[612] FICHTNER, José Antonio; MANNHEIMER, Sergio Nelson; MONTEIRO, André Luis. A confidencialidade na arbitragem: regra geral e exceções, item 2.3.

[613] PINTO, José Emilio Nunes. A confidencialidade na arbitragem, item 5.

João Bosco Lee, por seu turno, declara que a confidencialidade é um dos deveres inerentes da função do árbitro, confessando, contudo, como o fez Thomas Clay,[614] que este tem origem primeiramente contratual.[615] Assim, ao aceitar a designação, o árbitro assumiria uma obrigação perante as partes de guardar sigilo durante todo o procedimento.[616] Aplicar-se-iam, nesse caso, as disposições referentes ao sigilo profissional (art. 406, II, CPC/1973; art. 448, II, CPC/2015; art. 229, I, CC).

A nosso ver, seguindo Carmona, o dispositivo legal não cria uma real obrigação de confidencialidade para o árbitro. Se assim o quisesse, poderia o legislador ter utilizado o termo. O uso da palavra "discrição" aponta para uma escolha voluntária de não eleger a "confidencialidade" como dever do árbitro. Este deverá, então, ser discreto em qualquer situação, mesmo, por exemplo, em arbitragens com o Poder Público, o que não quer dizer que estas estarão acobertadas pelo manto da confidencialidade.[617] Em nada estará ferido esse dever se o árbitro, *v.g.*, revelar ao Tribunal de Contas as decisões já proferidas em procedimento envolvendo ente da Administração Pública. A "discrição" exigida do árbitro parece se assemelhar mais àquela exigida do magistrado de não se manifestar publicamente sobre seus casos[618] do que a um real dever de confidencialidade. Pode-se concluir, portanto, que não existe um dever legal de confidencialidade no direito brasileiro.

[614] Vide nota de rodapé n. 617.

[615] LEE, João Bosco. O princípio da confidencialidade na arbitragem comercial internacional, p. 290.

[616] Semelhante afirmação também é feita por Rafael Gagliardi: "afigura-se mais do que legítima a expectativa das partes de um procedimento arbitral sujeito à confidencialidade que os próprios membros do tribunal arbitral por elas indicado para dirimir os conflitos surgidos entre elas respeite esse dever de confidencialidade. A aceitação da posição de árbitro atrai a incidência da confidencialidade que marca o procedimento arbitral para os membros do tribunal arbitral, concretizando uma obrigação inserida no contrato estabelecido entre as partes e os árbitros (*receptum arbitri*)" (GAGLIARDI, Rafael Villar. Confidencialidade na arbitragem comercial internacional, item 5).

[617] CARMONA, Carlos Alberto. *Arbitragem e processo*, p. 246.

[618] V. art. 36, III, da Lei Orgânica da Magistratura (Lei Complementar n.º 35/1979):
"Art. 36. É vedado ao magistrado: [...] III – manifestar, por qualquer meio de comunicação, opinião sobre processo pendente de julgamento, seu ou de outrem, ou juízo depreciativo sobre despachos, votos ou sentenças, de órgãos judiciais, ressalvada a crítica nos autos e em obras técnicas ou no exercício do magistério".

Tampouco há a criação de uma obrigação contratual nesse sentido no momento de nomeação do árbitro. Inexistindo previsão no ordenamento brasileiro e não sendo a confidencialidade um atributo inerente e essencial da arbitragem, não se pode admitir a criação de uma obrigação implícita ao árbitro, sem que as partes tenham expressado sua vontade nesse sentido, nem o árbitro tenha expressamente aceitado a obrigação.

Admitindo-se que o árbitro esteja submetido ao dever de confidencialidade (pela interpretação – a nosso ver equivocada – do art. 13, § 3.º, LAB ou por previsão contratual nas hipóteses já citadas – convenção, termos de arbitragem ou regulamento escolhido), deve a obrigação também ser estendida à instituição arbitral?

Tratando-se de arbitragens CCI, há expressa previsão de que os trabalhos da Corte são confidenciais (art. 6, Apêndice I). Não obstante, tal previsão, lida de modo restritivo, pode estabelecer a confidencialidade somente dos trabalhos da Corte Internacional de Arbitragem (órgão responsável, entre outras atribuições, por revisar a sentença antes do proferimento final pelos tribunais arbitrais). A aplicação desse dispositivo para toda instituição seria, assim, questionável.

De qualquer forma, é razoável concluir que a instituição, como administradora de uma arbitragem de caráter confidencial, deve ela mesma se submeter à obrigação.[619] Caso contrário, de nada adiantaria manter o caráter privado das audiências se qualquer pessoa pudesse ter acesso aos documentos, transcrições e gravações, como já afirmado pelas cortes inglesas.[620]

[619] Nesse sentido, também concluem a respeito do direito brasileiro: FICHTNER, José Antonio; MANNHEIMER, Sergio Nelson; MONTEIRO, André Luis. A confidencialidade na arbitragem: regra geral e exceções, item 5.2.1. A conclusão também já havia sido alcançada alhures (GAILLARD, Emmanuel; SAVAGE, John. *Fouchard Gaillard and Goldman on International Commercial Arbitration*, p. 627-628; e SMEUREANU, Ileana M. Confidentialiy in Commercial Arbitration, p. 184).

[620] Ressalte-se o entendimento da jurisprudência inglesa de que "A revelação desses documentos [notas ou transcrições de provas produzidas em audiência] a terceiros seria equivalente a abrir a porta da sala de audiência da arbitragem para esse terceiro" (caso *Hassneh*).

6.4.5.1.2 Partes e Partícipes

Analisado o alcance do dever de confidencialidade ao árbitro e à instituição, vejamos sua extensão para as partes e demais indivíduos que atuam nas audiências (testemunhas, peritos, estenotipistas etc.).

A extensão às partes não gera maiores problemas. Vimos que não existe qualquer dever estabelecido pela lei, tendo-se rejeitado também a proposição de uma obrigação inerente decorrente da boa-fé objetiva. Assim, a confidencialidade existirá quando houver pactuação nesse sentido. Sendo os litigantes as partes originárias desse (eventual) acordo, estarão contratualmente vinculados.

Questões mais interessantes surgem com o estudo da extensão desse dever aos partícipes, os quais não figuram como partes do acordo de confidencialidade originalmente pactuado.

Questiona-se, assim, se testemunhas, informantes, *experts*, estenotipistas ou quaisquer outras pessoas que vierem a ter contato com o processo (o que, neste estudo, convencionou-se denominar de "partícipes") estariam também sujeitos ao dever de confidencialidade?

Peritos e testemunhas são terceiros sem interesse direto na causa, mas que vêm prestar colaboração à justiça na apuração e apreciação de fatos relevantes para o seu julgamento.[621] Não são titulares da relação jurídica discutida no processo, não optaram pelo meio privado de solução de controvérsias, não são partes do acordo de confidencialidade firmado entre as partes e, portanto, não estão sujeitos, *a priori*, a nenhuma obrigação de sigilo.[622] Sendo essa uma obrigação contratual (visto que inexiste previsão legal na lei brasileira), o dever de confidencialidade decorrerá de previsão expressa, informada e acordada com cada um no momento de sua nomeação ou participação na audiência. Admite-se, contudo, que a aceitação seja tácita, pelo comparecimento espontâneo da testemunha conhecedora da existência de confidencialidade.[623]

Não é incomum que o árbitro, na audiência, informe a testemunha ou *expert* que o procedimento é confidencial, requerendo que eles também

[621] GRECO, Leonardo. *Instituições de processo civil*. Rio de Janeiro: Forense, 2009. v. 1, p. 261.

[622] BERALDO, Leonardo de Faria. *Curso de arbitragem*: nos termos da Lei n.º 9.307/96, p. 135.

[623] Considerando que do silêncio circunstanciado, no direito brasileiro, podem-se extrair aceitações tácitas (art. 111, CC).

não revelem nenhum aspecto de sua participação a qualquer pessoa que não esteja ligada ao processo. Estando de acordo, eles se submetem ao dever de confidencialidade.

Entretanto, seria mais prudente que um acordo fosse realizado no momento de sua nomeação ou arrolamento.[624] A depender de como se entenda a extensão do dever de confidencialidade, o simples conhecimento da existência da arbitragem por terceiros já poderia ser considerado quebra do dever de sigilo. Assim, informar terceiros de sua existência, os quais, em um primeiro momento, não estariam eles próprios submetidos à obrigação de confidencialidade, pode gerar consequências gravosas, sobretudo se considerarmos que estes, depois de ter contato com a causa, venham a optar por não participar do procedimento.

A questão é mais grave em relação ao perito, que terá amplo acesso aos documentos apresentados antes da audiência, e, se até aquele momento não tiver sido firmado acordo de confidencialidade, o *expert* não estará sujeito a nenhum dever, portanto poderá revelar as informações sem consequências para si.[625]

No tocante aos demais auxiliares (estenotipistas, técnicos de áudio e vídeo etc.), dois pontos podem ser mencionados. O primeiro, sendo prestadores de serviço das Câmaras (imaginando-se a hipótese de arbitragem institucional), pode-se imaginar uma extensão a eles do dever de confidencialidade a que a Câmara eventualmente estiver submetida.[626] Eventuais quebras da confidencialidade por parte deles geram pretensão indenizatória das partes em relação à Câmara (art. 932, III, CC), sem prejuízo de posterior ação de regresso desta contra seus funcionários. Tratando-se de arbitragem *ad hoc*, sendo eles, portanto, contratados diretamente pelas

[624] A preocupação também se fez presente no estudo de: FICHTNER, José Antonio; MANNHEIMER, Sergio Nelson; MONTEIRO, André Luis. A confidencialidade na arbitragem: regra geral e exceções, item 5.2.2.

[625] A inexistência de extensão automática foi constatada pelo estudo da *International Law Association*: "IV. Findings and recommendations [...] 6. Normally such arbitration confidentiality provisions in contracts or rules do not impose an obligation of confidentiality on other persons who may become involved in the arbitra- tion (such as fact or expert witnesses, translators, stenographers or court reporters), unless those other persons expressly agree to be bound by the confidentiality provisions" (*Confidentiality in International Commercial Arbitration*. The Hague Conference, 2010. p. 17).

[626] GAGLIARDI, Rafael Villar. Confidencialidade na arbitragem comercial internacional, item 5.

partes ou secretários, não estarão, a princípio, submetidos a nenhuma obrigação de confidencialidade. Assim, deve-se pactuar com eles, no contrato de prestação de serviços, uma obrigação de não revelar as informações obtidas nos procedimentos em que trabalharem. Ausente tal acordo, não se submetem a qualquer obrigação de confidencialidade.

6.4.5.2 Aspectos Objetivos

Por aspecto objetivo entende-se "o que" está abarcado pela confidencialidade: se a própria existência da arbitragem; o nome dos envolvidos; os documentos apresentados; todo o conjunto probatório produzido; e as decisões proferidas. Quanto a estas últimas, se seria sigiloso o inteiro teor da decisão ou se ao menos a fundamentação poderia ser divulgada ou utilizada com fins de expandir o conhecimento e harmonizar as decisões.

Salvo casos em que a publicidade constitui a regra, como em arbitragens no âmbito do ICSID, os regulamentos das câmaras geralmente vão prever a *privacidade*. Daí decorre que as audiências serão realizadas a portas fechadas e, por consequência (imaginando-se que há previsão expressa de confidencialidade no contrato, uma vez que, ao menos no Brasil, a confidencialidade não é um corolário automático da privacidade), os depoimentos colhidos, os debates havidos e as informações divulgadas em audiência estarão cobertos pela confidencialidade.

Quanto aos documentos, dois pontos são dignos de nota: (i) devem ser submetidos ao regime de confidencialidade os documentos produzidos especificamente para a arbitragem, tais como as peças e submissões orais.[627] Documentos preexistentes à arbitragem (contratos, minutas, correspondências), em geral, não estariam cobertos pela confidencialidade, salvo se (ii) forem, por si sós, sigilosos.

Já se mencionou, contudo, que as partes que submetem um conflito de interesses à arbitragem e estipulam a cláusula de confidencialidade não estão preocupadas apenas em preservar o sigilo dos documentos, das provas e das decisões, mas também a própria existência do litígio.[628] Essa

[627] GAGLIARDI, Rafael Villar. Confidencialidade na arbitragem comercial internacional, item 6.

[628] FICHTNER, José Antonio; MANNHEIMER, Sergio Nelson; MONTEIRO, André Luis. A confidencialidade na arbitragem: regra geral e exceções, item 5.3.

afirmação seria uma consequência da constatação, entre nós feita por José Emilio Nunes Pinto, de que o cerne da confidencialidade seria preservar as relações entre as partes.

Ausente previsão específica, poder-se-ia fazer uso de analogia, conforme dispõe o art. 4.º das Lei de Introdução às Normas de Direito Brasileiro. Nesse caso, o novo Código de Processo Civil trouxe como inovação o art. 166 § 1.º, que, tratando sobre outros modos alternativos de solução de controvérsias (notadamente mediação e conciliação), estabelece que: "A confidencialidade estende-se a todas as informações produzidas no curso do procedimento, cujo teor não poderá ser utilizado para fim diverso daquele previsto por expressa deliberação das partes".

O novo Código de Processo Civil trouxe também a inclusão do acordo de confidencialidade em arbitragem no rol de motivos para decretação do segredo de justiça em ações judiciais (art. 189, IV, CPC/2015). Apesar de o dispositivo não ser muito claro a respeito do problema, a questão foi discutida no Fórum Permanente de Processualistas Civis, tendo sido elaborado e aprovado no encontro realizado em Salvador, entre os dias 8 e 9 de novembro de 2013, o Enunciado n.º 13, com a seguinte redação:

> 13. (art. 189, IV) O disposto no inciso IV do art. 189 abrange todo e qualquer ato judicial relacionado à arbitragem, desde que a confidencialidade seja comprovada perante o Poder Judiciário, ressalvada em qualquer caso a divulgação das decisões, preservada a identidade das partes e os fatos da causa que as identifiquem.

A ausência de previsão legal, bem como, na hipótese aqui prevista, a ausência de previsão contratual sobre a extensão objetiva da obrigação de confidencialidade, tornam necessária a utilização de mecanismos para integrar a convenção e colmatar as lacunas. Não existe, ao menos no momento, resposta certa (até porque, sendo o direito uma ciência prática, o valor de seus institutos não é medido em termos de certo e errado, mas útil ou inútil, conveniente ou inconveniente). Não nos parece razoável, porém, afirmar que a confidencialidade abarque a existência do litígio, dado que o processo arbitral poderia ser usado como meio para fraudar direito de terceiros interessados, que então não teriam qualquer meio de reivindicar seus direitos. A confidencialidade abrangeria, assim, as informações e documentos produzidos em audiência e exclusivamente para a arbitragem.

No que tange às decisões, como será visto adiante, parece ser interessante, para o desenvolvimento científico, que elas sejam publicadas, desde que – ausente consentimento das partes – sejam excluídas referências que possam levar à identificação das partes envolvidas.

6.4.6 Exceções à Confidencialidade

A arbitragem é fruto da vontade das partes. Igualmente, correto afirmar que, no Direito brasileiro, a confidencialidade é também decorrente da autonomia privada. Essa autonomia, como é cediço, possui limites,[629] de modo que haverá casos em que nem mesmo a vontade das partes poderá estabelecer um regime de confidencialidade e outros em que este pode ser mitigado e a revelação de determinadas informações não necessariamente considerada como quebra de sigilo.

Uma boa estruturação das exceções foi feita pelas cortes inglesas e expressa de modo bastante didático pela *Court of Appeal* no caso *Wilson v. Emmott*:

> Conforme a regra atual, os principais casos em que a revelação será admitida são os seguintes: primeiramente, quando houver consentimento, expresso ou implícito; segundo, quando houver uma ordem (o que não significa que a corte possua liberalidade para desconsiderar a obrigação de confidencialidade); terceiro, quando for necessária para a proteção dos interesses legítimos de uma parte da arbitragem; quarto, quando os interesses da justiça demandarem a revelação, bem como (talvez) quando houver interesse público.[630]

Os estudos de direito comparado realizados pelo *International Law Association* também levaram à elaboração de uma lista de exceções que não

[629] PRYLES, Michael. Limits to party autonomy in arbitral procedure, p. 330.

[630] Tradução livre do original: "On the authorities as they now stand, the principal cases in which disclosure will be permissible are these: the first is where there is consent, express or implied; second, where there is an order, or leave of the court (but that does not mean that the court has a general discretion to lift the obligation of confidentiality); third, where it is reasonably necessary for the protection of the legitimate interests of an arbitrating party; fourth, where the interests of justice require disclosure, and also (perhaps) where the public interest requires disclosure." (*John Forster Emmott v. Michael Wilson & Partners Limited* [2008] EWCA Civ 184. § 103).

difere substancialmente da que propôs a jurisprudência inglesa.[631] Assim, é possível distinguir quatro grandes grupos de exceções: (i) vontade das partes; (ii) interesses da justiça; (iii) judicialização; e (iv) vedação decorrente da lei aplicável.

Primeiramente, não incide o dever de confidencialidade, no caso de *as próprias partes terem dispensado árbitros e instituição arbitral desse dever* – excepcionando, assim, a imposição legal da lei brasileira (caso seja dada a interpretação de que o art. 13, § 6.º, estabelece um dever de confidencialidade). Em relação às partes e a terceiros partícipes, não haverá confidencialidade caso não haja sido contratualmente estabelecido esse dever, exceto em arbitragens envolvendo a administração pública, por expressa previsão legal (art. 2.º, § 3.º, LAB).

Também não incidirá o referido dever, caso sua violação seja necessária para *realização dos interesses da justiça*. A ideia, aqui, é não possibilitar que a confidencialidade de procedimento antecedente impeça a realização de um direito da parte. Assim, seria permitido divulgar aspectos de arbitragem anterior em novo processo arbitral ou estatal, desde que sua apresentação seja indispensável para defesa do direito da parte. Veja-se, a título de exemplo, a decisão inglesa no caso *London & Leeds v. Paribas*,[632] no qual foi permitida a divulgação em nova arbitragem de testemunho inconsistente oferecido pelo mesmo perito em arbitragem anterior.

Tampouco considerar-se-á haver quebra da confidencialidade quando *o objeto discutido na arbitragem for judicializado*, seja por ação de execução, seja por ação anulatória. Ora, se é direito da parte vencedora buscar a execução da sentença ou do sucumbente buscar sua anulação, não se poderia cogitar que a confidencialidade pudesse impedir a realização desse direito. A questão, aqui, se fará sobretudo sobre a possibilidade de decretação do segredo de justiça.

[631] "Reasonable exceptions to an obligation of confidentiality may include: (a) prosecuting or defending the arbitration or proceedings related to it (including enforcement or annulment proceedings), or pursuing a legal right; (b) responding to a legitimate subpoena, governmental request for information or other compulsory process; (c) making a disclosure required by law or rules of a securities exchange; or (d) seeking legal, accounting or other professional services, or satisfying information requests of potential acquirers, investors or lenders, provided that in each case that the recipient agrees in advance to preserve the confidentiality of the information provided" (INTERNATIONAL LAW ASSOCIATION. *Confidentiality in Internacional Commercial Arbitration*, p. 20).

[632] *London & Leeds Estates Ltd. v. Paribas Ltd. (No. 2)* [1995] EG 134.

Parte da dificuldade se dissipa com a reforma do Código de Processo Civil, que trouxe como inovação a inserção expressa do dever de confidencialidade no rol de causas para decretação de segredo de justiça (art. 189, IV, NCPC).[633] Assim, com a vigência do novo Código, seja antes (em medida de urgência ou ação fundada no art. 7.º da LAB), durante (por utilização da carta arbitral para, *e.g.*, compelir o comparecimento de testemunha na audiência), ou depois da arbitragem (em ação de anulação ou execução da sentença arbitral), existindo cláusula de confidencialidade, deverá ser decretado o segredo de justiça.[634]

Havendo dúvida sobre a confidencialidade, deverá o juiz, por cautela, preservar a confidencialidade, oportunizando às partes manifestar-se sobre

[633] "Art. 189. Os atos processuais são públicos, todavia tramitam em segredo de justiça os processos: [...]
IV – que versem sobre arbitragem, inclusive sobre cumprimento de carta arbitral, desde que a confidencialidade estipulada na arbitragem seja comprovada perante o juízo."

[634] A jurisprudência do STJ já vinha aceitando que o rol de hipóteses do antigo art. 155 do CPC de 1973 não era taxativo, sendo possível a decretação de segredo de justiça em outros casos (STJ, 3.ª Turma, AgRg na MC 14.949/SP, Rel. Min. Nancy Andrighi, j. 19.05.2009, *DJe* 18.06.2009).
Os critérios para sua concessão, contudo, não eram certos, trazendo grande insegurança justiça.
Assim, o TJSP já havia decidido decretar o segredo de justiça pelo simples fato de que havia previsão expressa de que a arbitragem seria confidencial: "Arbitragem. Medida cautelar incidental a procedimento arbitral. Pretendido processamento sob segredo de justiça. Cabimento, máxime ante a concordância dos agravados. Inadmissibilidade, entretanto, de determinarse a exibição da documentação pretendida. Questão atinente à conveniência e oportunidade do juízo arbitral. Agravo parcialmente provido" (TJSP, 6.ª Câmara de Direito Privado, AgIn 505.6464/4, Rel. Des. Sebastião Carlos Garcia). No voto condutor, afirmou-se que, "embora a confidencialidade não decorra diretamente da lei de arbitragem, no caso *sub judice*, decorre ela da vontade expressa dos contratantes. Assim, sendo o processo cautelar acessório do procedimento de arbitragem, nada mais lógico sela ele também processado sob segredo de justiça".
Por outro lado, o TJRJ negou a decretação de segredo de justiça por não vislumbrar que a publicidade traria prejuízo à parte: "Agravo de instrumento. Processo civil. Execução de título extrajudicial. Confidencialidade no juízo arbitral. Postulação do andamento do feito em segredo de justiça. Atos processuais públicos. Inocorrência de qualquer das hipóteses do art. 155 do CPC" (TJRJ, 6.ª Câmara Cível, 0011831-89.2013.8.19.0000, Rel. Des. Claudia Pires dos Santos Ferreira, j. 10.07.2013, *DJe* 15.07.2013). No voto condutor, afirmou-se que: "Embora o rol não seja taxativo, o segredo de justiça somente pode ser concedido fora dos casos previstos em lei, quando a publicidade puder causar prejuízo às partes, não sendo o caso dos autos".

o tema, uma vez que eventual violação da confidencialidade tem caráter irreversível.[635]

Uma última questão sobre esse ponto pode ser ainda enfrentada: inexistindo previsão expressa de confidencialidade na arbitragem, se o processo estatal versar sobre aquela controvérsia, poderá correr em segredo de justiça? Dois argumentos poderiam fundamentar uma resposta positiva a essa questão. Um seria o caráter privado da arbitragem, que deveria obstaculizar a publicidade externa. O outro, o reconhecimento de um dever implícito de confidencialidade. Entretanto, nenhum dos dois se sustenta. O primeiro, porque a privacidade é aplicável somente ao procedimento arbitral. Se ocorrer a judicialização, haverá uma sobreposição do interesse público, impondo-se a publicidade externa. O segundo, porque, como visto *supra* (subitem 6.2.2), inexiste no direito brasileiro um dever implícito de confidencialidade.

Por fim, um último grupo de casos em que não incidirá o dever de confidencialidade ocorre quando a *lei aplicável ou o interesse público afastar impositivamente a obrigação ou criar* (a contrario sensu) *um dever de divulgação.* Nessa hipótese, quatro casos são dignos de nota: as arbitragens desenvolvidas sob o sistema da Convenção de Washington (ICSID); as arbitragens envolvendo entes da Administração Pública; arbitragens envolvendo companhias abertas; e arbitragens envolvendo empresas em falência ou recuperação judicial.

Arbitragens no *International Center for the Settlement of Disputes* (ICSID, órgão vinculado ao Banco Mundial especializado na realização de arbitragens de investimento envolvendo Estados) são, por via de regra, transparentes, em vez de confidenciais. Os registros dos processos são publicados no *ICSID Annual Report*. A confidencialidade permanece tratando se dos documentos sigilosos produzidos. As deliberações e decisões do Tribunal arbitral são reservadas e mantidas em sigilo (como visto, isso envolve *privacidade*, não *confidencialidade*). A sentença arbitral só será publicada se as partes anuírem nesse sentido (o que o ICSID fortemente recomenda) (art. 48(4), regras de arbitragem). Ainda que ausente o acordo, o ICSID poderá publicar excertos da sentença arbitral no que concerne às regras legais aplicadas pelo Tribunal arbitral.

[635] AMARAL, Guilherme Rizzo. *Comentários às alterações do novo CPC*, p. 294.

No tocante ao segundo ponto, entes da Administração Pública estão sujeitos no Brasil ao princípio da publicidade (art. 37, CF). Muito já se discutiu sobre a arbitrabilidade dos contratos com a Administração Pública, e a jurisprudência brasileira, ao final, consagrou a possibilidade de sua utilização, desde que respeitado o princípio da publicidade.[636] Esse avanço foi positivado pela Lei n.º 13.129/2015, que reformou a lei de arbitragem, inserindo, entre outras modificações, o § 3.º do art. 2.º, com a seguinte redação: "A arbitragem que envolva a administração pública será sempre de direito e respeitará o princípio da publicidade". A grande dúvida nesses casos é, então, saber o que deve ser revelado e o que pode ser mantido sob sigilo. Carlos Alberto Carmona afirma que deve se dar acesso aos interessados à decisão e aos atos essenciais do processo, quando necessário, preservando-se, porém, o sigilo dos debates e a confidencialidade dos documentos que instruem o processo arbitral.[637] No mesmo sentido, já haviam se pronunciado José Emilio Nunes Pinto, argumentando que a divulgação que se pode esperar estará limitada a órgãos competentes para a condução de atividades de controle ou divulgação limitada ao público em geral;[638] e Selma Lemes, mencionando que nesses casos devem-se respeitar tanto o interesse público, com a divulgação da decisão arbitral, quanto os interesses das partes, preservando-se a privacidade das audiências e sigilo dos documentos.[639-640]

O terceiro caso envolve as companhias abertas com títulos negociados em bolsa ou, ainda, que tenham obtido financiamentos em instituições públicas de crédito.[641] Nessas situações, há o dever de divulgação, fun-

636 Nesse sentido, o *leading case* AES Uruguaiana v. CEEE, julgado pelo STJ em 14.09.2006 (REsp 612.345/RS, Rel. Min. João Otávio Noronha).

637 CARMONA, Carlos Alberto. *Arbitragem e processo*, p. 52.

638 PINTO, José Emilio Nunes. A confidencialidade na arbitragem, item 1.

639 LEMES, Selma Maria Ferreira. Arbitragem na concessão de serviços públicos – arbitrabilidade objetiva: confidencialidade ou publicidade processual?, item 4.

640 Digno de nota também o enunciado aprovado no Fórum Permanente de Processualistas Civis realizado em Salvador em novembro de 2013: "Enunciado 15 (art. 189). As arbitragens que envolvem a Administração Pública respeitarão o princípio da publicidade, observadas as exceções legais (vide art. 2.º, § 3.º, da Lei n. 9.307/1996, com a redação da Lei n. 13.129/2015)".

641 Para uma exposição da discussão acerca da inclusão de cláusula estatutária nas S.A., ver artigo de Ricardo Aprigliano, contrapondo as posições e concluindo pela possibilidade de inclusão por maioria (Extensão da cláusula compromissória a partes não signatárias no direito societário, em especial p. 144-149).

damentado no dever de informação (art. 109, III, da Lei n.º 6.404/1976 – Lei das S.A.), pelo qual devem os acionistas ser informados de fatos relevantes (Instrução CVM n.º 358/2002),[642] motivado, aqui, pelo possível impacto que a demanda arbitral possa causar no valor de ações da empresa envolvida, na sua capacidade de pagamento etc.[643]

Interessante ressaltar a opção do legislador italiano, na recente reforma da arbitragem societária (*Decreto Legislativo 17 gennaio 2003, n. 5*). Visando possibilitar a utilização da cláusula estatutária e os problemas decorrentes das arbitragens multipartes (notadamente a dificuldade de constituição do Tribunal arbitral e a confidencialidade como obstáculo à realização dos direitos dos acionistas, que não teriam conhecimento da pendência de demanda arbitral), o legislador previu que a cláusula estatutária preverá, sob pena de nulidade, que todos os membros do tribunal serão escolhidos por uma autoridade nomeadora (art. 34, alínea 2) e, no que aqui mais nos interessa, previu que o requerimento de arbitragem deve necessariamente ser registrado no *registro delle impresse* (espécie de Junta Comercial) (art. 35, alínea I). Correto afirmar, assim, que na arbitragem societária

[642] Ressalte-se interessante precedente em que a Comissão de Valores Mobiliários foi instada a se manifestar em recurso interposto por um acionista contrário ao dever de confidencialidade explicitamente previsto no Regulamento da Câmara de Arbitragem do Mercado (Bovespa): "6. Ignorar os limites próprios (ou intrínsecos) do regime de informações aos acionistas acaba, em última instância, levando a uma fetichização do princípio do *full disclosure* – o direito à informação e o princípio da transparência na condução dos negócios sociais podem até ser aparentemente valorizados, mas eles acabam por ser esvaziados de qualquer sentido mais concreto. 7. É daí que decorre, por exemplo, a interpretação equivocada acerca do art. 4.º, IV, *b* e *c*, e VI, da Lei 6.385/1976, como se estes dispositivos, por si e isolados do sistema que integram, pudessem suportar o quanto foi postulado. Daí decorre, também, a equivocada assertiva de que as informações pretendidas, derivadas dos procedimentos arbitrais, nada teriam a ver com a divulgação de fato relevante (quando esta categoria seria, a bem da verdade, a única capaz de suportar os interesses do Recorrente – um caso merece divulgação justamente por produzir os efeitos que caracterizam os chamados fatos relevantes). 8. Reitero, desta maneira, que não existe um direito à informação *in abstracto*, motivo pelo qual não vislumbro irregularidade nas disposições do Regimento e do Regulamento da CAM ora atacadas. Irregularidade haveria se o sigilo neles previsto fosse impeditivo da prestação de informações obrigatórias ao mercado. Não é o que ocorre, porém: a rigor, o dever de sigilo não vigora – e nem poderia vigorar – se houver obrigação de efetuar comunicação ao mercado. 9. Assim, pelo exposto, nego provimento ao recurso, acompanhando a posição da PFE, posteriormente acatada pela SEP" (Processo Administrativo CVM RJ 2008/0713, Rel. Otavio Yazbek, j. 09.02.2010).

[643] GAGLIARDI, Rafael Villar. Confidencialidade na arbitragem comercial internacional, item 7.

italiana abriu-se mão da confidencialidade em benefício da eficácia da convenção multipartes.

Voltando ao Brasil, nesses casos, põe-se a mesma questão discutida sobre as arbitragens com a Administração Pública: o que se deve revelar? A resposta é similar. Revela-se o essencial – existência do litígio, objeto, partes e decisões –, não se permitindo, contudo, acesso de terceiros aos autos e aos documentos, mantendo-se assim o caráter privado da arbitragem.[644]

Por fim, empresas que entraram em falência ou recuperação judicial passam a ter deveres legais de divulgação aos credores de dados dos processos em que estão envolvidas (a obrigação aparece em diversos dispositivos: art. 22, I, "b"; art. 27, I, "a" a "c", e II, "a" e "b"; art. 51, IX, todos da Lei n.º 11.101/2005). Aplicam-se, aqui, as mesmas considerações feitas concernentes às arbitragens com entes da Administração Pública e envolvendo companhias abertas.

6.4.7 Publicação das Decisões

Um último problema a ser colocado ainda em relação ao tema se refere à publicação das decisões proferidas pelos árbitros.

Fouchard, Gaillard e Goldman, há mais de uma década, já apontavam um crescente movimento de incentivo à publicação das decisões, ainda que omitindo o nome das partes.[645] Realmente, considerando o cunho científico que as sentenças arbitrais encerram, no sentido de instituir uma espécie de "jurisprudência arbitral", é de todo conveniente a possibilidade de reproduzir e divulgar o teor das decisões arbitrais, desde que se preserve a identidade das partes,[646] tal como se faz no âmbito de instituições arbitrais no exterior (a exemplo do que ocorre na CCI com o *Yearbook of International Commercial Arbitration* e os *Les Cahiers de l'Arbitrage;* na SCC com o *Stockholm International Arbitration Review* e *SCC Arbitral Awards 1999-2004. É digna de nota ainda a extensa base de dados criada pela Uncitral – Clout, Case Law on Uncitral Texts*).

644 BERALDO, Leonardo de Faria. *Curso de arbitragem*: nos termos da Lei n.º 9.307/96, p. 136.

645 GAILLARD, Emmanuel; SAVAGE, John. *Fouchard Gaillard and Goldman on International Commercial Arbitration*, p. 188.

646 LEMES, Selma Maria Ferreira. Arbitragem na concessão de serviços públicos – arbitrabilidade objetiva: confidencialidade ou publicidade processual?, item 4.

Alexis Mourre defende a publicação das sentenças como instrumentos de segurança jurídica e previsibilidade.[647] Enfrentando expressamente a confidencialidade como possível obstáculo, o doutrinador conclui que, não sendo o sigilo algo inerente à arbitragem e tomadas certas precauções (como a ocultação dos nomes das partes e eventuais informações que possam servir para identificá-las), não há motivos para impedir a publicação das decisões, uma vez que a comunidade arbitral só tem a ganhar com essa prática.[648]

Refletindo exatamente sobre esse tema, a Câmara de Arbitragem de Milão elaborou interessante estudo propondo linhas mestras para a publicação anônima dos laudos arbitrais.[649] A sugestão proposta inclui a publicação dos nomes dos árbitros e o modo de constituição do tribunal, a sede e a lei aplicável (salvo se essas informações tornem identificável a controvérsia), a convenção de arbitragem e os valores envolvidos (com a mesma ressalva) e integralmente a tipologia, natureza, objeto e contexto jurídico-econômico da controvérsia.[650]

As linhas propostas parecem, para este autor, adequadas. A publicação das decisões nesses termos em nada irá prejudicar as partes, e, em contrapartida, muito poderá beneficiar o estudo e o desenvolvimento da arbitragem. Maior controvérsia talvez se desenvolverá sobre a publicação do nome dos árbitros. Contudo, essa prática só viria a somar, uma vez que, tendo conhecimento do julgador e seus outros escritos, com mais precisão poderá ser feita a interpretação da decisão,[651] além do que dissemina para o público em geral o nome de novos árbitros ao mesmo tempo em que se mantém uma constante revisão do trabalho dos antigos, evitando assim

[647] MOURRE, Alexis. Precedent and confidentiality in International Commercial Arbitration. *IAI Series on International Arbitration*, Precedent in International Arbitration, New York: Juris Publishing, n. 5, p. 40, 2008.

[648] Idem, p. 58-65.

[649] MALATESTA, Alberto; SALI, Rinaldo (Coord.). *Arbitrato e Riservatezza*.

[650] Idem, p. 7-11.

[651] Como argumento contrário, poderia ser trazida a possibilidade de os árbitros, sabedores de que a sentença será publicada, ficarem com receio de tomar posições mais firmes (evitando assim futuras indicações como árbitro), além do que a divulgação poderia servir de estímulo para que os árbitros quisessem aumentar o *obter dicta* dos laudos, visando a criar sua própria "jurisprudência" (MOURRE, Alexis. Precedent and confidentiality in International Commercial Arbitration, p. 56).

a perpetuidade de indicações pelo simples renome dos profissionais e promovendo a abertura e desenvolvimento do mercado.

6.5 Efeitos do Financiamento para a Confidencialidade do Processo

O financiador, ainda que detenha uma posição passiva, terá interesse em receber atualizações sobre o andamento do caso.

Conforme exposto, quanto ao acesso aos autos, pode-se distinguir entre publicidade *geral* (*externa*) ou *restrita* (*interna*); no tocante à possibilidade de acompanhamento dos atos processuais, a publicidade pode ser *imediata* ou *mediata*. *Mutatis mutandi*, a publicidade *geral/restrita* seria o que se trata na arbitragem como *confidencialidade;* e a publicidade *imediata/mediata*, como *privacidade.*

Uma vez definidos os conceitos e contornos, passa-se à questão: a quais informações pode o financiador ter acesso? Pode o financiador ter acesso à cópia integral do processo ou mesmo participar das audiências?

Tratando-se de demanda processada pelo Judiciário estatal, o art. 107, I, do CPC/205 prevê que somente terá acesso aos autos o advogado constituído. O financiador, portanto, não poderá acessar diretamente as informações do processo. Nesse caso, sua única fonte será o envio de relatórios e documentos pelo próprio financiado ou seu advogado, o que corresponderia a uma violação ao direito de intimidade ou confidencialidade que embasou a decretação do segredo de justiça. Contudo, à semelhança do que ocorre com os documentos sigilosos repassados ao financiador antes do início do processo, essa violação é justificada em razão de o *third-party funding* ser o instrumento pelo qual a parte pode ter adequadamente o seu acesso à ordem jurídica justa – e, como visto, a quebra da confidencialidade é justificada quando esta é condição para o exercício regular de um direito.

No que tange à arbitragem, viu-se que não há, no direito brasileiro, nenhuma regra determinando que o processo arbitral seja sigiloso, uma vez que a confidencialidade do procedimento decorrerá exclusivamente da vontade das partes (seja por previsão expressa, seja em razão de incorporação das regras de determinada câmara por referência). Foi apontado *supra* (item 6.4.5.2) que estão cobertos pela confidencialidade os documentos produzidos em audiência e exclusivamente para arbitragem, como as provas e manifestações das partes. Assim, a rigor, o financiador não poderia a eles ter acesso. Entretanto, a quebra da confidencialidade nesse caso é justificada, visto que é uma condição para o exercício do direito da parte financiada, sendo o financiamento por terceiros um instrumento de acesso à justiça e condição para que a parte pudesse litigar.

Quanto ao acompanhamento dos atos processuais, em demandas perante o Judiciário, o art. 11, parágrafo único, do CPC/2015 prevê que somente será autorizada a presença das partes e seus advogados.[652] É vedada, portanto, a participação do financiador, exceto se este vier a intervir no processo. O mesmo ocorre com a arbitragem, em decorrência da privacidade do procedimento, somente sendo permitido o acesso às partes e advogados.

[652] Também defensores públicos e o Ministério Público. Entretanto, demandas com a participação desses sujeitos no polo contrário dificilmente serão financiadas, visto que o financiador não poderá esperar um retorno financeiro no caso de vitória.

7. Conclusão

Do desenvolvimento dos capítulos precedentes podem ser extraídas algumas conclusões.

Apesar de não haver homogeneidade nas definições dadas pela doutrina, pode-se conceituar o financiamento por terceiros como o investimento feito por um terceiro em um ou mais litígios com os quais ele não possui qualquer ligação, por meio da qual parcela (ou a totalidade) dos custos da demanda (e, consequentemente, dos riscos) é repassada ao financiador, cuja remuneração está vinculada ao sucesso da demanda. Ainda, não obstante inexistam regras específicas sobre o tema no direito brasileiro, pode-se identificar alguns requisitos mínimos para que seu uso seja viável, notadamente: (a) demanda condenatória em pecúnia; (b) expectativa de retorno maior do que o valor investido; (c) solvabilidade da parte adversa; e (d) razoáveis chances de êxito.

Há diversas maneiras de financiar litígios (usando honorários de êxito, emitindo valores mobiliários, financiando o escritório de advocacia, entre outros). Classificou-se, neste estudo, como financiamento "típico" aquele realizado por um terceiro, que não tem qualquer relação com a demanda, como forma de investimento, comprometendo-se a pagar os custos de determinado litígio em troca de uma parcela da condenação, quando o financiado obtiver êxito.

No tocante à natureza jurídica do acordo de financiamento, quando um sistema se defronta com uma figura antes desconhecida, duas são as formas de se lidar com o problema: enquadrá-la em uma figura preexistente ou admitir uma regulação própria. No entanto, esta última demanda que haja certo grau de desenvolvimento da matéria, tanto na academia como nos tribunais, para que seja possível a elaboração de um conjunto adequado de regras. Portanto, o caminho mais natural, nesse momento inicial de desenvolvimento do tema, é buscar caracterizar o contrato de financiamento entre figuras jurídicas já estabelecidas no direito brasileiro. Entre elas, aquelas que mais se adéquam às características e objetivos do financiamento por terceiros são a cessão de crédito e a sociedade em conta de participação, visto que, em ambas, o financiador detém um direito de crédito, mas não se torna titular da relação jurídica material objeto do processo. De se notar, contudo, que as partes podem escolher outras figuras por motivos diversos (por exemplo, o investimento através de um FIDC-NP em razão de considerações tributárias).

Quanto à conceituação de "partes" e "terceiros", é útil a distinção entre parte processual (ou formal) e parte substancial (ou material), especialmente tratando-se de arbitragens, nas quais é necessário analisar se um sujeito é (a) parte ou não da convenção de arbitragem; e (b) parte ou não do processo. Essa dicotomia criará duas classes de terceiros: (i) terceiros imperfeitos (vinculados à convenção de arbitragem, mas não partes do processo); e (ii) terceiros absolutos (nem vinculados à convenção de arbitragem, nem a partes do processo). O direito brasileiro admitirá a intervenção coata ou voluntária de terceiros imperfeitos (pois, estando vinculados à convenção, está superado o obstáculo do consentimento) e a intervenção voluntária do terceiro absoluto, quando sua ausência puder tornar sem utilidade a decisão proferida pelos árbitros (notadamente, no caso de litisconsórcio necessário).

Considerando-se as premissas de direito material (figura jurídica adotada e não transmissão, ao financiador, da relação jurídica de direito material objeto do processo) e de direito processual (conceituação de partes e terceiros, bem como a possibilidade de intervenção de terceiros em arbitragem), o financiador não pode ser integrado como parte do processo, tampouco são cabíveis intervenções coatas. As únicas figuras possíveis são a assistência simples e o *amicus curiae,* sendo certo que, em qualquer das duas, o financiador não deduzirá pretensão ou terá, contra si, pretensão deduzida.

Esta conclusão leva à constatação de que a parte adversa não pode incluir o financiador no polo passivo da execução, tampouco pode o financiador figurar como exequente (seja autonomamente, seja como sucessor), salvo caso de substituição processual voluntária. No que tange à responsabilização do financiador pelos custos de sucumbência, o direito brasileiro, diversamente do inglês, australiano e norte-americano, não atribui discricionariedade ao julgador para determinar a extensão ou a parte responsável pelo pagamento, sendo estas questões expressamente definidas na legislação processual. Tratando-se de arbitragem, ainda com mais razão não poderá o financiador ser condenado, visto que sobre ele o tribunal arbitral não possui jurisdição. Quanto à possibilidade de o valor do financiamento ser reembolsado pela parte contrária como custo do processo, ambas as posições são possíveis de ser adotadas no direito brasileiro.

No que concerne à imparcialidade, viu-se que o *standard* utilizado no Brasil é a aparência de parcialidade, de modo que a comprovação da existência de alguns dos fatos elencados nos arts. 144 e 145 do CPC/2015 leva ao afastamento do julgador e, potencialmente, à rescisão ou anulação da sentença, sem que haja necessidade de avaliar se, no caso concreto, tais fatos tinham condições de influenciar efetivamente a imparcialidade. Quanto ao dever de revelação, viu-se que a Lei Brasileira de Arbitragem adotou uma posição subjetivista, cabendo ao árbitro fazer a análise de quais fatos, em sua concepção, seriam capazes de criar uma "dúvida justificada" nas partes sobre a sua imparcialidade. Viu-se, ainda, que, apesar de o financiador não ser parte do processo, seu envolvimento é sim capaz de afetar a imparcialidade do julgador. Apesar de não haver regra que obrigue as partes a revelar a existência ou conteúdo do acordo de financiamento, entendemos ser razoável que o financiado revele tal informação de forma a evitar o risco de ter a sentença arbitral anulada por questões de parcialidade (que, caso existentes, poderiam, de modo muito mais eficiente, terem sido resolvidas com a substituição do árbitro no início do processo).

Por fim, examinou-se a relação do financiamento por terceiros com a confidencialidade. Viu-se que o financiador, antes de decidir por investir em uma demanda, realizará uma *due diligence,* analisando os fatos e documentos relativos ao caso, e, se estes estiverem protegidos por sigilo, o financiado terá violado sua obrigação de confidencialidade. Tal violação, contudo, é justificada, considerando-se a função do financiamento por terceiros como instrumento de acesso à justiça. No tocante ao advogado, viu-se que há discussão sobre se o repasse de informações do caso ao financiador implicaria renúncia ao sigilo profissional. Esse, porém, é um falso problema no Direito brasileiro, pois a Constituição Federal prevê o sigilo das comunicações como um direito fundamental. Viu-se, ademais, que o financiador não poderá acompanhar os atos do processo, seja no Judiciário estatal, seja na arbitragem, exceto se vier a intervir. Por fim, o financiador não poderá ter acesso aos autos diretamente se a demanda correr em segredo de justiça ou for confidencial, dependendo do repasse de informações pela parte ou seu advogado, o que representará uma violação ao direito que embasa o sigilo do procedimento, porém tal quebra é justificada em razão da função do financiamento como instrumento de acesso à ordem jurídica justa.

REFERÊNCIAS

ABBUD, André de Albuquerque Cavalcanti (Org.). CBAr-Ipsos. *Arbitragem no Brasil*, 2013.

ABRAMS, David S.; CHEN, Daniel L. A Market for Justice: A First Empirical Look at Third Party Litigation Funding. *Journal of Business Law*, Philadelphia: UPenn, 2012.

ABREU, Rafael Sirangelo de. *Igualdade e processo*: posições processuais equilibradas e unidade do direito. São Paulo: RT, 2015.

ALMEIDA, Fabiana Mendonça Martins de. *Third-party litigation funding*: análise à luz do direito brasileiro. 2012. Monografia (TCC) – Pontifícia Universidade Católica do Rio de Janeiro, Rio de Janeiro.

ALVARO DE OLIVEIRA, Carlos Alberto. *Alienação da coisa litigiosa*. 2. ed. Rio de Janeiro: Forense, 1986.

ALVES, Rafael Francisco; VERONESE, Lígia Espolaor. Arbitragem e empresas em crise: o acesso à Justiça e o cumprimento da convenção de arbitragem em vista da incapacidade financeira de uma das partes. *Revista do Advogado*, Associação dos Advogados de São Paulo, n. 131, p. 176-187, out. 2016.

AMARAL, Guilherme Rizzo. *Comentários às alterações do novo CPC*. São Paulo: RT, 2015.

APRIGLIANO, Ricardo. Extensão da cláusula compromissória a partes não signatárias no direito societário. *Revista do Advogado*, Associação dos Advogados de São Paulo, n. 119, p. 140-152, abr. 2013.

______. *Ordem pública e processo*: o tratamento das questões de ordem pública no direito processual civil. São Paulo: Atlas, 2011.

ARAÚJO CINTRA, Antônio Carlos de. Estudo sobre a substituição processual no direito brasileiro. *Doutrinas essenciais de processo civil*. São Paulo: RT, 2011. v. 3, p. 455-476.

ARRUDA ALVIM NETTO, José Manoel. *Código de Processo Civil comentado*. São Paulo: RT, 1975.

______. Impossibilidade de substituição processual voluntária face ao Código de Processo Civil. *Revista de Processo*, São Paulo: RT, v. 5, p. 215-225, jan.-mar. 1977.

ASSIS, Araken de. Substituição processual. *Revista Dialética de Direito Processual*, v. 9, p. 9-23, dez. 2003.

AVILA, Humberto Bergmann. Argumentação jurídica e a imunidade do livro eletrônico. *Revista de Direito Tributário*, São Paulo, v. 79, p. 163-183, 2001.

AVRAHAM, Ronen, WICKELGREN, Abraham. Third-party litigation funding – a signaling model. *DePaul Law Review*, v. 63, p. 233-264, 2014.

BACELO, Joice. Fundos brasileiros começam a investir em disputas arbitrais. *Valor Econômico*, 28 jul. 2016. Disponível em: <http://www.valor.com.br/legis-

lacao/4650007/fundos-brasileiros-comecam-investir-em-disputas-arbitrais>.

BAPTISTA, Luiz Olavo. *Confidencialidade na arbitragem*. V Congresso do Centro de Arbitragem Comercial Internacional. São Paulo: Almedina, 2012. p. 197-208.

BARBOSA MOREIRA, José Carlos. Apontamentos para um estudo sistemático da legitimação extraordinária. *Direito processual civil*: ensaios e pareceres. Rio de Janeiro: Forense, 1971. p. 58-72.

______. Reflexões sobre a imparcialidade do juiz. *Temas de direito processual*. Sétima série. São Paulo: Saraiva, 2001.

BARKER, George. Third-Party Litigation Funding in Australia and Europe. *Journal of Law, Economics & Policy*, v. 8, n. 3, p. 451-524, 2012.

BEISNER, John; MILLER, Jessica; RUBIN, Gary. *Selling Lawsuits, Buying Trouble*: Third-Party Litigation Funding in the United States. Washington: US Chamber Institute for Legal Reform, 2009.

______; RUBIN, Gary A. *Stopping the sale on lawsuits*: a proposal to regulate third-party investments in litigation. Washington: US Chamber Institute for Legal Reform, 2012.

BENEDUZI, Renato Resende. *Comentários ao Código de Processo Civil*: artigos 70 ao 187. São Paulo: RT, 2016.

______. De concurrentibus actionibus *e o concurso de demandas*. 2011. Dissertação (Mestrado) – Universidade de São Paulo, São Paulo.

______. *Introdução ao processo civil alemão*. Salvador: JusPodivm, 2015.

______. Legitimidade extraordinária convencional. *Revista Brasileira de Direito Processual*, ano 22, n. 86, p. 127-142, abr.-jun. 2014.

BERALDO, Leonardo de Faria. *Curso de arbitragem*: nos termos da Lei n.º 9.307/96. São Paulo: Atlas, 2014.

BLACKABY, Nigel; PARTASIDES, Constantine; REDFERN, Alan; HUNTER, Martin. *Redfern and Hunter on International Arbitration*. 7. ed. New York: Oxford University Press, 2009.

BLACK'S LAW DICTIONARY. 9. ed. Eagan: West Group, 2009.

BLACKSTONE, William. *Commentaries on the laws of England*, 1765. Disponível por Lonang Institute em: <http://lonang.com/library/reference/blackstone--commentaries-law-england/>.

BONATO, Giovanni. *La natura e gli effeti del lodo arbitrale*: studio di diritto italiano e comparato. Napoli: Jovene, 2012.

BONNER, Robert J. *Lawyers and Litigants in Ancient Athens*: The Genesis of the Legal Profession. New York: Benjamin Bloom, 1969.

BORN, Gary B. *International Arbitation*: cases and materials. Alphen aan den Rijn: Kluwer Law International, 2011.

______. *International Commercial Arbitration*. Alphen aan den Rijn: Kluwer Law International, 2009.

BRAGHETTA, Adriana. Notas sobre a confidencialidade na arbitragem. *Revista do Advogado*, n. 119, p. 7-12, 2013.

BREKOULAKIS, Stavros. The Relevance of the Interests of Third Parties in Arbitration. In: CARBONNEAU, Thomas E.; SINOPLE, Angelica M. *Building the Civilization of Arbitration*. London: Wildy, Simmonds and Hill, 2010. p. 279-301.

______. *Third Parties in International Commercial Arbtiration*. New York: Oxford University Press, 2010.

BRICKMAN, Lester. Contingent fees without contingencies: Hamlet without the prince of Denmark?. *UCLA Law Review*, Issue 37, p. 29-137, 1989.

BUCKER, Fátima Cristina Bonassa. Demandas financiadas: *Third Party Funding*. *Revista do Advogado*, Associação dos Advogados de São Paulo, n. 131, p. 75-82, out. 2016.

BUENO, Cassio Scarpinella. Amicus curiae *no processo civil brasileiro*: um terceiro enigmático. 3. ed. São Paulo: Saraiva, 2012.

______. A natureza alimentar dos honorários advocatícios sucumbenciais. Disponível em: <http://www.scarpinellabueno.com/images/textos-pdf/003.pdf>.

______. *Partes e terceiros no processo civil brasileiro*. São Paulo: Saraiva, 2006.

CAHALI, Francisco José. *Curso de arbitragem*. São Paulo: RT, 2011

______. ______. 4. ed. São Paulo: RT, 2014.

CAHALI, Yussef Said. *Honorários advocatícios*. 4. ed. São Paulo: RT, 2011.

CÂMARA, Alexandre Freitas. A admissão do assistente qualificado no processo civil – algumas considerações sobre o adquirente de direito litigioso e sua intervenção. In: DIDIER JR., Fredie (Coord.). *O terceiro no processo civil brasileiro e assuntos correlatos*: estudos em homenagem ao Professor Athos Gusmão Carneiro. São Paulo: RT, 2010. p. 54-64.

CAMPBELL, Enid; LEE, H.P. *The Australian Judiciary*. Cambridge: Cambridge University Press, 2001.

CAPPELLETTI, Mauro. Ideologías en el derecho procesal. *Proceso, ideologias, sociedade*. Traducción de Santiago Sentís Melengo e Tomás A. Banzhaf. Buenos Aires: Ediciones Jurídicas Europa-América, 1974.

CARMONA, Carlos Alberto. *Arbitragem e processo*: um comentário à Lei n.º 9.307/96. 3. ed. São Paulo: Atlas, 2009.

CARNEIRO, Athos Gusmão. *Intervenção de terceiros*. 18. ed. São Paulo: Saraiva, 2009.

CARNELUTTI, Francesco. *Diritto e processo*. Napoli: Morano, 1958.

CARREIRA ALVIM, J. E. Intervenção de terceiros na arbitragem. In: MARTINS, Pedro Batista; GARCEZ, José Maria Rossani (Coord.). *Reflexões sobre arbitragem*. São Paulo: LTr, 2002. p. 261-275.

CASADO FILHO, Napoleão. *Arbitragem comercial internacional e acesso à justiça*: o novo paradigma do *third party funding*. 2014. Tese (Doutorado) – Pontifícia Universidade Católica de São Paulo, São Paulo.

______. *Arbitragem e acesso à justiça: o novo paradigma do third party funding*. São Paulo: Saraiva, 2017.

CASTRO, Amilcar de. *Comentários ao Código de Processo Civil*. 2. ed. São Paulo: RT, 1976. v. 8.

CHIOVENDA, Giuseppe. *Instituições de direito processual civil*. Tradução de J. Guimarães Menegale e notas de Enrico Tullio Liebman. São Paulo: Saraiva, 1965. v. 2.

______. ______. Tradução de J. Guimarães Menegale e notas de Enrico Tullio Liebman. São Paulo: Saraiva, 1965. v. 3.

CLAY, Thomas. A extensão da cláusula compromissória às partes não contratantes (fora grupo de contratos e grupos de sociedades/empresas). *Revista Brasileira de Arbitragem*, v. 1, n. 1, p. 74-82, jul.-out. 2003.

______. *L'Arbitre*. Paris: Dalloz, 2001.

______. L'indépendance et l'impartialité de l'arbitre et les règles du procès équitable. *L'Impartialité du juge et de l'arbitre*: Etude de droit comparé. Bruxelas: Bruyant, 2006. p. 199-237.

COASE, Ronald. H. The Problem of Social Cost. *The Journal of Law & Economics*, v. 3, p. 1-44, out. 1960.

COHEN, Daniel. Note-Cour de cassation (1re Ch. civile) 5 janvier 1999. *Rev. Arb.*, p. 85, 2000.

COMOGLIO, Paolo; RONCARLO, Chiara. Linee guida per la publicazione in forma anonima dei lodi arbitrali: problemi e prospettive. *Arbitrato e Riservatezza. Linee guida per la publicazione in forma anonima dei lodi arbitrali*. Milão: cedam, 2011. p. 19-42.

COSTA E SILVA, Paula. *Repensando a transmissão da coisa ou direito em litígio*. Coimbra: Coimbra Editora, 2009.

COUR d'Appel de Paris, 19 décembre 1986. *Rev. Arb.*, 1987.

CRAIG, W. Laurence; PARK, William W.; PAULSSON, Jan. *International chamber of commerce arbitration*. 3. ed. New York: Oxford, 2000.

CREMADES JR., Bernardo. Third Party Litigation Funding: Investing in Arbitration. *Transnational Dispute Management Journal*, Voorburg: Maris, v. 8, issue 4, 2011.

CRUZ E TUCCI, José Rogério. *A causa* petendi *no processo civil*. 3. ed. São Paulo: RT, 2009.

______. *Limites subjetivos da eficácia da sentença e da coisa julgada civil*. São Paulo: RT, 2006.

______; AZEVEDO, Luiz Carlos de. *Lições de história do processo civil romano*. 2. ed. São Paulo: RT, 2013.

CUNHA, Leonardo Carneiro da. *Comentários ao Código de Processo Civil*: artigos 188 ao 293. São Paulo: RT, 2016.

DELVOLVÉ, Jean-Louis; POINTON, Gerald H.; ROUCHE, Jean. *French Arbitration Law and Practice*. 2. ed. Alphen aan den Rijn: Kluwer Law International, 2009.

DERAINS, Yves. Les nouveaux principes de procédure: confidentialité, célerité, loyauté. In: CLAY, Thomas (Coord.). *Le nouveaus droit français de l'arbitrage*. Paris: Lextenso, 2011.

DIDIER JR., Fredie. *Curso de direito processual civil*. 15. ed. Salvador: JusPodivm, 2013.

DINAMARCO, Cândido Rangel. *A arbitragem na teoria geral do processo*. São Paulo: Malheiros, 2012.

______. *A instrumentalidade do processo*. 12. ed. São Paulo: Malheiros, 2005.

______. *Instituições de direito processual civil*. São Paulo: Malheiros, 2016. v. 1.

______. ______. 4. ed. São Paulo: Malheiros, 2004. v. 2.

______. *Intervenção de terceiros*. 4. ed. São Paulo: Malheiros, 2006.

______. *Litisconsórcio*. 8. ed. São Paulo: Malheiros, 2009.

DOLLINGER, Jacob; TIBURCIO, Carmen. *Direito internacional privado*: arbitragem comercial internacional. Rio de Janeiro: Renovar, 2003.

DOMIT, Otávio Augusto Dal Molin. Iura Novit Curia *e causa de pedir*: o juiz e a qualificação jurídica dos fatos no processo civil brasileiro. São Paulo: RT, 2016.

DUPEYRÉ, Romain. *Règles et pratiques du droit français de l'arbitrage*. Paris: Gazzete du Palais, 2012.

EBERHARDT, Pia; OLIVET, Cecilia. *Profiting from injustice*: how law firms, arbitrators and financiers are fuelling an investment arbitration boom. Bruxelas: Corporate European Observatory, 2012.

ELIAS, Carlos Eduardo Stefen. *Imparcialidade dos árbitros*. 2014. Tese (Doutorado) – Universidade de São Paulo, São Paulo.

ESTEVAO, Martin. The Litigation Financing Industry: regulation to protect and inform consumers. *University of Colorado Law Review*, v. 84, p. 467-496, 2013.

FERREIRA DA SILVA, Luis Renato. Cessão de posição contratual. In: LOTUFFO, Renan; NANNI, Giovanni Ettore (Coord.). *Teoria geral dos contratos*. São Paulo: Atlas, 2011. p. 394-408.

FERREIRA, William Santos. Situação jurídica no processo do adquirente de bem litigioso e dos herdeiros sucessores no caso de falecimento da parte diante do novo Código Civil. In: DIDIER JR. Fredie; WAMBIER, Teresa Arruda Alvim.

Aspectos polêmicos e atuais sobre os terceiros no processo civil e assuntos afins. São Paulo: RT, 2004. p. 1049-1096.

FERRO, Marcelo. Apontamentos sobre a independência dos árbitros. *Temas de direito societário e empresarial contemporâneos*. São Paulo: Malheiros, 2011. p. 849-886.

______. O financiamento de arbitragens por terceiro e a independência do árbitro. In: CASTRO, Rodrigo R. de Monteiro et al. *Direito empresarial e outros estudos de direito em homenagem ao Professor José Alexandre Tavares Guerreiro*. São Paulo: Quartier Latin, 2013.

FICHTNER, José Antonio; MANNHEIMER, Sergio Nelson; MONTEIRO, André Luis. A confidencialidade na arbitragem: regra geral e exceções. *Revista de Direito Privado*, São Paulo: RT, v. 49, p. 227-285, 2012.

______; ______; ______. A distribuição do custo do processo na sentença arbitral. *Novos temas de arbitragem*. Rio de Janeiro: FGV, 2014. p. 231-274.

FORTNEY, Susan Saab. Tales of Two Regimes for Regulating Limited Liability Law Firms in the US and Australia: Client Protection and Risk Management Lessons. *Legal Ethics*, v. 11, p. 230-240, 2008.

GABARDO, Rodrigo Araújo. *A insuficiência de recursos financeiros na instauração da arbitragem comercial*: efeitos no direito brasileiro a partir de uma perspectiva comparada. 2014. Dissertação (Mestrado) – Universidade de São Paulo, São Paulo.

GABBAY, Daniela M.; MAZZONETTO; KOBAYASHI, Patricia S. Desafios e cuidados na redação de cláusulas de arbitragem. In: BASSO, Maristela; POLIDO, Fabrício Bertini Pasquot. *Arbitragem comercial*: princípios, instituições e procedimentos. São Paulo: Marcial Pons, 2013. p. 93-130.

GAGLIARDI, Rafael Villar. Confidencialidade na arbitragem comercial internacional. *Revista de Arbitragem e Mediação*, v. 36, p. 95-135, 2013.

GAILLARD, Emmanuel. *Aspects philosophiques du droit de l'arbitrage international*. Haia: ADI-Poche, 2008.

______. L'ordre juridique arbitral: réalité, utilité et spécificité. *McGill Law Journal*, n. 55, p. 892-907, 2010

______; SAVAGE, John. *Fouchard Gaillard and Goldman on International Commercial Arbitration*. Alphen aan den Rijn: Kluwer Law International, 1999.

______; ______. The enforcement of awards set aside: in the country of origin. *ICSID Review – Foreign Investment Law Journal*, v. 16, p. 16-45, 1999.

GARBAGNATI, Edoardo. *La sostituzione processuale*. Milano: Giuffrè, 1943.

GIUSTI, Gilberto; MARQUES, Ricardo Dalmaso. As partes na arbitragem internacional: direito brasileiro, Unidroit e CISG – Extensão dos efeitos da cláusula compromissória. In: FINKLESTEIN, Cláudio; VITA, Jonathan B.; CASADO FILHO, Napoleão (Coord.). *Arbitragem internacional*: Unidroit, CISG e direito brasileiro. São Paulo: Quartier Latin, 2010. p. 247-264.

GOELER, Jonas von. *Third-party funding in international arbitration and its impact on procedure*. Alphen aan den Rijn: Wolter Kluwer International, 2016.

GOLDSMITH, Aren; MELCHIONDA, Lorenzo. Third party funding in international arbitration: everything you ever wanted to know (but were afraid to ask): part I. *International Business Law Journal/ Revue de Droit des Affaires Internationales*, London: Thomson Reuters, v. 1, 2012.

GOMES, Orlando. *Contratos*. Rio de Janeiro: Forense, 2007.

GRADI, Marco. L'intervento volontario e la chiamata in causa dei terzi nel processo arbitrale. *Rivista dell'Arbitrato*, 2010.

GRECO, Leonardo. *Instituições de processo civil.* Rio de Janeiro: Forense, 2009. v. 1.

GUERREIRO, José Alexandre Tavares. *Fundamentos da arbitragem comercial internacional.* São Paulo: Saraiva, 1989.

GUERRERO, Luis Fernando. *Convenção de arbitragem e processo arbitral.* São Paulo: Atlas, 2009.

HAICAL, Gustavo. *Cessão de crédito*: existência, validade e eficácia. São Paulo: Saraiva, 2013.

HANANEL, Andrew; STAUBITZ, David. The Ethics of Law Loans in the Post-Racman Era. *Georgetown Journal of Legal Ethics*, v. 17, p. 795-812, 2003.

HANOTIAU, Bernard. *Complex Arbitrations*: Multiparty, Multicontract, Multi-issue and Class Actions. Holanda: Kluwer Law International, 2005.

HARRIS, Bruce; PLANTEROSE, Rowan; TECKS, Jonathan. *The Arbitration Act 1996*: a commentary. 9. ed. Oxford: Wiley Blackwell, 2014.

HAYS, Steven W.; DOUGLAS, James W. Judicial Administration: Modernizing the Third Branch. In: RABIN, Jack; HILDRETH, W. Bartley; MILLER, Gerald J. *Handbook of Public Administration.* 3. ed. Boca Raton: CRC Press, 2007. p. 984-1021.

HAZARD JR., Geoffrey C. Commission Introduces New Standards of Judicial Administration. *ABA Journal*, p. 912-915, ago. 1974.

______; TARUFFO, Michele. *American Civil Procedure*: An Introduction. New Haven: Yale University Press, 1993.

HESS, Burkhard. L'impartialité du juge en droit allemand. In: COMPERNOLLE, Jacques van (Dir.). *L'impartialité du juge et de l'arbitre*: Étude de droit comparé. Bruxelas: Bruylant, 2006. p. 157-177.

HODGES, Christopher. Self-Regulation (Jackson Report, Code of Conduct). In: KESSEDJIAN, Catherinee (Org.). *Le financement de contieux par un tiers*: Third Party Litigation Funding. Paris: LGDJ, 2012. p. 151-159.

______; VOGENAUER, Stefan; TULIBACKA, Magdalena. *The costs and funding of civil litigation*: a Comparative Perspective. Oxford: Hart, 2010.

HOSKING, James. The Third Party Non-Signatory's Ability to Compel International Commercial Arbitration: Doing Justice Without Destroying Consent. *Pepperdine Dispute Resolution Law Journal*, n. 469, p. 500-508.

INTERNATIONAL LAW ASSOCIATION. *Confidentiality in International Commercial Arbitration.* The Hague Conference, 2010.

JACKSON, Rupert. *Review of Civil Litigation Costs*: Final Report. Londres: TSO, 2010.

JAMES JR., Fleming; HAZARD JR., Geoffrey; LEUBSDORF, John. *Civil Procedure.* 5. ed. New York: Foundation Press, 2001.

JARROSSON, Charles; PELLERIN, Jacques. Le droit français de l'arbitrage après le décret du 13 janvier 2011. *Rev. Arb.*, p. 5-86, 2011.

KESSEDJIAN, Catherine. Prefácio à obra *Le financement de contieux par un tiers*: Third Party Litigation Funding. Paris: LGDJ, 2012. p. 11-13.

LEE, João Bosco. O princípio da confidencialidade na arbitragem comercial internacional. In: ______; VALENÇA FILHO, Clávio de Melo. *Estudos de arbitragem*. Curitiba: Juruá, 2009.

LEGG, Michael; PARK, Edmond; TURNER, Nicholas; TRAVERS, Louisa. The Rise and Regulation of Litigation Funding in Australia. *Northerns Kentucky Law Review*, v. 38, issue 4, p. 625-672, 2011.

LEMES, Selma Ferreira. Arbitragem em números e valores. Disponível em:

<http://cbar.org.br/site/blog/noticias/valor-economico-arbitragens-envolveram-r-3-bilhoes-em-2013>.

______. Arbitragem em números e valores. Período de 2010 (jan./dez) a 2016 (jan./dez.). Disponível em: <http://selmalemes.adv.br/artigos/An%C3%Allise-%20Pesquisa-%20Arbitragens%20Ns%20%20e%20Valores%20_2010%20a%202016_.pdf

______. Arbitragem na concessão de serviços públicos – arbitrabilidade objetiva: confidencialidade ou publicidade processual? *Revista de Direito Bancário e do Mercado de Capitais*, São Paulo: RT, v. 21, p. 387-407, 2003.

LEW, Julian; MISTELLIS, Loukas; KROLL, Stefan. *Comparative International Commercial Arbitration.* Alfen aan den Rijn: Kluwer Law International, 2003.

LIEBMAN, Enrico Tullio. *Manuale di diritto processuale civile*, 1. 6. ed. Milano: Giuffrè, 2002.

LINO, Marcos dos Santos. *Reflexos processuais da alienação da coisa litigiosa.* 2013. Dissertação (Mestrado) – Universidade de São Paulo, São Paulo.

LÔBO, Paulo. *Direito civil*: contratos. São Paulo: Saraiva, 2011.

LOPES, Bruno Vasconcelos Carrilho. *Honorários advocatícios no processo civil.* São Paulo: Saraiva, 2008.

LOQUIN, Eric. Les obligations de confidentialité dans l'arbitrage. *Rev. Arb.*, p. 323-352, 2010.

LUTRELL, Samuel Ross. *Bias Challenge in International Arbitration*: the need for a "real danges" test. 2008. Thesis (Doctorate – PhD) – Murdoch University, Australia.

LYON, Jason. Revolution in Progress: Third-Party Funding of American Litigation. *UCLA Law Review*, Los Angeles, v. 58, 2010.

MALATESTA, Alberto; SALI, Rinaldo (Coord.). *Arbitrato e Riservatezza.* Linee guida per la publicazione in forma anonima dei lodi arbitrali. Milano: Cedam, 2011.

MALLESON, Moules; MOULES, Richard. *The Legal System.* 4. ed. New York: Oxford University Press, 2010.

MARENGO, Roberto. Processo arbitrale. In: FAZZALARI, Elio (Coord.). *La Riforma della Disciplina dell'Arbitrato.* Milano: Giuffrè, 2006.

MARIANI, Rômulo Greff. *Arbitragens coletivas no Brasil.* São Paulo: Atlas, 2015.

MARINONI, Luiz Guilherme; MITIDIERO, Daniel. *Comentários ao Código de Processo Civil*: artigos 1.º ao 69. São Paulo: RT, 2016.

______; ______. *Comentários ao Código de Processo Civil*: artigos 926 ao 975. São Paulo: RT, 2016.

MARQUES, José Frederico. *Manual de direito processual civil.* 5. ed. São Paulo: Saraiva, 1977.

MARTINS-COSTA, Judith. *A boa-fé no direito privado*: critérios para a sua aplicação. São Paulo: Marcial Pons, 2015.

MARTINS, Pedro Batista. *Apontamentos sobre a lei de arbitragem.* Rio de Janeiro: Forense, 2008.

______. Arbitragem e intervenção voluntária de terceiros: uma proposta. *Revista de Arbitragem e Mediação*, v. 33, p. 245-261, abr. 2012.

MARTIN, Susan Lorde. The litigation financing industry: the wild west of finance should be tamed not outlawed. *Fordham Journal of Corporate & Financial Law*, v. 10, issue 1, p. 55-77, 2004.

MAYER, Pierre; SHEPPARD, Audley. Final ILA Report on Public Policy as a Bar to Enforcement of International Arbitral Awards. *Arbitration International*, v. 19, issue 2, p. 249-263, 2003.

MAZZONETTO, Nathalia. *Partes e terceiros na arbitragem*. 2012. Dissertação (Mestrado) – Universidade de São Paulo, São Paulo.

MEDINA, José Miguel Garcia. *Direito processual civil moderno*. São Paulo: RT, 2015.

MOLOT, Jonathan T. Litigation finance: a market solution to a procedural problem. *Georgetown Law Journal*, Issue 99, p. 65-116, Nov. 2010.

______. What's wrong with law firms? A corporate finance solution to law firm short-termism. *Southern California Law Review*, v. 88, p. 1-44, 2014.

MONACCIANI, Luigi. *Azione e legitimazione*. Milano: Giuffrè, 1951.

MORPURGO, Marco de. *Profit from Justice*: Comparative legal and regulatory approaches to third-party litigation funding. 2013. Tese (Doutorado) – Università degli Studi di Milano, Milano.

MOSES, Margaret L. *The Principles and Practice of International Commercial Arbitration*. 2. ed. New York: Cambridge University Press, 2012.

MOURRE, Alexis. L'intervention des tiers à l'arbitrage. *Les Cahiers de l'Arbitrage*, n. 100, 2002.

______. Precedent and confidentiality in International Commercial Arbitration. *IAI Series on International Arbitration*, Precedent in International Arbitration, New York: Juris Publishing, n. 5, p. 39-66, 2008.

NANNI, Giovanni Ettore. Cláusula compromissória como negócio jurídico: análise de sua existência, validade e eficácia. In: ______; LOTUFO, Renan; MARTINS, Fernando Rodrigues. *Temas relevantes do direito civil contemporâneo*: reflexões sobre os 10 anos do Código Civil. São Paulo: Atlas, 2012. p. 502-556.

NIEUWELD, Lisa Bench; SHANNON, Victoria. *Third-party Funding in International Arbitration*. Alphen aan den Rijn: Kluwer Law International, 2013.

NORD, Nicolas. *Ordre Public et Lois de Police en Droit International Privé*. 2003. Tese (Doutorado) - Universidade Robert Schuman, Estrasburgo III.

NORMAND, Jacques. L'impartialité du juge en droit judiciaire privee français. In: COMPERNOLLE, Jacques van (Dir.). *L'impartialité du juge et de l'arbitre*: Étude de droit comparé. Bruxelas: Bruylant, 2006. p. 63-104.

NORONHA, Fernando. *Direito das obrigações*. São Paulo: Saraiva, 2003.

OPPETIT, Bruno. *Théorie de l'arbitrage*. Paris: PUF, 1998.

PARK, William W. Lex loci arbitri and international commercial arbitration. *The International and Comparative Law Quarterly*, Cambridge, v. 32, n. 1, p. 21-52, 1983.

______. Non-signatiores and international contracts: an arbitrator's dillema. *Multi-party Actions in International Arbitration*. Haia: PCA, 2009

PARTINGTON, Martin. *Introduction to the English Legal System*. Oxford: Oxford University Press, 2013.

PAULSSON, Jan. *The Idea of Arbitration*. New York: Oxford University Press, 2013.

PEREIRA, Caio Mário da Silva. *Instituições de direito civil*. Rio de Janeiro: Forense, 2009. v. 2.

______. ______. Rio de Janeiro: Forense, 2009. v. 3.

PICARDI, Nicola. *Manuale del processo civile*. 2. ed. Milano: Giuffrè, 2010.

PINSOLLE, Philippe. Le financement de l'arbitrage par les tiers. *Revue de l'Arbitrage*, Paris: Comité Français de l'Arbitrage, v. 2, p. 385-414, 2011.

______; FONTMICHEL, Maximin De (rap.) Financement du procès par les tiers (Rapport du club des juristes), jun. 2014. Disponível em: <http://www.leclubdesjuristes.com/wp-content/uploads/2014/01/CDJ_Rapport_Financement-proc%C3%A8s-par-les-tiers_Juin-2014.pdf>.

PINTO, Carlos Alberto da Mota. *Cessão de contrato*. São Paulo: Saraiva, 1985.

PINTO, José Emilio Nunes. A confidencialidade na arbitragem. *Revista de Arbitragem e Mediação*, São Paulo: RT, v. 6, item 5, p. 25-36, 2005.

______. Proposta para a preservação do sigilo da arbitragem na execução específica da cláusula compromissória. In: BOMFIM, Ana Paula Rocha do; MENEZES, Hellen Monique Ferreira de (Coord.). *Dez anos da lei de arbitragem*: aspectos atuais e perspectivas para o instituto. Rio de Janeiro: Lumen Juris, 2007.

PONTES DE MIRANDA, Francisco Cavalcanti. Cessão de direitos. Mora. Cessão de dívida. Contrato. Sociedade mercantil. Doação. *Doutrinas essenciais*: obrigações e contratos. São Paulo: RT, 2011. v. 2

______. *Comentários ao Código de Processo Civil*. Rio de Janeiro: Forense, 1973. t. I.

______. ______. Rio de Janeiro: Forense, 1973. t. II.

______. ______. Rio de Janeiro: Forense, 1975. t. VI.

______. *Tratado de direito privado*. São Paulo: RT, 2012. t. III.

______. ______. São Paulo: RT, 2012. t. XXIII.

______. ______. São Paulo: RT, 2012. t. XXXIX.

______. ______. São Paulo: RT, 2012. t. XLI.

POSNER, Richard A. *Economic Analysis of Law*. 8. ed. New York: Aspen Publishers, 2011.

PRADO, Viviane Muller; BURANELLI, Vinícius Correa. Relatório da pesquisa de jurisprudência sobre direito societário e mercado de capitais no Tribunal de Justiça de São Paulo. *Cadernos de Direito GV*, v. 2, n. 1, jan. 2006.

PROTO PISANI, Andrea. Parte (dir. proc. civ.). *Enciclopedia del diritto*. Milano: Giuffrè, 1980. v. 21.

PRYLES, Michael. Limits to party autonomy in arbitral procedure. *Journal of International Arbitration*, Alphen aan den Rijn: Kluwer Law International, v. 24, p. 327-339, 2007.

PUNZI, Carmine. *Disegno Sistematico dell'Arbitrato*. Padova: Cedam, 2012.

RADIN, Max. Maintenance by Champerty. *California Law Review*, Berkeley, v. 24, p. 48-78, 1935.

RECENA COSTA, Guilherme. *Partes e terceiros na arbitragem*. 2015. Tese (Doutorado) – Universidade de São Paulo, São Paulo.

______. *Superior Tribunal de Justiça e recurso especial*: análise da função e reconstrução dogmática. 2011. Dissertação (Mestrado) – Universidade de São Paulo, São Paulo.

RELATÓRIO do CNJ "Justiça em Números", p. 126. Disponível em: <http://www.cnj.jus.br/files/conteudo/arquivo/2016/10/b8f46be3dbbff344931a933579915488.pdf>.

ROSA, Pérsio Thomaz Ferreira. *Os terceiros em relação à convenção de arbitragem*: tentativa de sistematização sob a perspectiva do Direito Privado brasileiro. 2010. Dissertação (Mestrado) – Pontifícia Universidade Católica de São Paulo, São Paulo.

ROWLES-DAVIS, Nick. *Third Party Litigation Funding*. Oxford: Oxford University Press, 2014.

RUFFINI, Giuseppe. *L'intervento nel giudizio arbitrale*. Rivista dell'Arbitrato, n. 4, p. 647-671, 1995.

SALI, Rinaldo. Riservatezza e Transparenza: perchè l'instituzione arbitrale dovrebbe pubblicare le decisioni. In: MALATESTA, Alberto; SALI, Rinaldo (Coord.). *Arbitrato e Riservatezza.* Linee guida per la publicazione in forma anonima dei lodi arbitrali. Milano: Cedam, 2011. p. 83-98.

SALOMÃO FILHO, Calixto. *O novo direito societário.* São Paulo: Malheiros, 2002.

SANDROCK, Otto. Arbitration Agreements and Group of Companies. In: DOMINICÉ, Christian; PATRY, Robert; REYMOND, Claude (Ed.). Études de Droit International en l'Honneur de Pierre Lalive. Frankfurt: Helbing & Lichtenhahn, 1993. p. 625-647.

SCALZILLI, João Pedro; SPINELLI, Luis Felipe. *Sociedade em Conta de Participação.* São Paulo: Quartier Latin, 2014.

SCHERER, Maxi; GOLDSMITH, Aren; FLECHET, Camille. *Third party funding in international arbitration in Europe.* Part I. Funders' perspectives. *International Business Law Journal*, No. 1, p. 207-219, 2012.

______; ______; ______. *Third party funding in international arbitration in Europe.* Part II. The legal debate. *International Business Law Journal*, No. 2, p. 649-665, 2012.

______; ______; ______. Third-Party Funding in International Arbitration: Towards a mandatory disclosure of funding agreements?. In: CREMADES, Bernardo M.; DIMOLITSA, Antonias. *Third-party Funding in International Arbitration.* Paris: International Chamber of Commerce, 2013. p. 95-100.

SCHWENZER, Ingeborg; MOHS, Florian. Arbitration Clauses in Chains of Contracts. *ASA Bulletin*, Kluwer Law International, v. 27, n. 2, p. 213-235, 2009.

SERAGLINI, Christophe; ORTSCHEIDT, Jérôme. *Droit de l'arbitrage interne et international.* Paris: Montchrestien, 2013.

SHANNON, Victoria A. Harmonizing Third-Party Litigation Funding Regulation. *Cardozo Law Review*, v. 36, p. 861-912, 2015.

______. Reshaping Third-Party Funding. *Tulane Law Review*, v. 91, p. 1-79, 2016-2017.

SILVA, Luis Renato Ferreira da. Cessão da posição contratual. In: LOTUFO, Renan; NANNI, Giovanni Ettore; MARTINS, Fernando Rodrigues. *Temas relevantes do direito civil contemporâneo*: reflexões sobre os 10 anos do Código Civil. São Paulo: Atlas, 2012. p. 394-408.

______. Cessão de posição contratual. In: LOTUFFO, Renan; NANNI, Giovanni Ettore (Coord.). *Teoria geral dos contratos.* São Paulo: Atlas, 2011.

SILVA, Ovídio Araújo Baptista da. *Comentários ao Código de Processo Civil.* 2. ed. São Paulo: RT, 2005. v. 1.

SMEUREANU, Ileana M. Confidentialiy in Commercial Arbitration. *International Arbitration Law Library*, Alphen aan den rijn: Kluwer Law International, v. 22, 2011.

SOUYRIS, Jean-Jacques Alexandre; CHERTRITE, Guy. *Guide pratique de l'arbitrage en droit interne.* Paris: Gualino, 2012.

STEINITZ, Maya. How much is that lawsuit in the window? Pricing Legal Claims. *Vanderbilt Law Review*, n. 66, p. 1889-1924, nota 144, 2013.

______. Whose Claim Is This Anyway? Third-Party Litigation Funding. *Minnesota Law Review*, Minneapolis: UMLS, v. 95, 2011.

TARZIA, Giuseppe. L'impartialité du juge et le procès equitable à la lumière de la constitution italienne. In: COMPERNOLLE, Jacques van (Dir.). *L'impartialité du juge et de l'arbitre*: Étude de droit comparé. Bruxelas: Bruylant, 2006. p. 105-119.

TELLECHEA, Rodrigo. *Arbitragem nas Sociedades Anônimas*: direitos individuais e princípio majoritário. São Paulo: Quartier Latin, 2016.

TELLER, Marina; BARBIER, Hugo. La comparaison de l'activité de financier de contentieux avec l'assurance et l'établissement de crédit. In: KESSEDJIAN, Catherinee (Org.). *Le financement de contieux par un tiers*: Third Party Litigation Funding. Paris: LGDJ, 2012. p. 133-149.

THEODORO JÚNIOR, Humberto. Arbitragem e terceiros – litisconsórcio fora do pacto arbitral – outras intervenções. In: MARTINS, Pedro Batista; GARCEZ, José Maria Rossani (Coord.). *Reflexões sobre arbitragem*. São Paulo: LTr, 2002. p. 227-260.

______. *Curso de direito processual civil*. Rio de Janeiro: Forense, 2006. v. 1.

TIMM, Luciano; JOBIM, Eduardo. A arbitragem, os contratos empresariais e a interpretação econômica do direito. *Direito & Justiça*, v. 33, n. 1, p. 80-97, jun. 2007.

TOLHURST, Greg. *The Assignment of Contractual Rights*. Oxford: Bloomsbury, 2016.

TORNAGHI, Hélio. *Comentários ao Código de Processo Civil*. São Paulo: RT, 1974. v. 1.

TOSSENS, Jean-François. La confidentialité de l'arbitrage: valeur cardinale ou poncif? *Arbitrage et Confidentialité/ Arbitrage en vertrouwelijkheid*. Bruxelas: Bruylant, 2014.

VÁRADY, Tibor ; BARCELÓ III, John J. ; KRÖLL, Stefan ; VON MEHREN, Arthur T. *International Commercial Arbitration :* A Transnational Perspective. 6ª ed. St. Paul : West Academic Publishing, 2015

VELJANOVSKI, Cento. Third-party litigation funding in Europe. *Journal of Law, Economics and Policy*, v. 8, n. 3, p. 405-450, 2012.

VENOSA, Sílvio de Salvo. *Direito civil*: teoria geral das obrigações e teoria geral dos contratos. 8. ed. São Paulo: Atlas, 2008. (Coleção Direito civil, v. 2.)

VERDE, Giovanni. *Lineamenti di diritto dell'arbitrato*. 3. ed. Milano: Giapichelli, 2010.

VISSCHER, Louis; SCHEPENS, Tom. A law and economics approach to cost shifting, fee arrangements and legal expense insurances. In: TUIL, Mark; VISSCHER, Louis (Ed.) *New Trends in Financing Civil Litigation in Europe*: a Legal, Empirical and Aconomic Analysis. Northampton: Edward Elgar Publishing, 2010. p. 7-32.

VOLSKY, Max. *Investing in Justice*: An Introduction to Legal Finance, Lawsuit Advances and Litigation Funding. New Jersey: The Legal Finance Journal, 2013.

WALD, Arnoldo. Alguns aspectos positivos e negativos do financiamento da arbitragem. *Revista de Arbitragem e Mediação*, Rio de Janeiro, v. 49, p. 33-41, 2016.

WHITE & CASE. Mary University. *International Arbitration Survey*: Choices in International Arbitration, 2010.

WHITE & CASE. Queen Mary University. *International Arbitration Survey*: The Evolution of International Arbitration, 2018.

YARSHELL, Flávio Luiz. *Tutela jurisdicional*. 2. ed. São Paulo: DPJ, 2006.

ZANDER, Michael. *Cases and Materials on the English Legal System*. Cambridge: Cambridge University Press, 2007.

ZAVASCKI, Teori. *Comentários ao Código de Processo Civil*: artigos 771 ao 796. São Paulo: RT, 2016.

